Bauwelt Fundamente 137

Herausgegeben von
Ulrich Conrads und Peter Neitzke

Beirat:
Gerd Albers
Hildegard Barz-Malfatti
Elisabeth Blum
Werner Durth
Eduard Führ
Werner Sewing
Thomas Sieverts
Jörn Walter

# Friedrich Naumann

## Austellungsbriefe Berlin/Paris/Dresden/Düsseldorf 1896–1906

## Anhang: Theodor Heuss Was ist Qualität? (1951)

Bauverlag
Gütersloh · Berlin

Birkhäuser
Basel · Boston · Berlin

Herausgeber und Verlag danken der Friedrich-Naumann-Stiftung *(Truman-Haus, Karl-Marx-Straße 2, D-14482 Potsdam-Babelsberg)* für die Mitarbeit an diesem Band und die großzügige Unterstützung seiner buchtechnischen Herstellung.
Gleicher Dank gilt Frau Ursula Heuss-Wolff, Basel, für die Erlaubnis, aus aktuellem Anlaß die Werkbund-Rede des ersten Präsidenten der Bundesrepublik Deutschland, Theodor Heuss, dem Reprint der Naumann-Briefe anzufügen.

Umschlagvorderseite: Automobil-Carosserie, Entwurf von Ernst Neumann (1871–1954); entnommen dem Jahrbuch des Deutschen Werkbundes 1914 *Der Verkehr*.

Umschlagrückseite: Galerie des Machines, entworfen für die Weltausstellung Paris 1889 von Victor Contamin (1840–1898) und Charles L.F. Dutert (1845–1906); die Halle diente der Präsentation großer Maschinen noch einmal zur Weltausstellung Paris 1900.

Bibliographische Information der Deutschen Bibliothek
Die Deutsche Bibliothek verzeichnet diese Publikation in der Deutschen Nationalbibliographie; detaillierte bibliographische Daten sind im Internet über http://dnb.ddb.de abrufbar.

Dieses Werk ist urheberrechtlich geschützt. Die dadurch begründeten Rechte, insbesondere die der Übersetzung, des Nachdrucks, des Vortrags, der Entnahme von Abbildungen und Tabellen, der Funksendung, der Mikroverfilmung oder der Vervielfältigung auf anderen Wegen und der Speicherung in Datenverarbeitungsanlagen, bleiben, auch bei nur auszugsweiser Verwertung, vorbehalten. Eine Vervielfältigung dieses Werkes oder von Teilen dieses Werkes ist auch im Einzelfall nur in den Grenzen der gesetzlichen Bestimmungen des Urheberrechtsgesetzes in der jeweils geltenden Fassung zulässig. Sie ist grundsätzlich vergütungspflichtig. Zuwiderhandlungen unterliegen den Strafbestimmungen des Urheberrechts.

Der Vertrieb über den Buchhandel erfolgt ausschließlich über den Birkhäuser Verlag.

© 2007 Birkhäuser Verlag AG, Postfach 133, CH-4010 Basel, Schweiz
und Bauverlag BV GmbH, Gütersloh, Berlin

**bau | | verlag**

Für die Ausstellungsbriefe Friedrich Naumanns:
© 2007 Friedrich-Naumann-Stiftung, Potsdam, Deutschland
Für die Rede von Theodor Heuss:
© 2007 Ursula Heuss-Wolff, Basel, Schweiz

Eine Kooperation im Rahmen der Fachverlagsgruppe Springer Science+Business Media

Gedruckt auf säurefreiem Papier, hergestellt aus chlorfrei gebleichtem Zellstoff. TCF ∞

Printed in Germany
ISBN-10: 3-7643-8355-0
ISBN-13: 978-3-7643-8355-8

9 8 7 6 5 4 3 2 1                                         http://www.birkhauser.ch

# Inhalt

Ruth Wagner: Zum Geleit .................................. 7

**Friedrich Naumann: Ausstellungsbriefe (1909)**
Vorwort ................................................. 13
Berliner Gewerbe-Ausstellung 1896 ....................... 15
Pariser Briefe 1900 ..................................... 46
*I. Versailles.* ........................................ 46
*II. Montmartre.* ....................................... 51
*III. Weltausstellung.* ................................. 57
*IV. Eisenbauten.* ...................................... 62
*V. Die Arbeit.* ........................................ 67
*VI. Franzosentum.* ..................................... 74
*VII. Ausstellungsallerlei.* ............................ 79
*VIII. Auf dem Eiffelturm.* ............................. 84
*IX. Bei den Maschinen.* ................................ 89
Düsseldorfer Industrie-Ausstellung 1902 ................. 94
*I. – VIII.*
In der Motorwagen-Ausstellung Berlin 1899 ............... 104
Die Gartenbau-Ausstellung 1905 .......................... 106
Landwirtschaftliche Ausstellung in Berlin 1906 .......... 110
*I. und II.*
Die Kunst im Zeitalter der Maschine ..................... 118
Kunst und Industrie ..................................... 131
*Ein Vortrag in der Dresdener Kunstgewerbe-Ausstellung 1906*
Deutsche Gewerbekunst ................................... 143

**Theodor Heuss: Was ist Qualität? (1951)** ............. 185

Friedrich Naumann um 1909, dem Erscheinungsjahr der Ausstellungsbriefe.
Archiv des Liberalismus der Friedrich-Naumann-Stiftung

## Zum Geleit

Selbst gewählter Zweck der Friedrich-Naumann-Stiftung vor fast 50 Jahren, nämlich 1958, vom ersten Bundespräsidenten der Bundesrepublik Deutschland, Theodor Heuss, gegründet, ist die Vermittlung der „liberalen, sozialen und nationalen Ziele" des Namensgebers, einem der Gründungsväter der ersten Deutschen Republik. Die Erinnerung an seine politische Botschaft, nämlich die Idee der Freiheit in allen Schichten des Volkes zu verankern, soziale Verantwortung bei allen Bürgern anzuregen und vorrangig für die Schwachen einzufordern, wie auch die Erinnerung an seine christliche Überzeugung und seine nationale Orientierung, hat sich die Friedrich-Naumann-Stiftung zur Aufgabe gemacht. Dies geschieht im In- und Ausland durch „Veranstaltungen, Publikationen und Unterstützung von Kunst und Kultur". Gemeint ist damit nicht nur die Förderung „politischer Kultur", sondern auch die der Ethik, der Kunst, der Ästhetik.
Dieser Umstand hat sowohl mit der Person des Namensgebers als auch mit der des Stiftungsgründers zu tun. Beide – Friedrich Naumann wie Theodor Heuss – hatten nicht nur ein hohes Interesse an Kunst und Kultur, sondern verfügten auch selbst über künstlerische Neigungen und Begabungen.
Friedrich Naumann, ein bewunderter Redner und Schriftsteller, Zeichner und Aquarellist, war nicht nur für alle neuen Strömungen in der bildenden Kunst und im Kunstgewerbe aufgeschlossen. Er war, so kann man sagen, Protagonist einer *Lebensreform*, die Gesellschaftsreform, Wirtschaftspolitik und kulturelle Erneuerung miteinander verband. Der junge Theodor Heuss, Redakteur der von Naumann gegründeten Wochenschrift für Politik, Literatur und Kunst, „Die Hilfe", hat sicherlich die „Ausstellungsbriefe" Friedrich Naumanns, die 1909 im selben Verlag erschienen, redaktionell betreut.
Der Neudruck und die Herausgabe dieses ursprünglichen Corpus, einschließlich der wichtigen Rede „Deutsche Gewerbekunst" von 1908, die als Legitimation und Grundsatzrede zur Gründung des Werkbundes gelten kann, ist eine notwendige Ergänzung der Jubiläumsausstellung und vielfältiger Veranstaltungen zum 100jährigen Bestehen des Deutschen Werkbundes in diesem Jahr.

Beide, Friedrich Naumann wie Theodor Heuss, standen an der Wiege dieser gesellschaftlichen Bewegung um die Jahrhundertwende. Heuss erzählt in seinen „Erinnerungen", dass für Naumann – wie auch für ihn selbst – die Kunstgewerbeausstellung in Dresden von 1906 noch stärker als, wie er sagt, „das individualistische, mäzenatische Experiment auf der Darmstädter Mathildenhöhe von 1901", „zu einem Plan der Gründung eines geschäftlich-künstlerischen Verbandes für Qualitätsverbesserung" in der Kunst, dem Kunsthandwerk, der Industrie führte. Damit entwikkelte sich ein neuer Stil in der Formgebung, in der Architektur, in der gesamten Gestaltung der Alltagswelt. Der umfassende Kulturbegriff, den Friedrich Naumann gemeinsam mit vielen anderen seiner Zeit entwickelte, umschloss gesellschaftliche, erzieherische, wirtschaftliche und ästhetische Überlegungen. Dies spiegelt sich in seinen Briefen zu Industrieausstellungen, Motorwagenpräsentationen, einer landwirtschaftlichen Ausstellung, vor allem aber zu Kunstausstellungen wider. Die Gartenbauausstellung in Dresden 1903, aber vor allen Dingen die Dresdner Kunstgewerbeausstellung von 1906 waren Bausteine auf dem Weg zur Formulierung eines neuen Konzeptes, das in die Gründung des Werkbundes mündete.
Sein Anteil an der Entstehung des Bundes bestand darin, dass er eine Konzeption entwickelte, die in der Kunstpolitik auf Zweckmäßigkeit und Qualität, in der Serienproduktion auf funktionale Ästhetik hinwirkte und sozialpolitisch auf eine bessere Ausbildung und Förderung qualifizierter Industriearbeiter hinarbeitete.
Schon 1902 hatte er sich in einem Aufsatz mit dem Titel „Neue Schönheiten" mit dem herrschenden Baustil des Historismus auseinandergesetzt, der, wie er meinte, „in unendlichen Wiederholungen alter Renaissance-Motive und der Neugotik wie der Neuromanik und der Freude am Kleinkram verharrte". In einer programmatischen Rede zur „Deutschen Gewerbekunst" in Berlin 1908 sagte er: „Und heute steht alle diese Gotik vor uns wie ein armer frierender Oleanderbaum bei Novemberfrost... Es gibt in der bloßen Wiederholung der alten Stile kein ‚ewiges Leben'... Es ist unhistorisch, historische Stile zu wiederholen."
Deshalb unterstützte er nachhaltig den Aufruf zur Gründung des Werkbundes: „Die Bewegung, die wir bisher die kunstgewerbliche nannten, hat heute den Rahmen des Kunstgewerbes längst überschritten. Wir erkennen, dass es sich um weit größere als kunstgewerbliche Probleme handelt, dass vielmehr eine gleichmäßig gute und edle Gestaltung und Durchbildung jedweden Erzeugnisses der Hand und der Maschine das Ziel der Zeit sein muss."

Ein derartiges Angebot würde insofern auch erzieherisch wirken, als es Künstler für Dinge wie Markt und Nachfrage offen machte, Unternehmer im Gegenzug für Dinge wie Qualität und Design und schließlich die Konsumenten in Geschmacksfragen voranbringen würde. Der weitere erzieherische Effekt bestand für ihn aber auch in der Qualifizierung der Arbeiter und Handwerker, wie z.b. der Pädagoge Georg Kerschensteiner dies vorbildlich verwirklichte. Er forderte eine „neue Hebung der geistigen und materiellen Lage der Arbeiter" und eine neue Wirtschaftspolitik der Unternehmer, die er als „Betriebspatriotismus" einforderte. Dieser solle von dem Grundsatz geprägt sein, „dass das Aufsteigen des Betriebes allen Beteiligten zu Gute komme".

Der Werkbund bildete für Naumann so etwas wie eine „Gesinnungsgemeinschaft". Diese anfängliche Hoffnung scheint, folgt man Theodor Heuss, auch aufgegangen zu sein, denn „wohl in keiner Gemeinschaft fühlte sich Naumann so menschlich gelöst", sagte Theodor Heuss, wie im ursprünglichen Werkbund-Kreis von Kunstschaffenden und Kunsthandwerkern.

Schließlich sah Naumann in der Absicht des Werkbundes auch eine Chance für den deutschen Export: Dem rohstoffarmen Deutschland blieb nur der Absatz von Fertigprodukten, um sich auf einem schon damals in der Entstehung befindlichen Weltmarkt zu behaupten. Durch Qualitätsprodukte könne dieser Weg erfolgreicher beschritten werden als durch Billigwaren. Die Chance einer solchen Entwicklung wurde durch den Ersten Weltkrieg jäh unterbrochen. Der frühe Tod Friedrich Naumanns – ein halbes Jahr nach Kriegsende – war für den Deutschen Werkbund wie für die Deutsche Demokratische Partei, deren erster Vorsitzender er war, ein schwerer Schlag.

Theodor Heuss führte die Tradition seines Ziehvaters als langjähriger Geschäftsführer und Vorstandsmitglied des Werkbundes fort. Er deutete aber die ursprüngliche Idee des Bundes nicht mehr nur als eine nationale, sondern als eine westeuropäische. Gewissermaßen spiegelt sich in diesem Deutungswandel auch die Entwicklung des deutschen Liberalismus von einem vornehmlich nationalliberalen zu einem eher „westlichen" Selbstverständnis wider.

Neben dem Vermächtnis Friedrich Naumanns als Gründer einer sozialliberalen Bewegung, als Politiker der Fortschrittlichen Volkspartei und späteren Vorsitzenden der DDP steht vor allem sein politisches Vermächtnis der Mitwirkung an der Parlamentarisierung Deutschlands und an der Formulierung der Grundrechte der Weimarer Verfassung. Dazu gehört auch sein Plan der Errichtung einer Freien Deutschen Hochschule für Politik, der 1920 realisiert wurde.

Auch in seiner kunst- und kulturpolitischen Arbeit spiegeln sich die liberale Offenheit für Neues, der Mut, angesichts des damals herrschenden Kulturpessimismus, in Neuerungen mehr Chancen als Risiken zu sehen.

Aber nicht nur das zeichnet in liberalem Sinne die „Ästhetischen Schriften" Naumanns aus; hinzu kommt sein Wille, Massenware und Qualität, individuelles Künstlertum und wägenden Unternehmergeist miteinander zu versöhnen.

Von daher ist die Friedrich-Naumann-Stiftung den beiden Herausgebern dankbar, dass sie in der Reihe *Bauwelt Fundamente* die „Ausstellungsbriefe" neu editieren. In diesen Berichten spiegelt sich nicht nur die rasante kulturelle und technische Entwicklung des Jahrzehnts um die vorletzte Jahrhundertwende wider, sondern auch eine heute für viele Menschen unbekannte Seite des deutschen Liberalismus, nämlich die Förderung von Kunst und Kultur, der sich die Stiftung ebenso verpflichtet weiß.

Potsdam, im März 2007

Ruth Wagner
*Vizepräsidentin des Hessischen Landtags*
*Mitglied des Kuratoriums der Friedrich-Naumann-Stiftung*

# Friedrich Naumann
# Ausstellungsbriefe

Reprint der 1909 im Buchverlag der „Hilfe" G.m.b.H.,
Berlin-Schöneberg, erschienenen Publikation

# Vorwort

Wenn die nachfolgenden Ausstellungsbriefe nichts anderes wären als gewöhnliche Zeitungsberichte über längst gewesene größere und kleinere Jahrmärkte, dann hätte es wenig Zweck, sie jetzt nachträglich aus ihrem Versteck herauszuholen, aber ich habe schon damals als ich sie schrieb, etwas anderes gewollt als die bloße Berichterstattung. Ich habe Ausstellungen immer als die besten Gelegenheiten zum Gewinnen eines Verständnisses für moderne Arbeit angesehen. Die Arbeit unserer meisten Industrien vollzieht sich in geschlossenen Räumen, und nur wenige Menschen haben einen allgemeineren Überblick über die Größe und Mannigfaltigkeit des Schaffens. Wenn wir Volkswirtschaft als eine reale Wissenschaft treiben wollen, die nicht nur Begriffe hin und her schiebt, sondern von lebendigen Wirklichkeiten redet, so dürfen wir bei den Paraden der Arbeit nicht fehlen. In diesem Sinne will diese Sammlung eine Ergänzung zu meiner „Neudeutschen Wirtschaftspolitik" sein. Sie will allen denen, die gern auf eine leichtverständliche Weise in die Geheimnisse des volkswirtschaftlichen und technischen Werdens eingeführt werden möchten, ein Hilfsbuch sein, in dem sie zwar nicht fertige Lehrsätze, aber Anleitung zur Beobachtung finden. Wenn dabei auch einiges zur Sprache kommt, was mehr geschichtlichen oder ästhetischen Interessen dient, so wird das kein Schade sein. Ich habe insbesondere bei den Aufsätzen über die Weltausstellung in Paris die allgemeineren Betrachtungen über Geist und Kunst des Franzosentums nicht von den besonderen Ausstellungsbriefen scheiden können.

An einigen Stellen bin ich zweifelhaft gewesen, ob ich Sätze, die heute schon nicht mehr völlig zutreffend sind, stehen lassen sollte, habe sie aber meist in der ursprünglichen Form wiedergegeben. Die Jahreszahl sagt dann jedem Kundigen, auf welche Erscheinung der beständig sich wandelnden Technik die betreffenden Worte sich beziehen. Da alles, wovon hier geredet wird, sich im Flusse befindet, kann keine Darstellung immer den letzten erreichten Punkt wiedergeben.

Nicht zu den Ausstellungsbriefen im engeren Sinne des Wortes gehören die letzten Abschnitte über Gewerbekunst, aber sie berühren sich doch inhaltlich mit den Gedankengängen der Ausstellungsbriefe so sehr, daß es richtig schien, sie an dieser Stelle der Sammlung meiner Aufsätze einzufügen. Alle unsere verarbeitenden Industrien haben den starken Zug zur künstlerischen Vervollkommnung. Das ist die wichtigste gewerbliche Aufgabe der Gegenwart, die in ihrer ganzen materiellen, moralischen und sozialpolitischen Bedeutung dargestellt werden muß.

Das, was wir Kultur nennen, ist ein sehr buntes Durcheinander und Nebeneinander von hundertfältiger Arbeit. Wer kann es alles begreifen? Keiner! Wer aber will verzichten, die Hauptsachen erfassen zu wollen? Denen, die mit ihrer Zeit leben wollen, widmet dieses Büchlein.

Fr. Naumann

Schöneberg b. Berlin
Mai 1909

# Berliner Gewerbe-Ausstellung 1896

Ein grenzenloses Vielerlei! Es ist ganz unmöglich, die Anzahl von Dingen auch nur anzudeuten, die man sieht. Man ist nichts anderes als eine Ameise, die mit 50 000 anderen Ameisen zusammen in einem Bau herumkrabbelt, der aus allen Materialien der alten und neuen Welt zusammengetragen ist. Alle Zeiten, Landschaften, Vertriebsformen sind willkürlich gesammelt. Alpenlandschaft, Seewarte, Landschenke, Kairo, Ostafrika, amerikanischer Salon, Nordpol, Spinnerei, Buchdruckerei, Möbelmagazin, Elektrizität, Straßenbahn, Menagerie, Tingeltangel, Wohlfahrtspflege, Stadtverwaltungsberichte, Schulhefte, historische Trachten, Rudolf Herzog, Porzellan, Schlosserei, Arzneimittel, Sport, Chokoladen, Pianino, Kunstgärtnerei, Papierfabrik, Leichenverbrennung, Seekrieg, Taucher, Weltmusik – es ist zum Davonlaufen. Wer das alles fassen will, der verliert den Verstand. Es ist zu viel, der Mensch kann es nicht ertragen, sein armes Gehirn soll erdrückt, sein Beutel soll völlig geleert werden. Mitten in aller Herrlichkeit fängt er an zu seufzen: wollte Gott, ich säße still im Wald, das wäre für Geist und Körper besser! Ja, es wäre schöner; aber lehrreicher und darum nützlicher ist es doch am Ende, hier im Treptower Felde den Riesenjahrmarkt anzusehen; nur muß man sich etwas Zeit gönnen und darf nicht glauben, man könne alles sehen und begreifen. Vater Goethe war ein kluger Mann, wenn er sagte: in der Beschränkung zeigt sich erst der Meister.

Ach Goethe! Darf man eigentlich in so einer Ausstellung an Goethe denken? Was würde der alte gedankenvolle Dichter und Staatsminister zur Ausstellung sagen? Er würde wohl gemischte Empfindungen haben; ein vergebliches Suchen nach wahrer einfacher Volkstümlichkeit und sachlicher Wahrheit und doch zugleich ein helles Auge für die Unendlichkeit der Formen und Dinge. Einzelheiten würden ihn oft entzücken. Es gibt Häuser, Dächer, Kunstwerke, Möbel und vieles noch von wahrhaft hinreißendem Zauber. Zwischen diesen Einzelheiten gibt es aber auch Geschmackloses, Stuckarbeit für Sommermonate, Felswände aus Draht und Gips, Reklame mitten in der Kunst, Aufdringlichkeit der Menschen, Lärm, Geschäft, Geklingel. Die Aufgabe des Besuchers heißt: sehen! Hier muß man mit den Augen trinken. Sehen aber konnte Goethe. Man entdeckt in der Ausstellung bisweilen einsame Menschen, die sich um alles Gewimmel nicht kümmern und nur große Augen langsam wandern lassen. Sie sind die eigentlich Glücklichen, für sie hat die Ausstellung einen Zweck, für den schwatzenden Haufen aber ist sie nur ein Sommervergnügen, bei dem sie sich leicht Kopf, Magen und Kasse verderben.

Hier sitze ich nun auf dem Kaiserschiff, schaue über die Wipfel und Zinnen, sehe das Menschenvolk auf der Spree daherfahren und frage mich: Wie soll ich dem Leser berichten? Die meisten Zeitungsberichte, die ich bisher von der Ausstellung gesehen habe, waren trocken, öde und hatten keinen rechten Nutzen. Sie sind eine Art Auszug aus dem Ausstellungsverzeichnis. Ihnen möchte ich nicht nachstreben. Aber was tun? Vielleicht dient es dem Leser am meisten, wenn ich einfach die Blätter meines Notizbuches flattern lasse, wie sie mir während des Sehens entstanden sind. Ein erstes solches Blatt ist es, das die Einleitung gebildet hat, nun sollen die andern Blätter kommen, ohne bestimmte Reihe und Ordnung, denn wer kann hier ordnen wollen, wo fast alles vorhanden ist und doch nicht der hundertste Teil erwähnt werden kann?

Photographie und geschliffenes Glas sind heute die Instrumente der Weltforscher geworden. Ferne Sterne öffnen sich ihren vereinten Bemühungen. Das Kleine, was dem Menschenauge einst verborgen war, wird für sie groß; beide tun das, was früher das bloße Denken tun sollte, sie sind die Öffner der Geheimnisse, die Jäger nach dem „Ding an sich". Darum ist es auch recht, daß Photographie und optische Instrumente geschwisterlich nebeneinander wohnen. Natürlich hängen Röntgensche Knochen fast an allen Wänden. Es ist ja die erste Ausstellung, auf der das Innere des lebenden Menschen photographiert auftritt. Die alten Anschauungen von dem, was sichtbar und was unsichtbar ist, haben sich sehr verschoben, aber wir alle wissen noch nicht recht, welchen Ertrag für Weltanschauung und Naturbetrachtung schließlich die Würzburger Strahlen bringen werden. Heute staunt man sie an, schüttelt den Kopf, tut, als ob man es längst begriffen hätte und wandert weiter.

Mehr wirkliches Interesse bringt das Publikum der Ausdehnung der Photographie auf Landschaft entgegen. Die Ausstellung deutscher Städtebilder ist vorzüglich. Auch bunte Photographien erregen lebhafte Verwunderung. Und neben ihnen hängen Lichtdrucke von solcher Feinheit, daß man Originalradierungen alter und neuer Meister vor sich zu haben glaubt. Der Künstler wird mehr und mehr zum Helfer der vervielfältigenden Künste. Wie der Redner und Gelehrte von der Zeitung in den Hintergrund gedrängt wird, indem sie es ist, die ihn erst dem Volke zurecht macht, so etwa geht es dem Zeichner und Maler durch Photographie und Phototypie. Der Kenner des eigenartigen Reizes guter Originalzeichnungen mag das bedauern, für die Masse ist es ein Vorteil, denn nur so bekommt sie überhaupt wirkliche Kunst. Die Photographie ist die Demokratisierung der Bilder, eines der modernsten Dinge, eine Tätigkeit mit weiter Zukunft. Wie schlechte Bilder hatte noch vor 30 Jahren der einfache Mann! Bald wird er Meisterwerke für dasselbe Geld kaufen können, für welches seine Eltern ganzen oder halben Schund erwarben.

In der Kolonialausstellung gibt es zwei Hauptteile, arabische Stadt und wilde Völkerschaften. Beides ist sehr interessant. Zwar lassen die Palmen trüb ihre Blätter hängen und die großen Biergärten sehen sehr wenig arabisch aus, aber doch ist viel Material zur Kenntnis unserer Kolonien aufgestapelt. Elephantenzähne und Bauwollstauden kann man zwar auch sonst gelegentlich sehen, aber eine ostafrikanische Holzfestung mit Totenköpfen auf den Stangen hat man doch nicht alle Tage. Mauern, die für Pfeil und Speer fest sind, die aber dem Europäer, der die zerschossenen Burgen am Rhein und das eroberte Straßburg kennt, ein Lächeln abnötigen. Was ist denn im Zeitalter Krupps noch fest? Sicher keine einzige Wand in Afrika. Dort wird alles „Bestehende" wankend gemacht, und zwar von denen, die bei uns alles Bestehende erhalten wollen. Dort revolutionieren sie eine alte Kultur, und bei uns wollen sie einer werdenden neuen Zeit Halt gebieten! Wunderliche Herren! Die Erde dreht sich, sie tut es in Afrika, und sie tut es in Europa.

Ein einzigartiger Ruhepunkt ist das Panorama „Zillertal". Wir haben es an einem stillen Vormittag fast allein genossen. Hier ist Friede und Natur. Das verworrene Getöse der Treptower Welt ist draußen, der Wasserfall übertönt seine Nachklänge und vor uns liegen die weiten schweigenden Schneefelder, von Wolkenschatten überzogen, die Krater und Kuppen, die Abhänge, der große in die Tiefe hineinquellende Gletscher, die rinnenden Bäche, die sonnige Alm, die Hütten und Herden, die Kiefern und Steine – es ist zum Jauchzen und Jubeln, denn der Bann der Riesenkultur lockert sich auf kurze Zeit und Gottes freie Natur spricht zu uns mit ihrer ganzen, herrlichen Gewalt. Ein Maler, der ein solches Panorama schafft, hat ein gutes Werk an vielen Gemütern getan. Ich wollte ganz „Altberlin" drangeben für diese Bergrundschau.

Die volkstümliche Stelle ist die „Volksernährung". Hier braucht man nicht „vornehm" zu sein, es ist der Mittagsplatz der Leute, die ihr Geld zusammenhalten müssen. Einfach und billig! ist die Losung. Es ist erstaunlich, was man alles für 10 oder 20 Pfennige bekommen kann. Ich schreibe etliche

Nummern der Speisekarte ab, die in Kreideschrift auf schwarzen Tafeln steht; alles für je 10 Pfennig: Nudelsuppe, Bohnensuppe; Leipziger Allerlei, Spinat, Mohrrüben, Bohnen und Pflaumen, saure Kartoffeln, Kartoffelklöße mit Muß, Bouillonkartoffel; Schweinebraten, Kalbsbraten, Hammelkotelettes, Rinderbraten, Sauerbraten, Suppenfleisch; Hecht, Schleie, Zander, Barsche, Dorsch, Seezunge, Rindersülze, Arme Ritter, Reis, Chokoladenpudding, Kirschen, Apfelmuß, Kopfsalat, Sellerie, Rhabarber. Aus diesen und ähnlichen Nummern setzt man sich ein Essen zusammen. Wir haben für 40 Pf. gegessen: Suppe, Fleisch, Kartoffeln, Pudding, es war etwas zu wenig für einen recht hungrigen Menschen, aber es war alles durchaus gut. Auch das Fleisch war gut. Es ist nötig das festzustellen, weil die Volksernährung ein unangenehmes Erlebnis hinter sich hat. Eine Fleischlieferung wurde, ehe sie in der Ausstellung eintraf, von der Polizei als gesundheitsschädlich festgehalten. Aus diesem Umstand haben Handwerker- und Gastwirtsblätter einen großen Lärm gemacht, und man muß auch sagen: schön ist das nicht, nur ist allem Anschein nach der Vorstand der Volksernährung unschuldig und die Schuld trifft allein den gewissenlosen Lieferanten. Es wäre sehr zu bedauern, wenn eine gute Sache durch einen derartigen Unfall dauernd geschädigt sein würde.

Daß die Restaurateure der Volksernährung nicht grün sind, ist leicht zu erklären. Auch wenn sie augenblicklich nicht benachteiligt werden, so fühlen sie, daß hier ein Prinzip heranrückt, das ihnen noch viel zu schaffen machen wird. Die Ernährung in wissenschaftlich geleitetem Großbetrieb, das ist die Sache. Die Volksernährung wird nun etwas weiter der Privatindustrie entzogen. Die Erfahrungen, welche man in Anstalten und Kasernen über Ernährung gemacht hat, treten aus den Anstaltsmauern heraus und beginnen den Wettbewerb mit den Gewohnheiten der Gastwirte. Niemand wird es diesen übel nehmen, wenn sie sich mit Händen und Füßen sträuben, sie tun nur dasselbe, was der kleine Kaufmann tut, wenn er gegen den Bazar wettert, was der Handwerker tut, wenn er das Magazin bekämpft, sie kämpfen um ihre Existenz. Auf der anderen Seite aber ist das Volk im ganzen viel zu sehr an der Frage einer billigen und gesunden Ernährung interessiert, um die Angelegenheiten ruhen lassen zu dürfen. Jeder Fortschritt in dieser Richtung bedeutet Volkskraft.

Woher kommt es wohl, daß die Arbeiter im allgemeinen derartigen Versuchen kühl gegenüberstehen? Es lassen sich verschiedene Gründe denken, zuerst Unkenntnis, dann die grundsätzliche Abneigung gegen Wohlfahrtsvereine und zuletzt die Nachwirkung des ehernen Lohngesetzes in der Art

wie Lassalle es vortrug. Auch in diesem Fall ist ein Wohlfahrtsverein der Unternehmer, nämlich der von Hermann Abraham („Vater Abraham") im November 1893 in Berlin gegründete „Verein für Kindervolksküchen", dieser Verein stellt als Ziel auf: es soll in Berlin keine hungernden Kinder mehr geben. Er hat im letzten Jahr täglich gegen 8000 Kinder mit unentgeltlichem Mittagsbrot versehen und gegen 2000 Kinder täglich für 5 Pfennig gesättigt, eine recht bedeutende Leistung! Daß ein solcher Verein überhaupt nötig ist, ist ein Zeichen der Zeit, eine Anklage gegen die Gesellschaft, aber da es nun einmal leider hungernde Kinder gibt, so hat der Verein ein unbestreitbares Verdienst. Er ist freiwillige Vorarbeit für spätere bessere Organisation, er trägt wie alle größeren Wohlfahrtsbestrebungen einen sozialistischen Zug in sich. Heute machen es Vereine, später vielleicht andere Körperschaften. Und was die Sorge vor Herabdrückung des Lohnes durch billigste Nahrung anbelangt, so ist die Sache solange nicht gefährlich als sie vereinzelt auftritt, in Masse kann die billige Ernährung aber erst auftreten, wenn die politischen Machtverhältnisse sich etwas zu Gunsten der Besitzlosen verschoben haben, dann aber bedeutet die Verbilligung keinen Rückgang des Lohnes. Deshalb glauben wir, daß auch Sozialisten sich des Hauses der Volksernährung freuen können als eines Dienstes für bessere Zukunft.
Es zeigt aber von der völlig kapitalistischen Denkweise der Leitung der Ausstellung, daß sie die Volksernährung im amtlichen Ausstellungsführer nicht erwähnt! Das ist etwas für gewöhnliche Leute, das wird nicht beschrieben, aber Adlon und Dressel, die Großbrauereien, Café Bauer usw., bekommen guten Platz. Wir wollen gerade die Luxuswirtschaften nicht beschreiben – wozu auch? Die Erfahrungen der Volksküche sind mehr wert als alle Weinsorten der „Sektbude".
Was ist eigentlich Naturalismus? In der Abteilung Hagenbeck klettern 10 Eisbären auf Eisfelsen von Holz und Wachstuch herum. Die Nachahmung der Wunder des Eismeeres hat Bretterspalten und Risse und doch wirkt sie hier vortrefflich, denn sie ist ein Rahmen für Lebendiges. Schon oft haben wir in zoologischen Gärten Eisbären, Seehunde, Eisvögel u. dgl. gesehen, aber den Natureindruck des Lebendigen haben wir hier zum erstenmal gehabt, wo wir den Eskimo wie einen Hirten hinter der Herde, hinter fernen Eisbären drein laufen und klettern gesehen haben. Der einzelne Eisbär ist gar nichts, aber die Herde ist etwas, denn in ihr gibt es Liebe und Groll, Vater und Söhne, kurz es gibt lebendige Beziehungen. Diese zur Darstellung zu bringen, ist die Hauptsache. Ohne diese Lebensbeziehungen ist das hölzerne Eis entsetzlich langweilig, und durch sie wird es

wichtig, weil es der Rahmen eines Bildes wird, das die Natur malt. Seht einmal, wie der Eskimo seine Vögel füttert, wie ein Dutzend Seehunde ihn erwartend und gleichsam bittend anschauen, seht die Möve von Klippe zu Klippe hüpfen, und ihr werdet gestehen, daß aus der Menagerie der Vorzeit eine Art Schauspiel geworden ist, eine wahre Geschichte statt toter eingekerkerter Gestalten.

Mit etwas anderen Gefühlen gingen wir aus der Vorstellung im Tierzirkus. Da ist alles Kunst, raffinierte, gefährliche Kunst, ein Mensch zwischen 4 Löwen, 2 Tigern, 2 Leoparden, 2 Waschbären, 1 Eisbär, mehreren großen Hunden und anderem Ungetier bewegt sich mit der Sicherheit, die Herr von Kotze gehabt haben mag, wenn er als Zeremonienmeister des Kaisers die fremdesten Gäste vorstellte. Ein einziger moderner Herr gebietet in liebenswürdigsten Formen dem Chor derer, die sonst den Menschen gejagt haben, wie wir die Rehe jagen. Das ist ein Sieg des Geistes über die Natur, ein Sieg des Menschenverstandes über die früheren Könige der Erde. Die alte Souveränität ist längst gebrochen, bald werden Löwen und Tiger sein wie Auerochs, Büffel, Elentier, sie werden in einigen großen Wildparks und in zoologischen Gärten und wandernden Buden künstlich erhalten werden. Dann wird man auf einige demütige oder tückische goldhaarige Gesellen zeigen und sagen: das waren einmal die Herren von Afrika! Nun sitzen sie wie die Könige der unterworfenen Philister an Davids Tisch, sie sind ein Schauspiel für Kinder geworden, tragen Blechkronen und klettern auf rotbemalte Stühle. Sic transit gloria mundi, so vergeht alte Herrlichkeit!

Das Telephon ist die modernste Form des Gespräches. Was für die Tiroler Hirten der Jodelruf ist, den sie von Alm zu Alm senden, das ist der Draht zwischen mir und meinem Bekannten; er überwindet die Entfernungen der Großstadt in spielender Weise. Man klingelt: „Guten Morgen, haben Sie gut geschlafen? Sind Sie um 11 Uhr im Lesesaal? Wollen Sie mir das Protokoll der letzten Sitzung mitbringen? Ich danke Ihnen! Grüßen Sie Ihren Kollegen! Schluß!" Welche Umstände hat es noch vor wenigen Jahren gemacht, eine so einfache Mitteilung von der Friedrichstraße nach Charlottenburg gelangen zu lassen! Der Verkehr der Großstädter tritt mit dem Telephon in ein neues Stadium. Keine neue Erfindung hat sich so im Fluge ihr Gebiet erobert. Schon heute wird viel mehr telephoniert als telegraphiert. Vielen aber, welche täglich das Telephon brauchen, ist die Art der Verbindung ein Geheimnis. Dieses Geheimnis lüftet die öffentliche Fernsprechstelle der Ausstellung. Da sitzen die Damen vor uns, durch deren Hände, ganz buchstäblich, die Gespräche der Hauptstadt rinnen.

Eine Dame zeigte uns, wie sie imstande ist, ohne Hilfe anderer Personen 10 800 verschiedene Stellen zu verbinden. Sie verbindet Freund und Feind, Kammerherrn und Metzgermeister, Börsengeier und Liebesleute. Sie ist sozusagen ein Stück von dem Gehirn der Stadt, weiß aber selbst nicht, welche Gedanken an ihr vorüberjagen. Noch auf der elektrischen Ausstellung in Frankfurt a. M. 1891 war der Mechanismus der Verbindung nicht so vervollkommnet, wie er es heute ist. Poststephan mag im übrigen Anlaß genug zu gerechten Klagen geben, den Wert des Telephons hat er doch rechtzeitig erkannt.

Die Krankenpflege bietet der Technik immer neue Aufgaben. Einesteils stellt der Operateur heute an den Techniker Anforderungen wie nie zuvor, andernteils verlangt der Mediziner von den chemischen Fabriken immer verwickeltere Herstellung der heilsamen Pulver und Pillen. An Stelle der früher handwerksmäßig betriebenen Apotheke tritt die Großindustrie, deren Kleinhändler der Apotheker wird. In dieser Hinsicht ist manches zu beobachten, aber nur der Fachmann würde es richtig darstellen können. Was aber jeder begreift, ist die Krankenbaracke, die das Muster eines modernen Hospitals und Krankenzimmers uns bieten soll. O, wenn es doch alle Kranken so gut haben könnten! Für alles ist gesorgt: Eisenmöbel, die sich jedem Bedürfnis anpassen, Streckapparate, Bandagen, Bänder zum Aufrichten, Kühlhauben aus Gummi, Luftkissen, Inhalationskocher, gedämpfte Lampen, Thermometer und Hygrometer (Flüssigkeitsmesser), elektrische Verbindung mit Küche und Verwandtschaft vom Bett aus, Lesepult, Schachbrett für die Großen, Spielplatz zum Anschrauben an Kinderbetten. ein allerliebstes Kinderbett ist ausgestellt, mit allem, was dienen kann, dem lieben kleinen Engelchen die Zeit des Scharlachs oder der Masern zu verkürzen. Selbst die bekannte Arche Noah fehlt nicht. Die Fahrstühle sind allen Körperverhältnissen angepasst, leicht und schwer, zum Selbstfahren für sitzende Kranke, zum Schieben für liegende. Durch die ganze Musterbaracke aber geht ein solcher Hauch von Sorgfalt, Reinlichkeit, berufsmäßiger Liebe, daß es sehr wohltuend wirkt. Wenn hier noch eine Diakonissin steht, die um Gottes Willen ohne viel Worte pflegt, dann ist alles geschehen, was Menschen für ihre leidenden Brüder und Schwestern tun können.

Was ist eine Maschine? Es ist die metallene Menschenhand. Weil sie aus Metall ist, ist sie dauerhafter, stärker, feiner, größer, kleiner, schneller als diese. Fast jede Tätigkeit, welche heute die Maschine tut, war einmal Handarbeit. Wenn man eine Maschine verstehen will, so hat man etwa folgendermaßen vorzugehen:

1. Woher kommt die Kraft? (Muskelkraft des Menschen, Tierkraft, Wasser, Wind, Dampf, komprimierte Luft, Gas, Elektrizität.)
2. Wie wird die Kraft zur eigentlichen Maschine gebracht? (Arme, Bänder, Stoß, Zug, Rotation, Transmission.)
3. Welches ist die Arbeit der eigentlichen Maschine? (Ziehen, pressen, heben, drücken, schmieden, bohren, flechten, gießen, färben usw.)

Bei dieser Betrachtungsweise wird man nicht den Krafterzeuger allein zum Einteilungsgrund machen. Es kann sehr fortgeschrittene Handmaschinen und sehr rückständige Dampfmaschinen geben. Es kann ein und dieselbe Maschine durch alle Arten Kraft getrieben werden. Darum ist das Verständnis für die heutige Technik nur erst angebahnt, aber keineswegs weit gefördert, wenn man sich einen Überblick über die Kraftquellen verschafft hat. Die schwerere, zeitraubendere, aber auch unendlich interessantere Aufgabe ist es, die Handfertigkeit der einzelnen Maschine selbst zu begreifen. Man kann dies aber nur tun, wenn man sich bei jeder einzelnen Maschine ein Stück Welt- und Wirtschaftsgeschichte vergegenwärtigt.

Diese Sätze werden dem Techniker sehr selbstverständlich und darum unnötig vorkommen, wir schreiben aber für sehr viele Leute, in denen die Gedanken über moderne Industrie nicht so geklärt sind, wie es zum erfolgreichen Besuch einer Ausstellungshalle wünschenswert ist, denn – wunderbar, unbegreiflich und doch begreiflich! – zur allgemeinen Bildung gehört es nicht, eine Maschine mit einiger Einsicht betrachten zu können. Die bürgerliche allgemeine Bildung rüstet die Menschen nicht aus, das heutige Leben zu sehen. Und selbstverständlich kann die Volksschule, selbst wenn sie wollte, diese Lücke der allgemeinen Bildung nicht von sich aus beseitigen, denn sie hängt ja völlig ab von dem Geiste der Hochschulen, die die Technik noch als nicht wissenschaftlich bezeichnen.

Was in alten Zeiten Simson und Herkules waren, sind heute Borsig, Flohr und ihre Genossen. Sie sind die Kraftmenschen des neuen Zeitalters. Von Borsig steht in der Haupthalle eine Maschine von 400 Pferdekräften und 150 Umdrehungen in der Minute. Eine ähnliche Maschine steht zu praktischen Zwecken im Vergnügungspark. 400 Pferdekräfte unter einen Willen gebeugt, durch eine Hand regiert, das ist mehr als die Bewältigung des Löwen von Nemäa. Eine solche Maschine ist ein eisern gewordener Menschenwille. Überhaupt ist der Maschinenpark ein Gewimmel von Energie. Welche Wucht liegt in der Torpedobootmaschine, die in der Minute 450–500 Umdrehungen macht!

Der erste Zweck der großen Maschinen ist der Transport zu Wasser und zu Lande. Zu Wasser vertritt die Dampfmaschine das traurige Heer der ein-

stigen Galeerensklaven, sie rudert; nur heißt ihr Ruder Doppelschraube. Zu Lande vertritt die Dampfmaschine das Pferd, den Esel, den Menschen, sie zieht auf den Straßen. Auf diesem Gebiete ist die Kraftwirkung an sich die Hauptsache, da die Technik des Ruderns und Ziehens einfach ist. Ähnlich liegt es bei Dampfkrahn, Pumpwerk u. dergl.
Der zweite Zweck großer Maschinen ist die Herstellung von neuen Maschinen. eine Werkzeugmaschine ist sehr lehrreich, sie ist zugleich Produkt der Maschinentechnik, wie Urheberin derselben, sie ist die erste Verteilung der Kraft der Herkulesmaschinen, der Übergang von der reinen Kraft an sich zur speziellen Arbeit. Wir beobachten einen Mann an einer eisernen Hobelbank. Er hat fast keine Kraft nötig, aber große Sorgfalt. Er stellt die Eisen ein und jedes Millimeter, das er falsch stellt, zerstört den Erfolg. Gerade der Eisenarbeiter, der alte Gewaltmensch, wird heute vielfach zum peinlichsten Kleinarbeiter. Mit fast der Sorgfalt, mit der man früher das Elfenbein schnitt, schneidet man heute den Stahl. Um die Hobelbank herum stehen zahlreiche ähnliche Maschinen, jede etwas anders. Die eine Maschine ist das Stemmeisen, die andere der Bohrer, die dritte die Feile, die vierte das Stecheisen, kurz, die Werkzeuge, die wir schon oft beim Tischler liegen sahen, sind hier zu fast selbständigen Gewalten geworden. Sie stehen um den Menschen herum, er legt ihnen das Geschirr an, indem er den Treibriemen einspannt und er zügelt sie, indem er die Grenze bestimmt, bis zu der sie reiben, schneiden und bohren dürfen.
Wir werden reich und reicher an gehorsamen Kräften. eine der wunderbarsten Eigenschaften dieser Kräfte ist ihre Verwandlungsfähigkeit. Der Stoß wird zur Rotation, die Rotation wird zur Tragkraft. Drehung schafft Elektrizität, Elektrizität schafft Hitze oder was man sonst von ihr verlangt. Die Diener der modernen Menschen sind vieler Verkleidungen fähig, im Grund aber sind alle diese Kräfte Sonnenkraft, denn sie sind entweder fallendes Wasser, das die Sonne gehoben hat, oder wehender Wind, der durch Lüfterwärmung entsteht, oder sie sind Kohle, Kohle aber ist vergrabenes Sonnenleben, gesunkener Sommer, gesparter Wald. Ist es nicht interessant, an einer Gaskraftmaschine zu lesen: „650 Liter Gas (Leuchtgas von 5000 Kalorien (Wärmeeinheiten) Holzwert) = 1 Pferd in einer Stunde"? Wald wird Kohle, Kohle wird Gas, Gas wird Pferdekraft, Pferdekraft wird Elektrizität, Elektrizität spinnt Baumwolle.
Auf diesen Umwandlungsprozessen ruht die moderne Kultur. Die Verschiebungen der Kräfte sind das Geheimnis, das wir zwar noch nicht gefasst haben, aber zu fassen im Begriff sind. Wir bekommen Millionen neuer Diener. Wem dienen sie und wie dienen sie? Dienen sie allein? Ist

ihr Dienst für alle ein Segen? So wird die technische Frage zur sozialen Frage.

Die Weberei von Zimmermann in Gnadenfrei in Schlesien hat neben einen mechanischen Webstuhl einen alten Handweber aus dem Eulengebirge mit seinem Handwebstuhl gesetzt. Der Handweber sitzt allerdings da, wie der Vetter aus dem Gebirge, der eigentlich nicht in die Umgebung passt. Eine Tafel der Eulengebirge-Hungerlöhne hat man nicht an die Wand angeschlagen, sonst könnte gar jemand mitten im Siegesfest des Kapitalismus zum Sozialisten werden. Dieser verlorene Handweber ist aber vortrefflich, um uns das Wesen der Maschine zu zeigen. Er tut fast genau dasselbe, was die mechanische Weberei tut, nur tut er es selber. Er ist die leibhaftige Maschine, die Kraftquelle und Transmission. Die Arbeit selber ist in diesem Falle nicht geändert, sondern nur die Kraft, die Schnelligkeit und der Umfang. Die Arbeit selber ist sich im Grunde gleich geblieben seit den Tagen, wo Penelope, das Weib des alten Seefahrers Odysseus, tags ihr Ehegewand webte und nachts die Fäden wieder auftrennte. Gegenüber der Penelope aber war schon der Urvater des Webers aus dem Eulengebirge ein Fortschritt, denn er flocht wenigstens nicht mehr den einzelnen Faden in die Grundfäden. Weben ist Flechten von Fäden, das ist das Bleibende. Einst war dies Flechten direkte Handarbeit, dann war es indirekte Handarbeit und jetzt ist es gar keine Handarbeit.

Heute war ich an dem Apparat, wo man sich selbst photographiert. Das Bild sieht so blaß aus, wie die älteren Daguerreotypien in der Stube meiner Großmutter, jene grauen Schattenbilder zahlloser geliebter Tanten; aber im übrigen ist es eine gute Photographie, deren einziger Fehler ist, daß man sie in der Hand hat, ehe sie hinreichend trocken ist. Das Photographieren besorgt für 50 Pfg. eine Maschine. Diese Maschine tut binnen 5 Minuten alles, was der Photograph tut, nur kann sie nicht retouchieren, d. h. sie kann keine geistige Arbeit leisten. Vor 3 Jahren wurde diese Maschine gefunden, nachdem schon 1891 in Frankfurt a. M. eine ähnliche gestanden hat. Sie ist ein Beweis, bis zu welchem hohen Grade menschliche Hände sich in Metallhände verwandeln können. Die metallene Hand hält die präparierte Platte vor das geschliffene Glas, senkt sie in die Dunkelkammer, übergießt sie der Reihe nach mit verschiedenen Flüssigkeiten, wäscht sie mit Wasser und liefert sie sauber ab. Ich fragte nun den Photographen: „Welche Folgen wird diese Erfindung für die Photographie haben?" Ihm war diese Frage neu, obwohl er täglich die Maschine speist. Als ich ihm sagte, „die Photographen brauchen weniger zu lernen", fand er das auch seinerseits richtig. Die Photographie beginnt dann vielleicht ungelernte billige Massenarbeit zu werden, soweit man geneigt ist, auf zeichnerische Durcharbeitung zu verzichten.

Ein Meisterstück moderner Technik ist die Setzmaschine der Buch- und Zeitungsdrucker. Diese ist eine wirkliche Neuigkeit, denn sie arbeitet zur Zeit in noch kaum 5 Exemplaren in Deutschland. Daß sie den Sieg gewinnen wird, ist kaum zweifelhaft, nur wird sie die bisherige Art des Setzens bei allem ungleichmäßigen Satz (Annoncen, Rechnungen, Formulare) neben sich weiter bestehen lassen müssen. Wer eine Schreibmaschine kennt, kann sich die neue Setzmaschine leichter vorstellen; wer aber keine Schreibmaschine neuer Konstruktion kennt, dem helfen die Beschreibungen nichts. Der Setzer drückt auf die Klaviatur, die Lettern fallen zur Zeile zusammen, die Zeile wird von einem kleinen metallenen Hohlraum umgeben, der nun als Gussform dient, ein Kessel mit geschmolzenem Buchdruckermetall neigt sich über die Gussform, spritzt glühenden Fluß hinein, der im Augenblick erkaltet, und die fertig gegossene Druckzeile rutscht bei Öffnung der Grußform glänzend abwärts, stellt sich neben ihre Vorgängerinnen und bildet mit ihnen die Tafel fertigen tadellosen Satzes. Eine sinnreiche Einrichtung ermöglicht die Einschiebung fremder Buchstabenformen (fett, antiqua) in den laufenden Satz.

Diese Maschine stellt die interessantesten Fragen, die weit über das Buchdruckergewerbe hinausgehen. Sie bedeutet einen technischen Fortschritt ersten Grades, denn sie bedeutet

1. Beseitigung der gesundheitsschädlichen Folgen des Setzerberufes (Bleistaub),
2. Vermeidung der meisten Druckfehler, da es kein Abwerfen und damit keine falsch geworfenen Buchstaben gibt,
3. Verkürzung der Arbeitszeit auf 1/3 des bisherigen Maßes, oder anders ausgesprochen, Überflüssigmachung von 2/3 der Arbeiter bei bisheriger Arbeitszeit.

Der letzte Punkt ist es, der die Qual bereitet. Dieselbe Maschine, welche den Lebensbestand der Buchdrucker bis in eine recht gute Höhe heben kann, wird zunächst dazu dienen, eine Anzahl Buchdrucker aus der Arbeit zu werfen. Wenn die Einführung der neuen Maschine schnell vor sich ginge, wäre Unglück zahlreicher Familien unvermeidlich, aber auch wenn sie, wie zu erwarten, langsam vor sich geht, so schwebt die Möglichkeit der Einführung drohend über dem Personal gerade der größten Betriebe. Dieses Personal hat aber naturgemäß den meisten Einfluß auf die Buchdruckerbewegung. Darum sind wir sehr gespannt, wie sich im Lauf der nächsten Jahre die Buchdruckerorganisation zur Setzmaschine stellen wird.

Aber mehr als das. Die Buchdruckerei war bisher ein gelerntes Gewerbe, in das niemand beliebig eintreten konnte. Nun wird es zu einem Teil ein ungelerntes Gewerbe. Zwar ein beliebiger Mann von der Straße wird auch in Zukunft keinen Zeitungssatz schaffen können, aber ein sonst geschickter Mensch, der die Schreibmaschine kennt, wird in kürzester Frist Setzer sein können. Damit wird aber die Möglichkeit eines Streikes sehr verkürzt. So können Fortschritte der Technik die Gefahr des Rückschrittes der Organisation sein.

Wenn ein Schriftsteller gewöhnt ist, mit der Schreibmaschine zu arbeiten, so wird er versucht sein, zur Abwechselung einmal sein eigener Setzer zu sein. Beim heutigen Stand der Maschine kann es auch zur Abwechselung sein, da die Nebenarbeiten bei der Bedienung der Maschine zu groß sind für gleichzeitige geistige Arbeit, aber es liegt gar nicht außer Bereich des Denkbaren, daß diese Nebenarbeiten sich verringern und daß dann später der Leitartikel sofort in Blei geschrieben wird. Gedanken gießen, ehe sie gesprochen werden: Sollte diese Möglichkeit eintreten, dann wäre eine Art Ähnlichkeit mit früher Vergangenheit erreicht: der Schriftsteller stellt sein Buch wieder selbst her, aber er stellt es jetzt her für Tausende.

Wodurch ändern sich die Formen der Gewerbe? Eben waren wir bei den Tischlern und haben eine große Zahl schöner Zimmereinrichtungen studiert. Maßgebenden Einfluß scheinen folgende Faktoren zu haben:

1. Die Bodenpreise und die dadurch bedingte Kleinheit großstädtischer Wohnungen,
2. die Zuführung fremder Hölzer durch den Welthandel und das Eindringen von Metallarbeit,
3. die Fortschritte der Werkzeuge durch Verbesserung der Maschinen.

Diese drei Ursachen wirken teils getrennt, teils vereinigt. Sehr lohnend ist es, die Wirkung der hohen Mietpreise auf die Tischlerei im einzelnen zu verfolgen. Der springende Punkt ist folgender: man möchte auf besondere Schlafzimmer verzichten und doch keine Betten im Zimmer stehen haben. Darum wird das Bett versteckt. Wo ist das Bett? Im Schrank, im Lehnstuhl, im Sofa, überall! Ein Nußbaumschrank mit schöner Verzierung enthält Bett mit Stahlsprungfedermatratze, welches abends nach vorn geklappt wird. Der Mechanismus ist so leicht, daß ein Mädchen ihn ohne Mühe handhaben kann. Wenn das Bett offen ist, so bietet die eine Schranktür den Nachttisch und die andere die Kleiderhaken. Preis 225 Mk. Dieser Schrank ist für Kleinwohnungen vorbildlich, er wird seit fünf Jahren in steigendem Maße in Berlin verkauft.

Das Überwiegen der Metallindustrie zeigt sich besonders bei den Betten. Hier verschwinden Holzbett und gestopfte Matratzen immer mehr. Der Schmied nimmt dem Tischler und Tapezierer etwas aus der Hand. Man sieht auch in diesem Fall, wie die Metall-Industrie die eigentliche Führerin der Gewerbe wird, sie greift von allen Zweigen etwas auf, sie baut Dächer, macht Pfeiler, macht Bildhauerarbeit, schafft Nippessachen, kurz, es wird nicht lange dauern, so steht auf irgend einer Ausstellung ein eisernes Zimmer.

Eine Insel im Meer ist die Korbflechterei. Bei ihr bedeutet die Maschine fast gar nichts, und doch schreitet sie fort. Gerade Berlin ist für Korbstühle und ähnliches maßgebend. Der Betrieb ist, von Kleinigkeiten abgesehen, noch derselbe wie vor 30 Jahren, nur sind dazugekommen:
    fremde Stoffe und
    fremde Formen.
Als Stoffe steigen chinesische und japanische Binsen und Rohre in die Höhe neben der alten guten Weide von Schlesien und von der Warthe. Neue Formen aber kommen aus fast aller Herren Länder. Es gibt keinen deutschen Korbstil mehr – es gibt überhaupt keinen deutschen Möbelstil! Fast jede Zimmereinrichtung, die wir besuchen, ist „stilvoll". Die Möbelbranche hat ein sehr großes Verständnis für vergangene Stile gewonnen und bildet sich im einzelnen weiter. Gotik, Frührenaissance, italienische Renaissance, Rokoko, Barock, alles ist vorzüglich, aber alles ist angelernt, studiert. Die neue Technik hat noch keinen neuen Stil geschaffen, dazu ist sie den bisherigen Werkzeugen noch ähnlich. Erst wenn die Werkzeuge noch weiter entwickelt, oder die Zufuhr fremder Stoffe noch weiter gefördert ist, werden sich vielleicht Anzeichen einer stilistischen Neubildung bemerkbar machen. Jetzt ist bei aller Formvollendung Stillstand, nur von Zeit zu Zeit wirft ein Architekt Samenkörner der Zukunft in den Tischleracker.

Es regnet, das ist sehr peinlich für alle die, welche in der Ausstellung nichts lernen, sondern sich nur unterhalten wollen. Dieses zahlreiche Armeekorps kommt nun in die Gewerbeabteilungen und benutzt sie, wie man die Wandelhallen des Opernhauses benutzt. Von ernsthafter Betrachtung ist bei dieser Art keine Rede. Sie haben im Grunde keine Achtung vor der Riesenarbeit, die ihnen entgegenstarrt. Überall sehen sie nur den äußeren Schein: reizend, patent, charmant, schneidig!

Als Napoleon I. einmal eine Zinseszinstabelle gezeigt bekam, soll er etwa gesagt haben: dieser kleine Kerl, der Zins, wird uns alle auffressen. Napoleon war ein kluger Mensch, wir fühlen schon die Zähne des kleinen Kerls. Ob man aber nicht ein ähnliches Wort vom Automaten sagen könnte? Er kommt auch als ganz unbeobachteter kleiner Kerl, tänzelt vergnüglich in die Gesellschaft herein, beginnt mit Chokolade und gebrannten Mandeln, macht für 10 Pfg. Musik und läßt für einen Nickel zwei Habanna fallen. Nun aber nimmt ihn die Staatsbahn in Dienst und er muß ernsthaft und langweilig Fahrkarten verkaufen, zunächst natürlich solche, die mit 1 oder mehreren Nickelgroschen bezahlt werden. Schon aber stellt sich neben den Nickelautomaten der Silberautomat, der mit 50 Pfg. und 1 Mk. Geschäfte macht. Automaten werden Theaterdiener, indem sie Klappsitze öffnen, Kellner indem sie alle Arten Speisen und Getränke ausgeben, Bäkker indem sie Brötchen verkaufen, Diener indem sie Seife und Handtuch bieten, Zolleinnehmer, indem sie Zugangssteuern erheben, kurz, der Automat ist verwandlungsfähig wie ein Chamäleon. Wer weiß was alles aus ihm noch werden mag? Daß er für 50 Pfg. photographiert, habe ich schon erzählt. Eben treten wir nun für 10 Pfg. in den elektrisch-automatischen Konzertsaal und hören hier 15 Holz- und Wachsfiguren ein Orchestrion-Konzert machen, halb Scherz, halb Ernst. Die jungen Damen lassen sich für 10 Pfg. vom Automaten wahrsagen, ob sie bald heiraten werden, ein Pianino spielt für denselben Preis einen Wiener Walzer, ein altes Huhn legt für 10 Pfg. Eier. Wichtiger ist der Wein- und Bierhandel durch Automaten. Wir schreiben die automatische Weinkarte ab:
Cognac fine Champagner (20), Kakao à la Vanille, Damenliqueur (20), Karthäuser (20), Halb und Halb (10), Ober-Ungarn, süß (20), Vino Vermouth (20), Old Madeira (30), Kap Pontac, herb (50), Old Sherry (20), Bordeaux (20), Alter Portwein (30), Kap Konstantia, süß (50).
Die Auswahl genügt schon ganz gut für mittlere Wirtschaften, sie läßt sich natürlich beliebig vermehren. Ähnlich ist die Bierkarte. Belegte Brötchen aller Art sind auch ohne Kellner zu haben. Ein warmes Wiener Würstchenpaar, elektrisch gekocht, kostet durch Automaten 30 Pfg. Mittagessen durch Automaten 1 Mk.
Der kleine Kerl wird immer breiter. Er wird so breit werden, daß ihn die Leute hassen werden. Er ist in seiner Natur ein Ärgernis für den Kleinhändler, ein Konkurrent der Wirte, eine Macht des Umsturzes für das herkömmliche ungelernte Geschäft. Den Großhandel berührt er an keiner Stelle, aber dem so wie so schwer ringenden Handelsmittelstand wird er viel mehr Sorge machen, als etwa die Konsumvereine. Darum werden wir

es begreifen, wenn die Vertreter der Kleingewerbe gegen den toten Teufel zu Felde ziehen, aber wir glauben nicht, daß sie ihm gegenüber viel erreichen. Zwar haben sie ihn jetzt an vielen Orten Sonntags in Ketten gelegt. Warum eigentlich? Es handelt sich doch um keine Sonntagsarbeit! Es liegt keine Sonntagsentheiligung vor, im Gegenteil, der Automat kann ein Mittel zur größeren Sonntagsruhe werden; aber er ist Geschäftskonkurrent derer, die Sonntagsruhe halten müssen. Darum soll er zur Strafe mitleiden müssen. Diese kleine Tatsache beleuchtet die Sachlage. Die Sonntagsketten aber werden den Automaten im ganzen nicht fesseln können, er ist noch nicht erwachsen, aber er wird heranwachsen, und dann wird er eine Macht sein.

Wir stehen nicht an, das weitere Aufkommen des Automaten für die charakteristische Erscheinung der Berliner Ausstellung zu erklären. Hier haben 5 Jahre wirklich viel getan. Ob man sich darüber freut oder es beklagt, das ändert nichts daran, daß es eine Wirklichkeit ist.

Deutschland will Weltmacht werden. Eigentlich ist Weltmacht ein törichter Ausdruck, da es sich höchstens um eine Erdmacht handeln kann, denn über die Idee, als ob die Erdkugel die Welt sei, sind wir doch längst hinaus. Als Erdmacht aber brauchen wir Kolonien, Erdhandel und Flotte. Die Flotte wieder braucht Kriegsschiffe, diese aber brauchen Geld. Hier nun ist der Punkt, wo die Sache schwierig wird, denn die Masse des Volkes lebt von heute auf morgen, hat Not und Sorge und will keine neuen Panzer. Trotzdem aber muß die Seemacht stark gehalten werden; sie muß es, koste was es wolle, denn sonst sind wir als Volk zum Ende verurteilt. Darum sind wir von unserem Standpunkt aus gar nicht unzufrieden, wenn auch die Ausstellung in den Formen des Schauspiels dazu beitragen will, den Sinn für die Flotte zu heben. Wir sprechen von dem Marineschauspiel, das der Kaiser besonders begünstigt und in dessen Anlage er einen eigenen Pavillon hat. Man weiß, daß wir alle Ursache haben, nicht blind allen Kaisergedanken zuzustimmen, aber die Meeresbegeisterung des Kaisers ist zeitgemäß und muß vom deutschen Volke angeeignet werden.

In dieser Stimmung sahen wir uns das Marineschauspiel an, wurden aber lebhaft enttäuscht. Der Wille ist gut, aber die Leistung schwach. Wenn man die deutsche Marine darstellen will, soll man es nicht als Marionettentheater machen. Darüber hilft alle Kanonade und Musik nicht hinweg. Wir kamen erwartungsvoll und gingen achselzuckend. Einen Vorteil aber hatte die Marineausstellung doch. Sie brachte uns zusammen mit einem Freund aus dem Baufach, der uns half, die richtigen Gesichtspunkte zur Betrachtung der Architektonik zu finden.

Die Ausstellung ist eine gewaltige Fläche: 917 000 qm. Der Platz brauchte bedeutende Terrainarbeiten, Wasserbauten, Promenaden, Ausstellungsgebäude und vieles anderes. Somit ist die Ausstellung als ganzes eine Probe jetziger Anlagekunst. Im allgemeinen ist die Sache gut gelungen. Der Raum mag, finanziell angesehen, zu groß sein, um sich genügend bezahlt machen zu können, für den Zuschauer, den die finanziellen Sorgen nicht drücken, ist dieser Gesichtspunkt Nebensache, und er freut sich an der schönen Ausdehnung und ihrer mannigfaltigen Benutzung. Schwierigkeiten liegen in den Straßen, die in das Gebiet hineinreichen und in einigen nicht zugehörigen Parzellen. Mit Brücken und Umwegen ist aber alles nötige erlangt.

Fraglich ist, ob nicht einige Abteilungen besser weggeblieben wären, aber – jedes Tier will leben! Am wenigsten aber hat uns auf die Dauer „Altberlin" befriedigt, eine geschichtliche Darstellung Berlins um das Jahr 1650. Alle Gebäude und Türme sind naturgetreu den damaligen Verhältnissen entsprechend: Georgentor, Spandauer Tor, Heilige Geist-Kirche, das alte Rathaus, der Markt, die holländische Teestube. Auch die Menschen tragen alte Trachten, aber sie sind sehr neuberlinerisch, etliche Frauenzimmer sogar allzu sehr. So waren sie unter dem Großen Kurfürsten nicht. Aber selbst vom unhistorischen Menschenvolk abgesehen: Berlin ist keine Stadt, die ihren Baustil ausstellen kann. Dresden würde es können, Kopenhagen, auch Hildesheim, Köln und Lübeck, aber Berlin kann es nicht. Die Hohenzollern haben eine großartige Geschichte, aber die Stadt Berlin hat keine große, charaktervolle, stilbildende Geschichte. Wenn sie ihre eigene Vergangenheit darstellt, so sieht das fast aus, wie wenn die Rothschilds das alte Gemäuer zum Museum machen, in dem ihr großer Amsel die goldene Herrschaft des Kontinents antrat. Es soll der Vergleich nahe gelegt werden: so gering waren wir, und nun, kennt ihr uns nun?!

Berlin hat keine große Vergangenheit, aber es hat eine große Gegenwart, und darum kann es jetzt vielleicht das tun, was ihm in der Vergangenheit nicht gelang: einen Stil zu bilden. Zahlreiche Leute durchsuchen die Ausstellung nach einem neuen deutschen Stil. Viel finden sie nicht, aber etwas, und dieses etwas ist sehr gut. Nächst dem Reichsgerichtsgebäude in Leipzig hat uns keine neuere Bauanlage so angesprochen, wie das Hauptgebäude der Ausstellung und der gegenüberliegende Turm mit Umgebung. Das ist groß und schön gedacht. Eine ähnliche Phantasie hatte der Mann, der in Dresden den Zwinger plante, nur daß der Dresdner mit Elbsandstein und Kurfürstengeld baute und der Berliner vielfach mit Gips und Holz. Es wäre aber jammerschade, wenn der Hauptbau und sein Gegenstück ganz wieder verschwinden müßten. Der Schöpfer dieses Meisterwerks ist Architekt Bruno Schmitz.

Was macht nun aber einen neuen Stil? Die Elemente scheinen uns folgende zu sein:

1. Neue Bedürfnisse schaffen, neue Bauformen (Bahnhöfe, Postämter, Kasernen, Ausstellungshallen, Fabriken, große Versammlungsräume, neue große Theater).
2. Neues Material tritt in Verwendung (Holzzement, Aluminium, Wellblech, Gips, Zementguß und vor allem Eisen).
3. Ausländische Stilarten werden nachgeahmt und lassen gewisse Eindrücke auch da zurück, wo man nicht bloß nachahmen will (Konstantinopel mit seinen Minarets und Kuppeln, China, Japan).

Jedes dieser drei Elemente glauben wir in dem Ausstellungsbau zu finden, nur soll man nicht denken, daß das Vorhandensein der Elemente an sich den Stil mache. Das eigentlich Schaffende ist immer die Person, in der die Elemente sich einigen, wie die Metalle in der Gußform eins werden. Die Person dürfen wir bei aller Wertschätzung der vorhandenen Elemente nicht unterschätzen. Sie nicht zu beachten ist der Fehler der eigentlich materialistischen Geschichtsbetrachtung. Gerade das Ausstellungsgebäude atmet persönlichen Geist, es ist Musik, es hat Melodie, es nötigt zum Ansehen, es bleibt im Gedächtnis, es ist nicht bloß Produkt, es ist Leben.

Die Führung des Eisens im Fortschritt der Gewerbe wird fast nirgends deutlicher als in der Baukunst. In dem einen Wort „Eisenkonstruktion" liegen Möglichkeiten, die keine frühere Zeit ahnen konnte. Der neue Stil muß eiserne Knochen haben. Das Steinzeitalter beginnt auch im Bauen sich vor der Eisenzeit zu neigen. Der Stein wird auch in Zukunft eine große Rolle spielen, er ist Fundament und Wand, aber er hat nicht mehr die Aufgabe des ersten Trägers. Damit ergibt sich nun, daß die Frage der Spannungsweite in ein ganz anderes Stadium gerückt ist. Jetzt können Gewölbe mit beliebiger Spannweite hergestellt werden. Die „natürlichen" Grenzen der Architektur sind verschoben, jetzt gilt es, für jede Aufgabe die Grenzen des Schönen und Nützlichen neu zu finden. Die Ausstellung bietet in fast allen ihren Gebäuden Stoff zur Kenntnis der Eisenkonstruktion.

Neben dem Eisen ist es Dachpappe, Holzzement, wodurch die Gestaltung der Gebäude im äußeren verschoben wird. Holzzement gestattet flachere und ganz flache Dächer, läßt uns also italienischen Bauformen näher kommen, als es bei Ziegel (steiles Dach), Schiefer (halbsteiles Dach) möglich war. Vielleicht erobert sich allmählich auch der durchleuchtende Glasziegel ein Gebiet. Vorläufig dient er nur für Gärtnereien und Restaurationspavillons, aber es ist nicht unmöglich, daß er auch für Fabriken immer mehr in Anwendung kommt.

Das Innere der Häuser ist bestimmt durch den teuren Preis von Grund und Boden. Die Raumersparnis soll bis auf das äußerste getrieben werden. Darum werden Zwischenwände und Decken auf das mindeste Maß zurückgedrängt. Gipsdielen und Rabitzwände werden mehrfach ausgestellt. Überall fast begegnen uns die Spuren des ängstlichen Bemühens, den Raum zu verkleinern. – Kampf der Bodenrente!

Was hat aber das Kochen mit der Wissenschaft zu tun? Mehr als man denkt. Von zwei Seiten rückt die Wissenschaft der Köchin näher und näher, einmal in der Auswahl der Stoffe, die gekocht werden, dann aber vor allem im Kochverfahren selber. Wie es scheint, handelt es sich um zwei Aufgaben:

1. Wie kocht man mit dem geringsten Verlust an Nährkraft und Wohlgeschmack? In dieser Hinsicht ist besonders der wasserlose Schnellbrater von Kuntze bemerkenswert, aber auch Dampfapparate, Bouillonapparate usw.

2. Wie kocht man ohne Kohle? Das ist das eigentliche Hauptproblem der Küche. Die Frage ist für den Großstädter wichtig genug, denn was macht ihm soviel Mühe wie das Unterbringen und Heraufbringen der Kohle? Die Kohle ist zu schwerfällig und schmutzig für die kleinen neueren Räume. Als Ersatz bieten sich Gas und Elektrizität an, und es ist wohl vielfach nur eine Folge des konservativen Sinnes unserer besseren Hälften, wenn beide nicht noch viel mehr angewendet werden. Viel teurer wird die elektrische Kocherei voraussichtlich nicht, nachdem einmal die Anlage geschaffen ist. Sie ist selbstverständlich nur da möglich, wo ein Elektrizitätswerk besteht.

Lademann aus Berlin stellt elektrische Heiz- und Kochapparate aus. Wir wählen als Beispiel einen Kochapparat für 1 Liter Inhalt aus blankem Kupfer auf elektrischer Grundlage. Er kostet von 32 bis 47 Mk., je nach der Ausstattung. Die Kosten stellen sich auf etwas über 3 Pfennig für die Stunde. Das Kochen erfordert etwa dieselbe Zeit, wie das jetzige Verfahren, macht aber fast keine Mühe. Die Platindrähte glühen, und es bedarf nur eines Handgriffes, um sie kalt zu machen oder wieder zu erhitzen.

Eine Küche ohne Kohle hat nur dann einen Zweck, wenn auch die Stube ohne Kohle ist. Bis jetzt haben sich die Gasöfen in kleinen Räumen nur mäßig bewährt, nun aber melden sich elektrische Öfen. Sie haben den Vorzug vorzüglicher Regulierbarkeit und absoluter Reinlichkeit. Mühe machen sie gar nicht. Wie sich der Verbrauchspreis stellen wird, wissen

wir noch nicht, da es von den zu gründenden Elektrizitätswerken abhängt. Ein mittlerer elektrischer Ofen kostet jetzt etwa 200 Mk.
Sterbend sprach Goethe: mehr Licht! Ob er in seinem kleinen, bescheidenen Sterbegemach in Weimar noch einen Blick Sonne haben wollte, ehe er davonging, oder ob tiefere Wünsche sich auf die Lippen des Scheidenden drängten, wer weiß es? Es wurde aber dieses letzte Wort eine Art Testament für allerlei Leute, für Wahrheitssucher und Sittenlehrer, es wurde aber auch zur Losung der großen neuen Beleuchtungsindustrie. Auf ihrem Gebiet ist der Umschwung seit den Tagen der deutschen Dichter außerordentlich groß. Der Entwicklungsgang war etwa dieser:
Kienspan, Wachskerze, Stearinkerze;
Rüböl, Solaröl, Petroleum;
Gaslicht, Auerbrenner;
Elektrisches Bogen- und Glühlicht.
Fast jedes dieser Lichter hat sein Gebiet, aber im Vordringen befinden sich augenblicklich Auer- und Glühlicht. Man kann im allgemeinen folgende Reihe machen:
Die Masse brennt Petroleum, die Geschäftswelt brennt Gas mit und ohne Auer, der Salon brennt Kerzen, und über allem schwebt drohend und lokkend zugleich das elektrische Licht.
Der Salon brennt Kerzen, die Kirche tut es auch, selbst die elektrischen Lampen im Königlichen Schloß in Berlin haben Kerzenform. Warum eigentlich? Weil die Kerze für vornehm gilt. Vornehm ist oft das, was veraltet ist. Privilegierte Stände behalten auch in Äußerlichkeiten die Art der Zeit, wo sie groß wurden. Die Kerze im Schloß ist dasselbe, wie die Treffenuniform des Ministers, wie der Degen des Kammerherrn, ein Zeichen des geschichtlichen Alters. Übrigens wird auf dem Landschloß die Kerze noch lange bleiben, denn wer wird dort elektrische Fäden spannen?
Die Masse brennt Petroleum. Selbst dann, wenn der Petroleumpreis unmenschlich steigt, brennt man Petroleum. Alle Lampenfabrikanten, die wir sprachen, versicherten, daß die große Preisschwankung des Petroleums für sie nicht fühlbar gewesen ist, eine Sache, die zu denken gibt. So groß ist die Macht der Gewohnheit und die Schwierigkeit einer technischen Umwandlung im Hausbetrieb! Ein Volk, welches die hohen Petroleumpreise hat über sich ergehen lassen, ohne zur Selbsthilfe durch Gas und Elektrizität zu greifen, ist fast zu geduldig. Welche Unsummen haben wir schon den Petroleumkönigen bezahlt!
Das elektrische Licht ist wirklich ein vollendetes Licht. Es brennt und heizt nicht, gibt die Farben viel besser wieder als Gas und vor allem, es eignet

sich ebensowohl zur Beleuchtung eines Hauptbahnhofes wie zur Nachtlampe, es kann sich den einfachsten und elegantesten Formen anschmiegen. Durch das elektrische Licht hat die Fabrikation von Luxuslampen ganz neue Richtungen erhalten. Die Mannigfaltigkeit ist ungeheuer, hier gibt es Stilbildung.

Der Anfang ist Spielerei, das Ende ist Ernst. So geht es mit der Liebe, so geht es mit dem Leben überhaupt. Darum soll man nicht verzweifeln, wenn eine Sache lange kindlich und tändelnd ist, sie kann dann doch eines Tages sich als gereift und erwachsen melden und alle die beschämen, die vorher nichts anderes zu tun wußten, als zu lächeln. Wie war es denn mit dem Fahrrad? Die ersten Menschen, die sich selbst mit Rädern durch die Welt geschoben haben, mußten viel Spott erdulden, nun aber ist der Spott vergessen, das Fahrrad ist kein Kind mehr, ist kein Traum von Grüblern, keine Utopie mehr, sondern eine den Verkehr und das Geschäft stark beeinflussende Tatsache. Wer sich dies gegenwärtig hält, wird auch einen freundlichen Blick für den Luftballon übrig haben. Er ist eigentlich noch nichts, aber er kann vielleicht viel werden. Vielleicht!

Heute waren wir im Kahn des Luftballons, 350 m über der Erde. Wie man von der Spitze Helgolands die hohle Halbkugel des Meeres unter sich zu haben glaubt, so rundet sich hier die brandenburgische Ebene unter unseren Füßen. Man treibt Geographie aus der Höhe. Der Nutzen der Luftballons für das Militär leuchtet sofort ein. Ob man sie wohl aus ihrer Höhe herabschießen kann? Ein Absturz müßte fürchterlich sein.

Aufzug, Bergbahn, Luftballon, so zieht es die Menschen nach oben. Sie wollen hochstehen. O, wenn sie das doch auf geistigem Gebiet auch alle wollen möchten!

Es gibt in Berlin eine Fabrik mit 40 Arbeitern, die nichts macht als Knopflochmaschinen, und zwar verschiedene Maschinen für verschiedene Stoffe (weiße Wäsche, Trikotage, Leder). So speziell werden die Berufe. Eine andere Fabrik stellt aus, die nur Nähmaschinennadeln fertigt. So werden aus Hilfsstoffen neue Erwerbszweige. Die Maschine setzt Arbeiter außer Brot, aber an anderer Stelle auch wieder Arbeiter ins Brot.

Die Ausstellungsabteilung „Kairo" ist eine Welt für sich. Unter der Pyramide, im Schatten von Palmen und Minarets, unter arabischem Geschrei: „Baba, Bakschisch!" (Herr, Trinkgeld!) hat man das gewöhnliche kultivierte Europa verlassen, man ist in eine andere ferne Kultur eingetreten. Bekannte, welche den Nil, Syrien oder Tunis selber gesehen haben, versichern uns, daß die Ähnlichkeit sehr groß ist. Wenn man die Eseltreiber, Kamelreiter, Wüstenweiber, die arabischen Hengste, die streitbaren Helden mit ihren alten langen Vorderladergewehren sieht, dann erlebt man etwas von den Ländern, die uns aus dem Religionsunterricht von Kind auf bekannt sind, aber freilich, die Frömmigkeit und Sinnigkeit jener Länder lernen wir nicht kennen, mehr nur die Sitte und die Sinnlichkeit. Es liegen Erinnerungen aus Jerusalem da, aber Jerusalem, die heilige Stadt, paßt gerade in diesen ganzen Kram sehr wenig. Hier ist die Außenseite des Muhamedanismus, Halbmonde, Harems, Moscheen und dahinter die steinernen Erinnerungen der Pharaonen. Merkwürdig, in einem Raum mit ältesten ägyptischen Säulen arbeitet eine moderne Druckerei mit Setzmaschine und gibt dort das „Kleine Journal von Kairo" heraus! Arabische Diener bringen – Münchener Bier! Auf den nubischen Eseln sitzen – Berliner Fräulein! Und die Pyramide selbst ist nur Theaterwand. Alles ist Schein, aber freilich, ein großer, bunter, anregender Schein, ein Ausstattungsstück, wo hunderte von Asiaten ihre eigene Rolle spielen, so gut das unter der wechselnden Sonne Berlins gehen will.

Schuhmacher und Schneider sind nahe verwandt, ihr Schicksal, soweit sie Kleinhandwerker sind, ist sehr ähnlich, auch leiden sie beide unter dem Aufkommen billiger Magazinware. Ein Unterschied ist aber doch: die Schuhmacherei drängt von selbst zur Fabrik, die Schneiderei drängt zur Hausindustrie. Die Ursache liegt darin, daß zur Herrenkonfektion nur 3 und zur Damenkonfektion selten mehr als 4 Maschinen gebraucht werden. Für Herrenkonfektion ist ausgestellt:

    Zuschneidemaschine,
    Nähmaschine,
    Knopflochmaschine,

für die Damenkonfektion kommen spezielle Nähmaschinen für Bortenbesatz und dergl. hinzu. Die Zuschneidemaschine schneidet vor unseren Augen 36 Jaquets mit einem Mal zu, viel schneller als es irgend jemand mit der Hand tun könnte; natürlich kann sie nur für Massenartikel verwendet werden. Schon diese Maschine genügt, um den Konfektionär über den Schneider zu stellen. Die Technik dient hier, wie so oft, dem größeren Gelde. Vom Konfektionär geht der zugeschnittene Stoff zum hausindustriellen Schneider, um dann als fertige Handelsware von ihm abgeliefert zu werden. Die Nähmaschine ist die eigentliche Mutter der neueren Hausindustrie, gerade wie der Web- und Strumpfstuhl die frühere Hausindustrie begründete. Ob auch die Nähmaschine in der fortschreitenden Entwicklung der Bekleidungsindustrie wieder überwunden wird? Bis jetzt liegen gar keine Anzeichen vor, und darum ist der Kampf der Schneider um Betriebswerkstätten so schwer.

Die Schuhmacher fordern keine Betriebswerkstätten, werden sie aber vielleicht eher erhalten als die Schneider, denn ihr Gewerbe neigt sich der Fabrikindustrie mehr zu. Es existiert augenblicklich in drei Formen: Kundenhandwerk, Hausindustrie und Fabrikation. Alle diese Formen sind in der Ausstellung vertreten. Am meisten Interesse weckt die Darstellung der Schuhfabrikation. Wir sahen am Sonntag Nachmittag zahlreiche Schuhmacher vor dieser Fabrik stehen und still in die Maschinen hineinblicken. Was sollten sie auch sagen? Ihnen mag zu Mute gewesen sein wie jenem Landmann, der zu Gott betete: „Herr, so du willst, daß mir der halbe Acker verhagelt, so laß die andere Hälfte doppelt tragen!"
Die Fabrik, welche die Herstellung der Schuhe dem Publikum zeigt, hat einen etwas reklamehaften amerikanischen Anstrich; wir glauben aber dieses nicht zu hoch anschlagen zu sollen, da wir ja wissen, daß es eine solide deutsche Schuhfabrikation gibt. Das Geschäft stammt aus Breslau und heißt Dorndorf. Es hat seine eigene Schäftefabrik, stellt aber diese nicht besonders aus, sondern zeigt nur die Behandlung nach Fertigstellung der Schäfte. Diese geschieht mit Hilfe folgender Maschinen:
1. Brandsohlen-Rißmaschine (bei hartem Leder außerdem Brandsohlen-Elastik-Maschine),
2. Zwickmaschine (mit sehr interessantem Apparat zum Nageln)
3. Einstechmaschine mit heißem Pech für den Faden,
4. Einstechnahtfräse-Maschine,
5. Rahmenfräser,
6. Aufsohlmaschine,
7. Sohlschneide- und Riß-Maschine,
8. Sohlennahtmaschine,
9. Rißschließmaschine,
10. Stichsteppmaschine,
11. Glättemaschine.
Zwischen den Maschinen liegen teilwies kleinere Handarbeiten, so liegt zwischen 2 und 3 das Vorbereiten der Spitze und Herausziehen von Nägeln, zwischen 5 und 6 das Aufkleben der Einlage und der Sohle. Die Arbeit geht fabelhaft schnell vor sich, die Schuhe fliegen ihrer Fertigstellung entgegen.
Die betreffende Firma bietet ihre Stiefeletten zwischen 10 und 22 Mk. an, je nach der Qualität, sie behauptet, gern nach Maß zu arbeiten (besondere Leisten, wenn nötig) und auch kranke Füße durch ihre Maschinen versorgen zu können. Das letztere dürfte wohl nur innerhalb gewisser Grenzen zutreffend sein. Ein Punkt, der uns nicht völlig klar wurde, war, wie sich

die Schuhe in Reparaturfällen bewähren werden. Ein Berliner Innungsmeister, den wir darüber zu Rate zogen, äußerte Zweifel.
Es war überhaupt sehr merkwürdig, erst mit dem Vertreter der Fabrik und dann mit einem Vertreter der Innung durch die Schuhausstellung zu gehen. Jeder vertrat natürlich seine Sache. Der Innungsmeister zeigte vorzügliche Handarbeit, weiche, elastische Schuhe, wie sie die Maschine nie werde liefern können, er führte uns an die Stelle, wo der Hofschuhmacher Schuhwerk ausstellt, wie es im königlichen Schloß getragen wird, natürlich Handarbeit, denn – „Handarbeit ist vornehmer"; er zeigte sorgfältig gearbeitete Schuhe für Krüppelfüße und schloß: „Die Schuhmacher, die etwas ordentliches gelernt haben, sind noch nicht verloren, aber viele haben nichts gelernt." Nach seiner Ansicht bleibt etwa die Hälfte des Schuhbedarfs der Großstadt und noch mehr in der Provinz in den Händen des Handwerks. Ob er mit dieser Schätzung recht hat, kann erst die Zukunft lehren.
Was heißt aber eigentlich in der Schuhmacherei „Handarbeit"? Daß Absätze genäht und Zwecken selber geschnitten werden, kommt wohl kaum noch auf fernen Dörfern vor. Die meisten Schuhmacher nähen aber auch ihre Schäfte nicht mehr selbst, hier hat die Nähmaschine und Schäftefabrik gesiegt. Fast alle Bestandteile werden industriell hergestellt und nur die Verbindung von Sohle und Oberleder war bisher Handarbeit geblieben. Das ist nun der Punkt, wo die Maschine jetzt vordringt. Es steht nicht so, als ob ein bisher unberührtes Gebiet mit einem Mal der Maschine verfiele, sondern die Industrialisierung der Schuhmacherei ist die Entwicklung eines Menschenalters, sie wird heute augenfälliger, aber sie beginnt nicht erst heute.
Wir leben in einem „papiernen Zeitalter". Das hört man oft, es ist aber kaum halb wahr. Es mag für königlich preußische Behörden gelten, im übrigen Leben wird aber die Korrespondenz wesentlich eingeschränkt. Wer schreibt denn noch Briefe wie vor 60 Jahren? Das bringen heute selbst die gefühlvollsten Töchter nicht mehr fertig. Das Briefpapier verliert an kulturgeschichtlichem Wert, aber dafür gewinnt es an schöner Ausstattung. Allerliebste Engelsköpfchen, Blumenkarten, Neujahrsgrüße, Kondolenzbriefe. In dieser Hinsicht ist die Auswahl entzückend. Daneben holzstofffreies Aktenpapier für solche behördliche Verordnungen, die noch in 10 Jahren gelten sollen. Briefumschläge werden vor unseren Augen von sinnreichen Maschinen gefertigt, von eisernen Händen, welche schneiden, gummieren, falten, und zum Trocknen hoch in die Luft und wieder herab führen. Neues liegt auch teilweis in Kartons und anderem

Packmaterial vor. Am lebhaftesten aber wird geschafft an der Herstellung von Geschäftsbedarf, und zwar in Hinsicht auf
1. Ordnen der einlaufenden Briefsachen usw. (Shannon Registrator und Verwandtes),
2. Herstellen neuer Zuschriften, Offerten, Rechnungen (Formulare, Hektograph, Schapirograph, Kopier- und besonders Schreibmaschine),
3. Führung der Bücher (Geschäftsbücherfabrikation, Anweisungen zur Führung),
4. Ein- und Ausgaben des Geldes (Kassenschränke, Zahlungsmaschine, Liquidator, Kassentische),
5. Bureaumöbel aller Art.

Besonderheiten der Papierbranche sind: Bunte Düten, papierne Kinderspiele und Papierwäsche.
Wer zeichnen kann, wird König! Was heißt denn zeichnen? Es heißt: auf dem Papier dichten. Wer in Farben und Formen dichten kann, der hat heute eine Fülle von Aufgaben vor sich. Er kann Reklameblätter für Sodafabriken machen oder junge Damen mit Zigaretten für die Tabakhändler erfinden oder einen herrlichen Gebirgshintergrund hinter einen Radfahrer malen oder ein Plakat für den Zirkus an die Wand zaubern oder Rosenbuketts für Kunstgärtner liefern. Alle Betriebe brauchen Reklame, und nichts ist wirksamer als farbige, treffende Bilder. Wo wäre eine große Brauerei, die sich nicht malen ließe, wo ein Alpenhotel, das kein buntes Plakat besäße, wo eine dürftige Sommerfrische, die nicht auf einem Kunstblatt verewigt sein wollte? Lithographie und Buntdruck reichen dem Zeichner die Hand und schaffen miteinander ein Kunstgewerbe von bisher nicht dagewesener Pracht. Die Ausstellung der Dekorations- und Reklamekunst ist sehr eindrucksvoll; mehr aber als die besondere Ausstellungsabteilung bedeutet das, was in der gesamten Ausstellung an Firmen, Schildern, Wappen, Wanddekorationen und dergl. zu finden sind.
Wer einen Sohn hat, der zeichnen kann, der hat verhältnismäßig geringere Sorge, aber gut, flott, markant muß er zeichnen lernen.
Überhaupt steigt das Zeichnen auf der ganzen Linie zusehends, fast in allen Fabrikationszweigen. Ohne Zeichnen ist kein Fortschritt. Deshalb ist es auch richtig, daß die gewerbliche Fortbildungsschule Berlins ihre Zeichnungen zur Schau stellt.
Doch nun ist es genug! Es geht nicht mehr, der Phosphor ist zu Ende. Sechs Tage haben wir die Augen offen gehabt, nun sind sie müde. Die Ausstellung selbst aber liegt noch immer riesengroß vor uns, große Erwerbs-

arten sind von uns nicht berücksichtigt, ganze Häuser sind nicht gesehen worden. Wir könnten nochmals 6 Tage arbeiten und wären doch noch nicht fertig. Aber was hilft es – das Gehirn trägt nur eine gewisse Summe neuer Eindrücke. Will man es über diese Tragfähigkeit hinaus belasten, so wird es störrig oder wund. Darum lebt wohl ihr Türme, ihr geschmückten Hallen, ihr tausend Künstler, lebet wohl! Wir wollen zu Schiff auf der Spree zur Stadt fahren und uns dort in den Schnellzug setzen. Die Gedanken der Heimfahrt wollen wir dann zu Haus noch schreiben.

Rückwärts fuhren wir mit einer Mutter und Tochter aus Erfurt, die von der Ausstellung sehr befriedigt waren, besonders hatte ihnen gefallen Alt-Berlin (da gibt es so gutes Bier und die Kellner haben eine so schöne Tracht), das Marineschauspiel (da wird so viel geschossen und es gibt auch Feuerwerk) und Kairo (da reiten die jungen Mädchen auf Eseln und die Araber heben sie hinauf). Der Schluß der Unterhaltung war: „Die Hauptsache ist es, wenn es einem nur gefallen hat."

Hat Ihnen die Ausstellung gefallen? So wird man überall gefragt, und wir antworten, um keine langen Erörterungen anstellen zu müssen, mit „Ja, im allgemeinen." Im Grunde aber ist die Frage, ob mir oder jemand sonst die Ausstellung gefallen hat, eine sehr nebensächliche. Was kommt darauf an, ob ich gerade Vergnügen daran hatte oder nicht? Eine Ausstellung ist doch nicht wie eine Sonntagvormittag-Kahnpartie, die allerdings keinen weiteren Zweck hat, als daß sie den Teilnehmern gefällt. Die Ausstellung will ein Geschäft im großen sein und von da aus ist sie zu beurteilen.

Was waren den die alten Jahrmärkte? Wir sehen sie noch vor uns, wie sie alle kamen, die böhmischen Musikanten, die Spielwarenhändler aus Thüringen, die Schuhmacher aus der Mulde, die Gardinenhändler aus dem Voigtlande, der Mann mit den Solinger Messern, der Mann mit den Rathenower Brillen und vor allem auch der Mann mit dem Pferd, das zählen kann, und dessen ewig junge Tochter auf dem Wunderpferde tanzt. Sie alle wollten verdienen, und dazu brauchten sie sich gegenseitig, der Händler brauchte den Spaßmacher, der Spaßmacher den Händler. War der Jahrmarkt zu Ende, so packte man ein, das Zelt wurde abgeschlagen und das Geld wurde gezählt.

Wodurch unterscheidet sich die Ausstellung vom Jahrmarkt?
1. Sie wandert nicht, sondern sie verlangt, daß die Menschen zu ihr wandern. Mehr als 1000 kleine Jahrmärkte, die sonst mit geringen Mitteln in allerlei Nestern gehalten werden, sind hier in ein halbes Jahr, auf einen Ort zusammengepreßt.

2. Die Ausstellung will gar nicht direkt verkaufen, sie will in der Hauptsache nur indirekte Geschäfte machen. Was wirklich auf dem Treptower Felde verkauft wird, ist geringfügig gegenüber dem, was hinter der Ausstellung kommen soll. Verkauft wird Bier, Wein, Chokolade, Eßwaren und Kleinigkeiten. Einzelne Geschäfte fordern zu Bestellungen auf. Alle größeren Geschäfte haben Spezialkataloge. Somit dient die Ausstellung teils als Ersatz des Reisens, was in einigen Branchen überhaupt wenig tunlich ist, und teils als ein Mittel der Reklame.

Große Firmen wie Rudolf Hertzog, Spindler, Zimmermann, Loeser & Wolf, Sarotti, Siemens & Halske, Borsig rechnen die Ausstellung wohl einfach in das große allgemeine Reklamekonto. Wenn sich eine solche Firma einen eigenen Ausstellungspavillon baut, so entspricht das nur der Art, in der sie auch sonst das Publikum heranzieht. Wenn aber mittlere Geschäfte ausstellen, so ist für sie die Sache viel riskanter. Die Kosten sind verhältnismäßig sehr bedeutend, und das Publikum vergißt das einzelne derartige Geschäft. Es weiß noch „wir haben wunderschöne Betten gesehen", aber wie der Mann heißt, der diese Betten hatte, das ist die Frage. Karten und Adressen kann man zu hunderten haben, aber es ist unmöglich, die Fülle von Papier zu behalten, man schleppt sie kaum bis zum Gasthof. Bei solcher Lage der Sache ist es uns wahrscheinlich, daß einen merkbaren direkten Vorteil von der Ausstellung haben können:
    große Firmen, die sich von selbst einprägen, und
    Firmen mit Spezialitäten, durch welche Aufsehen erregt wird.
Der mittlere Durchschnittsaussteller klagt vielfach und wohl mit Recht. Kleine Geschäftsleute sind, wenn sie nicht besondere Patentartikel vertreten, nicht im Stande auszustellen. Wiederholt hat man uns gesagt: Leute mit weniger als 10 Arbeitern stellen überhaupt nichts aus, solche mit weniger als 20 Arbeitern nur in Ausnahmefällen.
Die Wirkung der Ausstellung ist mehr indirekt. Selbst wenn die Spatzen Recht haben sollten, die jetzt von den Dächern pfeifen, das Komitee habe sich verrechnet, so bedeutet ein derartiger finanzieller Mißerfolg noch lange nicht einen Mißerfolg der Ausstellung im ganzen. Der Vergnügungspark zwar müßte im Oktober abrechnen, und was er dann etwa verloren hat, das ist verloren. Das einzelne Geschäft mag übers Jahr sich klar geworden sein, ob es mit Erfolg ausgestellt hat, der Einfluß auf die deutsche Industrie und den deutschen Markt überhaupt ist so leicht nicht festzustellen. Wir zeigen nur etliche Wege dieser indirekten Wirkung:

1. Der Aussteller selbst hat sich angestrengt, etwas besonders vorzügliches zu leisten und hat damit vielleicht seinem eigenen Betrieb einen nachhaltigen Anstoß gegeben.
2. Der Konkurrent des Ausstellers, der kleinere Fachmann, der Handwerker, der Gewerbeschüler lernen von dem, was sie sehen. Gerade diese Klasse von Besuchern gehört zu den wichtigsten.
3. Der Techniker macht sich ein Bild der gesamten Arbeit seines Faches und gelangt so dazu, die Stellen zu finden, wo maschinelle Fortschritte möglich sind.
4. Das Publikum (und jeder Aussteller ist gegenüber den anderen Branchen auch kaufendes Publikum) kommt mit erhöhten Ansprüchen nach Haus und fordert von seinen Geschäftsleuten und Handwerkern Dinge, die es in der Ausstellung gesehen hat.
5. Die Ausländer gewinnen Verständnis für deutsche Technik und geben Aufträge an unseren Export (Besuch des Vize-Königs von China Li-Hung-Tschang).

Aus dem allen ergibt sich, daß die Ausstellung dem Fortschritt des Industrialismus dient, und zwar in erster Linie dem Großfabrikanten und Großhändler. Sie ist der Jahrmarkt, der Leistungsfähigen, die Parade der kapitalistischen Produktion.

Ein Haus fehlt in der Ausstellung, das „Haus der Arbeit". Es müßte von dem Verband der deutschen Gewerkschaften erbaut sein, denn nur diese Stelle ist im Stande, das erforderliche Material zu beschaffen. Die Staatsbehörden müßten aber dabei den Gewerkschaften behilflich sein, und daß sie es vielleicht gewesen sein würden, zeigen die Versuche des Reichsversicherungsamtes, seine Tätigkeit zum Ausdruck zu bringen. So aber wie sie vorliegen, sind diese Versuche ungenügend. Die Aufgabe ist, das Arbeiterleben darzustellen:

I. Arbeiterwohnungen.
a) Ausstellung der Berliner Arbeitersanitätskommission in Hinsicht auf schlechte Wohnungen,
b) Ausstellung von Arbeiterwohnungen aus Berliner Vororten,
c) Ausstellung von Baugenossenschaften, Wohnungsvereinen usw.,

II. Arbeitergesundheit.
a) Nachweise über Sterblichkeit der verschiedenen Berufe,
b) Kindersterblichkeit in den verschiedenen Landesteilen und Stadtvierteln,
c) Darstellung der Berufskrankheiten, die Lunge der Bergarbeiter (anatomische Darstellung), die Krankheiten der chemischen Industrie, die Bleikrankheit usw.,

d) Statistik über Sehvermögen und Muskelkraft bei höherem Alter.
III. Arbeiternahrung.
a) Untersuchungen über die Mittagspause,
b) Nahrungsmittelfälschung,
c) Konsumvereine (diese haben eine Stelle in Treptow mit Drucksachen belegt),
d) Normalnahrung.
IV. Arbeitsräume.
a) Darstellung ungenügender Räume (Arbeit im Schacht, in der Hausindustrie, in der Fabrik),
b) Darstellung gesunder Arbeitsräume.
V. Arbeiterschutz.
a) Darstellung der Gefahren,
b) Schutzvorrichtungen an Maschinen,
c) Schutzvorrichtungen an Gerüsten u. dgl.,
d) Unfallstatistik.
VI. Arbeitszeit.
a) Sonntagsruhebestimmungen,
b) Arbeitszeit nach Berufen,
c) Arbeitsruhe und Industrieleistung.
VII. Arbeiterorganisation.
a) Statistik aller beruflichen Vereinigungen (Unterstützungsgelder, Wandergelder usw.),
b) Fachblätter der Arbeiter,
c) Übersicht über Lohnkämpfe.
VIII. Arbeitervertretungen.
a) Ältestenvertretungen,
b) Verhandlungen mit Unternehmerverbänden.
IX. Gewerbegerichte.
a) Statuten und Statistik,
b) Übersicht über die Entscheidungen.
Ein Haus mit solchem Stoff müßte sehr geschickt angelegt sein, um für das Publikum interessant zu werden, aber es ist nicht unmöglich: viel Bilder, plastische Darstellungen, Wandtafeln, Vorstellungen. Ein solches Haus fehlte, um die Ausstellung vollständig zu machen.

In der Ausstellung denkt man nicht an den Arbeiter. Er ist der Untergrund, aber er wird verdeckt. Hin und wieder steht ein Arbeiter und bedient vor dem Publikum seine Maschine, aber der Arbeiter im ganzen ist – glänzend vergessen! Es ist eigentlich unerhört, daß man auf einer

Gewerbeausstellung sich so wenig um den Arbeiter kümmert wie in Berlin. Kein einziges Geschäft gibt auch nur die Zahl, die Arbeitszeit und den Lohndurchschnitt seiner Arbeiter an! Man hat Augen für alles, aber nicht für die Menschen. In dieser Hinsicht ist die Berliner Ausstellung grausam wie der ganze Kapitalismus.

Wer sozialdemokratische Blätter liest, findet öfter große Worte von dem unüberwindlichen Fortschritt der Arbeiterbewegung. Wir würden gegen solche Worte gar nichts haben, uns vielmehr an ihnen freuen, wenn sie nur wahr wären. Das aber ist bis jetzt leider nicht der Fall. Zwar die Stimmzettel wachsen, aber der Einfluß auf die maßgebenden Kreise der Gesellschaft ist noch fabelhaft gering. Man konnte durch die ganze Berliner Ausstellung gehen, ohne an die Macht der Arbeiterschaft erinnert zu werden. O, es bedarf noch unendlicher Arbeit!

Wer noch Utopien im Kopfe hat über baldige Verwirklichung des ersten Teiles des Sozialdemokratischen Programms, für den ist die Ausstellung eine heilsame Ernüchterung. Hier zeigt sich das Unternehmertum in seiner ganzen Kraft und Rücksichtslosigkeit. Es hat noch viel Aufgaben und viel Stärke, die Zeit seiner Ablösung ist noch keineswegs vorhanden, und es ist besser, dies klar einzusehen, als schönen aber irrigen Träumen nachzuhängen. Eine totale Umgestaltung der Gesellschaft steht nicht in naher Aussicht, desto zäher und unerbittlicher muß aber der kleine Mann das erkämpfen, was er erreichen kann. Was aber ist das?

Unerreichbar ist in absehbarer Zeit eine Leitung der Industrie ohne Unternehmer, unerreichbar ist auch eine Hinderung der Industrie zu gunsten der älteren handwerksmäßigen Betriebe. In beiden Sätzen liegt viel schmerzliche Entsagung, auf der einen Seite für den Arbeiter, auf der anderen für den Kleinmeister. Wir empfinden das Schmerzliche sehr mit ihnen, aber wir halten es doch für richtig, unseren Eindruck nicht zu verschweigen: der private Industrialismus ist noch im Aufsteigen!

Es handelt sich in der deutschen Industrie um ein Suchen und Probieren, wie es ein Gesellschaftsbetrieb nicht wird leisten können, hauptsächlich deshalb, weil die Unabhängigkeit der einzelnen Person dazu gehört, wenn ein unberechenbarer Versuch gemacht werden soll. Die Fülle von Erfindungen, die auf der Ausstellung zu sehen sind, hängt mit dem privatindustrialistischen System zusammen. Eine Vergesellschaftung würde in heutiger Zeit ein Nachlassen der Leistungskraft in Hinsicht auf technischen Fortschritt bedeuten und uns damit vor den anderen Ländern schwächen. Wie enorm wichtig der letztere Gesichtspunkt ist, zeigt aber jeder Blick auf die ausgestellte deutsche Ausfuhr.

Ein Stillstand der Industrie würde Rückgang des deutschen Lebens sein, und doch wünschen die nicht industriellen Gewerbe diesen Stillstand. Der Wunsch ist sehr natürlich, aber seine Erfüllung würde verhängnisvoll sein. Wer nicht fortschreitet, der geht zurück, ein Volk, das nicht immer weiter den Markt besetzt, wird vom Markt ausgeschlossen. Darum kann und darf die Losung nicht sein: Halt! Sondern Vorwärts!
Vorwärts – aber wie? Was sagt uns die Ausstellung für die Sozialpolitik?

1. Der Arbeiter hat es nötiger als je, sich zu organisieren, wenn er nicht einfach ruiniert sein will. Durch die Fortschritte der Maschinen steigt zwar die Anforderung an allgemeine Bildung des Arbeiters, aber die Anforderung an spezielle Berufsbildung geht vielfach zurück. Wir erinnern an das, was wir über die Schuhfabrik und die Setzmaschine der Buchdrucker gesagt haben. Mit dem Zurückgehen der Notwendigkeit besonderer Berufsbildung erschwert sich die Konkurrenz für den Arbeiter. Der Fortschritt der Maschine ist in erster Linie ein Fortschritt in der Macht des Unternehmers. Soll diese Macht den Arbeiter nicht einfach erdrücken, so muß er fester zusammenhalten als bisher. Er braucht dazu Angestellte der Fachvereine. Das ist keine beliebte Forderung, aber im Anschauen der Ausstellung haben wir uns jeden Tag gesagt: Die Arbeiterschaft braucht Köpfe, welche den ganzen Handel und die ganze Industrie kennen und verstehen! So lange sie keine solchen Köpfe hat, wird sie zu der Rolle verurteilt bleiben, die sie jetzt spielt. Das muß aber anders werden, um des ganzen Volkes willen muß es anders werden. Der Arbeiter darf nicht ferner so in den Hintergrund gedrängt werden wie bisher und wie auch in Treptow. Er muß auch im gewerblichen Leben mitreden. Er wird es aber erst dann können, wenn er sich Organe schafft, die den Unternehmen an Kenntnissen und Geschäftsfähigkeiten gewachsen sind. Das aber können nicht Leute sein, die durch ihre Tagesarbeit an dem Kennenlernen der Dinge gehindert sind. Also: Berufsarbeiter der Arbeitervereinigungen!
2. Der Handwerker soll, wenn er von der Industrie bedrängt wird, sich möglichst auf Spezialitäten werfen. In Massenartikeln kann er der großen Maschine nicht Konkurrenz machen. Wir sahen aber in verschiedenen Branchen Handwerker, die sich mit Glück einem einzelnen Zweig zugewendet hatten (Bettschirme, Jagdanzüge, Radfahrerkleidung, Alpenschuhe, Ventilationsfenster und dergl.). Diese Spezialitäten eignen sich weniger für die Provinzialstädte, aber in großen Orten können sie ertragreich werden, und große Orte sind es ja auch in erster Linie,

wo das Handwerk den Druck der Maschine fühlt. Daß mit diesem Rat übrigens die Schwierigkeit nicht ganz erledigt ist, wissen wir natürlich selber. Eine bestimmtere Form der Hilfe für das Handwerk zeigte aber die Ausstellung nicht, insbesondere scheint der Fortschritt der kleineren Kraftmaschinen im Handwerk nicht so allgemein zu sein, als man vor etlichen Jahren hoffte.

3. Sehr fühlbar ist die Einwirkung der steigenden Bodenrente. Ihr begegnet man, ohne daß sie je genannt wurde, in den verschiedensten Abteilungen, besonders im Bau- und Möbelfach. sie ist eine Plage der Städte, ein Quell größter Einengungen und Nöte. Der Kampf gegen sie ist uns durch die Ausstellung zur erneuten Pflicht geworden.

Hier ist ein Punkt, wo eingesetzt werden muss, und zwar mit allen Mitteln, die es gesetzmäßiger Weise geben kann. Der Bodenwucher zerfrißt die Gewinne unserer wachsenden Industrie, er ist die Quelle des arbeitslosen Kapitalismus.

Neben der Arbeit soll das Vergnügen stehen. Leider waren die Vergnügungen der Ausstellung nur teilwis so, daß man an ihnen keine Freude haben konnte. Zwar scheint es, als sei die Zügellosigkeit weniger groß gewesen als bei früheren ähnlichen Gelegenheiten, aber immerhin ist der Eindruck eines solchen Haufens von Lockung und Leichtsinn nicht zu unterschätzen. Von Kairo hörte man wenig gutes und auch der Vergnügungspark ging über das Maß des Anständigen mehrfach weit hinaus. Was aber das Bedauerliche war, es fehlten die Ansätze besserer Volkserholungen. Man kann das Schlechte doch nicht vertreiben, wenn man nicht besseres an seine Stelle setzt. Hier zeigt sich eben wieder der Geist der Ausstellungsleitung: was Geld bringt, wird zugelassen; und für Volkserholungen, die weniger einbringen, ist kein rechter Sinn. Die Illumination, mit der man den Vizekönig von China empfing, war freilich berauschend und glänzend. Lichter gab es in Unmasse, aber wenig wirklich geistiges Licht für Herz und Gemüt.

Die alte Zeit hat gezeigt, was sie kann. Es ist groß und verdient die angestrengteste Aufmerksamkeit. Sie kann die Industrie heben. Nun kommt der Arbeiter und fragt, was er von dieser Hebung hat. Der Hammer, das Sinnbild dieser Ausstellung, steigt aus der Erde und klopft an die Tore, er steigt, bis man ihn beachtet.

# Pariser Briefe 1900

*I. Versailles.*

Der Himmel war blau nach langen Wolkentagen und die Schlösser von Trianon lagen in dem Sonnenglanze, der in unserer Phantasie immer um sie gewesen ist, denn nur blendend hell kann man sich die Pracht des Königs „Sonne" denken, und was soll dieser Park mit seinen hundert Göttern und Göttinnen, wenn es regnet? Was soll er gar, wenn die Gewitter der Weltgeschichte den Himmel verdunkeln? Dann wird er leer, todesleer wie er jetzt ist.
Auch in Deutschland gibt es still gewordene Schlösser aus der Periode der monarchischen Pracht. Was ist jetzt Moritzburg, wo August der Starke von Sachsen sein kleines Versailles baute? Wie liegen bei Heidelberg der Schwetzinger Park und die Gärten in Bayreuth in verlorener Jugend! Auch Sanssouci gehört hierher und Herrenhausen. Aber so verlassen, „weltverloren", „gottverlassen", wie heute Nachmittag Trianon fand ich noch keins der deutschen Schlösser. Während drin in Paris die Masen sich drängen, wandern hier einzelne Fremde und sehen eilig, was schön einst war. Der Führer erzählt eintönig, gleichmütig, wer alles in diesen Räumen gelebt hat und nur bei zwei Namen hört der deutsche Fremdling genau zu: Marie Antoinette und Napoleon I.
Das Schlafzimmer Marie Antoinettes mit dem Bild des Dauphin! Hier hatte sie ihre Muttersorgen, Sorgen für ein Kind des Unglücks. Von hier aus eilte sie ins große Schloß, als am 5. Oktober 1789 die Pariser Massen herangewälzt kamen. Nicht viele Jahre später, da wohnte hier Pauline Borghese, die Lieblingsschwester Napoleons. Er selbst aber nahm für sich im großen Trianon die Räume der Madame de Maintenon.
Schon öfter sah ich Zimmer, in denen Napoleon vorübergehend lebte, hier aber war er in vollerem Sinne zu Hause, soweit man bei ihm von zu Hause reden kann. Hierher zog er sich zurück, wenn er Stille brauchte. Noch redet die gelbe Farbe der Wände und Stühle von seinem Geschmack. Ein Bild, das man im Vorsaal verkauft, zeigt ihn weich und sinnend. Wer wird ihn uns ganz schildern, diesen aus der Revolution geborenen Kaiser von Westeuropa? Es kann sein, daß wir Deutschen ihn erst in Zukunft ganz

kennen lernen werden, den Mann der Kontinentalsperre und des ägyptischen Feldzugs, den letzten, größten Vorkämpfer des Kontinents gegen das Angelsachsentum. Wenn jemand imstande ist, seine Weltaufgabe fortzusetzen, dann sind es die Deutschen, die gerade er zertreten hat, soweit er konnte.

Allein fuhr ich von Trianon den weiten Weg um den kreuzförmig gezackten künstlichen See, den der große König graben ließ. Die Wege sind kaum besser als sonst Waldwege; die Jagd im Wald der Könige gehörte bis vor kurzem dem Baron Hirsch und soll jetzt von einem Engländer gepachtet sein. Im Hintergrund liegt das Gehölz von Satory, in dem man 1871 die Verurteilten der Kommune erschoß. So nahe berühren sich drei Weltalter!

Der Wald wußte nichts von aller dieser Historie und erlebte seinen Mai wie vor hundert und zweihundert Jahren. Die Blätter grünten, die Knospen sprangen auf, die Vögel sangen das Lied ihrer kurzen glücklichen Liebe. Alte schöne Bäume wölbten sich sonnig grün in den blauen Äther hinauf und das Wasser gab ihr Gezweig zum zweiten Mal dem Auge. Einsam ruderte ein junges Paar am Schilf dahin, jung wie der Frühling. Der Kutscher aber unterhielt mich von den Kähnen, die die Militärverwaltung baut, um auf dem See Ludwigs XIV. Proben von Flußübergängen zu veranstalten. Schließlich ließ ich ihn allein nach Hause fahren und übergab mich dem Sonnenschein und der Träumerei in einem der vielen Winkel, die es zwischen Bassins und Göttinnen gibt.

Hier muß man anfangen, wenn man über das neue Frankreich denken will; hier an den Grabsteinen des alten Ludwig XIV., dessen Schloß mit seiner Front von 375 Fenstern, über allen diesen Treppen und Urnen thront, war der Höhepunkt einer Kulturepoche, die man verstehen muß, ehe man auf das Marsfeld geht, wo der Industrialismus seine Welt ausstellt. Wie war es, als die Damen und Kavaliere hier gingen, ritten, auf diesem See gondelten, unter diesen Bäumen tändelten und die Feinheit einer Sprache ausbildeten, die noch heute ihre knappe marmorne Eleganz nicht verloren hat? Wer war damals „das Volk"? Es war nicht die Masse, denn diese lebte ein dumpfes pflanzenartiges Dasein, in das sie notwendig dort versinkt, wo das freie Volkstum der alten Stammeswanderungen bei langer Seßhaftigkeit von der Übermacht der Bodenherren in Frohn und Dienst gezwungen wird. Grundadel und Klerus waren das Volk, das wirklich lebte, dachte, etwas wollte. Langsam kamen die Stadtbürger hinzu, am ersten die von Paris. Nur diese Oberwelt war die Gesellschaft. Die ganze Daseinsweise beruhte auf dem agrarisch-aristokratischen Prinzip.

Die Spitze der Oberwelt war der König, dessen Majestät der Zweck der Existenz der Menschheit zu sein schien. Im großen Schloß regierte dieser König und in Trianon amüsierte er sich. Seine Hofhaltung kostete im Jahre 40 bis 50 Millionen Franks und 400 Millionen Franks kostete der Bau des Schlosses. Dies Geld wurde vom König aus den Bauernhütten emporgesogen wie der Tau, den unaufhörlich die Sonne von der Erde emporzieht. Daß dies Unrecht war, lag nicht im Gesichtskreis der Herren und Damen, die hier Gold und Seide trugen, es war Natur. Wozu sind in dieser absolutistischen Gesellschaftsordnung die „Untertanen" da, als zum Herstellen des Lebens für die Aristokratie? Daß die Masse Subjekt sein könnte, lag nicht im Bereich des Denkens dieser Welt. Auch die Kreuze, die sich in der Beichtkapelle des allerchristlichsten Königs fanden, schwiegen vom armen Gekreuzigten, dem Manne, der Gott dankte, daß er seine Herrlichkeit den Unmündigen offenbare. Der Priester war Bestandteil eines ganzen Systems geworden, das nirgends auf der ganzen Erde so rein, so formvollendet zu Tage trat, als hier in Versailles.
Dieses System brach mit der französischen Revolution zusammen, aber es würde sehr falsch sein, wenn man seinen Kulturwert nicht beachten wollte. Ganz Europa hat von Versailles aus formelle Bildung gelernt. Dorthin zog der deutsche junge Adel vor 200 Jahren, wenn er sich über seine heimische Barbarei erheben wollte. Von dorther bekamen wir die Literatur, die es erst möglich machte, daß dann Lessing ihr ein deutsches Schrifttum gegenüberstellte. Man muß etwas an die Völker Osteuropas denken, wenn man sich den damaligen Zustand unserer Vorfahren richtig vorstellen will, die nach der Mühsal des dreißigjährigen Krieges fremder Meister bedurften, um Schliff und Fasson zu bekommen. Der deutsche Geist besaß nicht das, was er heute in sich hat, die deutsche Sprache war wirklich ein ungelenkes Werkzeug für die Dinge dieser Welt, die Hände waren rauh, die Sitten roh, da kam der Franzose, der Träger der Kultur von Versailles, oft persönlich kein Muster der Moral und der Größe des Herzens, aber ein unentbehrlicher Diener des Fortschritts. Was sind französische Emigranten für unsere moderne Entwicklung geworden? Ohne sie ist die Entstehung des besonderen Berliner Geistes nicht denkbar. Und Friedrich II.! Man gehe in seine Bibliothek in Potsdam und sehe, wovon er sich nährte! Der Ausgang dieser höfischen Kultur, die wir haben mussten, wenn wir etwas werden wollten, ist hier auf der riesigen Terrasse vor dem Schloß von Versailles, das jetzt eben von der sinkenden Sonne in rötlich blendender Glut gebadet wird. Auf dieser Terrasse konnte ein König stehen und sagen: „Diese Kultur bin ich!" Als er alt und schwach

wurde und weniger glückliche Hände die Leitung des absoluten Systems übernahmen, da wurde eine Gesellschaft, die nur auf Königsdienst dressiert war, zum Sumpf.

In allen Arten von Gestalten sieht man drin im Schloß Ludwig XIV., von jenem weißen Marmor an, der das Kind mit dem Szepter darstellt, bis hin zu den Gesichtern eines alten Mannes, dem man Mitleid gönnen möchte, wenn er es haben wollte, mit Engeln und mit mythologischen Gestalten, als Krieger und als Friedensfürst, als Zäsar und als Mensch. Das Schloß selbst, abgesehen vom großen Nationalmuseum, ist sein Leben. Von hier aus sollte das geeinte Reich des französischen Bildungsglückes sich nach Ost und Süd ausdehnen. Wenn der König in der Richtung nach Paris hin schaute, sah er an der Pforte seines Hofes zwei Bildnisse, die den Sieg über Österreich und Spanien darstellten, und die Wände seiner Säle waren voll von Bildern französischer Siege. Ich wollte anfangen, alle deutschen Orte zu notieren, deren Belagerung oder Einnahme dargestellt sind, aber es wurden zu viele. Aufgeschrieben habe ich zufällig: Rothenburg, Nördlingen, Worms, Kreuznach, Bacharach, Wesel, Straßburg, Freiburg, Johannisberg. Was in Versailles Ruhm heißt, heißt jenseits des Rhein Schmach und Ruine. Man kann nicht hier sein, ohne den zerbrochenen Turm von Heidelberg vor seinem Geiste zu sehen. Die französische Kultur Ludwigs XIV. war durch und durch militaristisch, und in den Vorderräumen seiner eleganten Säle stehen die Standbilder seiner städtezerstörenden Generäle.

Die Revolution hat das Mobiliar der Könige verstreut und wollte das Schloß auf Abbruch verkaufen. Sie mußte auf dieses Schloß wütend sein, denn aller Druck, den das Bürgertum fühlte, konzentrierte sich hier. Dieses Bürgertum wuchs von den Mitteln, die die Könige und der Adel dem ackerbauenden Lande entzogen, denn alle diese Mittel setzten sich wieder in städtische Arbeit um. Man kann sich schwer ausdenken, wie viel Hände der Hof des Sonnenkönigs direkt und indirekt beschäft hat. Alles, was man im Schlosse sieht, ist Bürgerarbeit. Ludwig XIV. hatte allen Grund, in Paris 80 neue Straßen anzulegen, denn er brauchte Handwerker, Kaufleute, Gelehrte, Künstler, Arbeiter. So grub er seinen Nachfolgern die Grube. Aus der Stadt rollte die Woge bis nach Versailles, das Königtum erlag seiner eigenen Pflanzung.

Schließlich aber hat die Revolution das Schloß stehen gelassen und Louis Philipp machte es zur gemalten Weltgeschichte Frankreichs, indem er den unübersehbaren Reichtum geschichtlicher Bilder zu sammeln begann, dessen Kunstwert sehr verschieden und dessen politischer Inhalt sehr gemischt ist. Nahe beieinander wohnen hier Königtum, Revolution, Napoleon, Louis Philipp, Magenta, Madagaskar. Den tiefsten Eindruck haben auf mich die Bilder Napoleons gemacht, besonders auch jenes Marmorbild des sterbenden Imperators, das sein künstlerisch besseres Gegenbild neuerdings in Potsdam fand, wo der Bildhauer Magnussen den sterbensfertigen alten Fritz geformt hat. Offenbar übrigens sorgten die Monarchen besser für die malerische Verewigung ihrer Taten als die dritte Republik. Heute ist es nicht still auf der Terrasse, denn heute ist der Tag der großen Wasser. Wer die Wasser von Wilhelmshöhe bei Cassel hat fließen sehen, kennt die Geschichte. Alle Drachenköpfe speien, alle Neptune lassen regnen, alle Delphine sprudeln blanke Strahlen, hoch wirbeln die Tropfen in der Luft und lustig bilden sich kleine Regenbogen, wo Sonne, Wasserglast und Tannenhintergrund sich finden. Einst war das ein Schauspiel für Herzoginnen, jetzt ist es Volksvergnügen. Von 4 Uhr an lagert sich das Volk rund um das große Bassin, meist offenbar kleine Leute aus Versailles und Paris. Die kleinen Rentiers mit ihren Damen, die Schuhmacher und Krämer, die Soldaten mit ihren Schätzen. Alles parliert, ein Bild französischer Lebendigkeit! Endlich rufen die Kinder: „Es kommt, es kommt!" Die Gelagerten schießen in die Höhe, denn jeder will etwas von dem ersten Stoß der großen Wasser schauen. Das Wasser rauscht, spritzt, blinkt und plätschert und tausend einfache Leute haben ihr Sonntagsvergnügen. So werden die Pläsiere der Könige demokratisiert, allerdings etwas spät und nur alle vier Wochen einmal.

Für Versailles ist es nur eine Episode, was für Deutschland und auch für Frankreich eine neue geschichtliche Periode bezeichnet: die Proklamierung des neuen deutschen Kaisertums im Spiegelsaale des Schlosses am 18. Januar 1871. Die französische Ausgabe des Führers von Versailles nennt dieses Ereignis einfach in der Reihe festlicher Empfänge. Es waren in diesem Saal 1804 der Papst Pius VII., 1837 die Einweihung des Museums, 1855 ein Fest zu Ehren der Königin von England, 1871 die Krönung des preußischen Königs als deutscher Kaiser, 1878 der Ball des Präsidenten Mac Mahon beim Schluß der Weltausstellung, 1889 die Jahrhundertfeier der Revolution durch Präsident Carnot und 1896 der Empfang des Zaren Nikolaus II. In dieser Zusammenstellung wird das Ereignis von 1871 am leichtesten tragbar. Man muß in der Tat gestehen, daß es für die Franzosen nichts leichtes ist, daß dort, wo ihre ganze Siegesgeschichte gemalt ist, Bismarck die deutsche Reichsurkunde verlesen hat. Wir haben nicht die Aufgabe, durch irgendwelche Art herausfordernden Stolzes die Wunde zu vergrößern, nachdem im großen Würfelspiel der Weltgeschichte der letzte Wurf zu unseren Gunsten war, aber ein Gefühl eigenartiger Befriedigung ist es doch, daß das Stiefkind der westeuropäischen Kulturfamilie endlich auch seine Ruhmestage fand. Und daß es in Versailles geschah, warnt vor allzugroßer Sicherheit der Herrschenden. Man muß die Bilder von Versailles gesehen haben, um ganz zu begreifen, was es für die Franzosen bedeutet, wenn sie uns bei ihrem Industriemarkt freundlich begrüßen. Ein einfacher Arbeiter formulierte mir gegenüber die Lage: „Das Volk begreift noch nicht, daß alles Historie ist."

*II. Montmartre.*

Von Versailles wenden wir uns zum Montmartre, vom Palast der Könige zum Berge des Volks. Hier begann die Kommune ihren Versuch demokratisch-sozialistischer Revolution, indem sie der Nationalgarde ihre Kanonen wegnahm, und hier hielten die Kämpfer, blutig, gedrängt, verbarrikadiert bis aufs letzte aus. Es gibt aber auch in der Tat kaum einen Punkt der Welt, der so sehr die Macht der Masse anschaulich machen könnte als Montmartre. Von der Höhe der Windmühle aus, die so oft Künstlern für Tag- und Nachtbilder Stoff gab, sieht man die Stadt unter sich liegen. Der Anblick ist ähnlich dem vom Kreuzberg bei Berlin, aber großartiger, weil Paris nicht auf einer flachen Tafel aufgestellt ist wie Berlin, sondern einen landschaftlich belebten großen Kessel füllt, dessen Ränder blaue Wellenlinien sind, die im Mont Valerien ihren Höhepunkt finden. In diesem Kessel liegen die Dächer wie Sand am Meer, meist kleine hohe Dächer mit vielen kleinen Schloten, kein Bild mit Palastdächern wie Genua oder Neapel es bieten. Die Paläste sind vom Montmartre aus zu weit, um realistisch genau gesehen zu werden, was man hier sieht, ist die Massenwirtschaft, das Straßengewirr, in dem vom Keller bis zum Dach alles voll Menschenleben wimmelt. Unter diesen Dächern lebt und stirbt die menschliche Million. Von dieser Million hat jedes Einzelwesen sein Schicksal, aber dieses kleine Einzelschicksal verkriecht sich in die einzelne Ecke. Was das Auge sieht, ist kolossales, überwältigendes Massenleben. Hier muß von selbst der Gedanke das Gehirn durchzucken: was könnten diese Menschen tun, wenn sie die Tropfen ihrer Willenskräfte zu einem Strome machen könnten! Das Problem liegt in dem letzteren. Die Masse ist da, nur hat sie nicht ein Gehirn. In einzelnen Tagen der lodernden Leidenschaft eint sich das Wollen, aber im allgemeinen sieht der Geist der Masse so tausendfältig aus wie die Oberfläche ihres Wohnens und Lebens, auf die wir schauen.

Nur eine verhältnismäßig geringe Zahl hoher Gebäude ragt über das breite Paris in die Höhe: der Triumphbogen, der Trokadero mit seinen zwei Spitzen, die Kirche Madeleine, die Oper, die Kuppel des Palastes Luxemburg, die Kirche Notredame und das Pantheon. Mitten in der dunklen Masse liegt die „weiße Stadt" der Ausstellung und über ihr, das Wahrzeichen des modernen Paris, die Pyramide der Eisenzeit, der Eiffelturm. Hier am Montmartre wird Eisen geschmiedet, hier wohnt die Handarbeit, im Norden und im Osten der großen Stadt. Was der Westen an Glanz hat, ist nicht denkbar ohne diesen elementaren Hintergrund. Auch die Ausstellung ist nicht ohne die Muskeln und Nerven der Leute, die jetzt in blauer Bluse am Fabriktor stehen und ihr Mahl verzehren. Ähnlich wie der Bauer die Grundlage für Versailles war, ist der Arbeiter die Grundlage für die weiße Stadt.

Ob es der Pariser Arbeiter sein wird, der zuerst sich politisch die Bedeutung sichert, die er infolge seiner volkswirtschaftlichen Unentbehrlichkeit beanspruchen kann, ist nach dem bisherigen Verlauf der Dinge trotz des sozialistischen Handelsministers nicht ganz sicher. Der Rückschlag der verlorenen Kämpfe von 1871 ist zu nachhaltig. Darum eben wollen unsere deutschen Scharfmacher gern eine Steigerung der Erbitterung, damit sie dann die soziale Frage auf ein Menschenalter hin mit Pulver und Blei ebenso lösen können. Der Revolutionsgeist führt nicht zum Ziel, denn er eint die Menschen nur vorübergehend. Gerade Montmartre lehrt eindringlich die schwere Aufgabe der langsamen, stetigen Organisierung der menschlichen Million.

Auf dieselbe menschliche Million, auf die der Sozialismus hofft, rechnet der Klerikalismus. Eben jetzt erhebt sich auf dem Berge des Volkes der stolzeste Bau, den das republikanische Frankreich herstellt: die Jesuitenkirche zum heiligen Herzen. Diese Kirche, von freiwilligen Gaben gebaut, glänzend, berauschend, obwohl noch unfertig, steht gleichsam jubelnd in ihrer weißen Schönheit über den Straßen von Paris. In Stil und Lage erinnert sie etwas an die Alabastermoschee von Kairo, orientalische Grundform mit abendländischer Füllung. Ihr Zweck aber ist die Verherrlichung des Ignatius von Loyola, der an der Stelle, wo sie jetzt thront, im Jahre 1534 den Entschluß faßte, einen Orden zu gründen, der den Katholizismus sichern sollte. In der Tat, dieser Mann hat etwas erreicht! Und das haben seine Nachfolger verstanden, modern zu bleiben, obwohl sie den ältesten Körper der neuen Gesellschaft vertreten, modern und prächtig, Psychologen für die Bearbeitung des Pariser Westens wie des Montmartre.

Noch weiter als Montmartre dehnt sich Lavilette in die Ferne, eine Art Rixdorf innerhalb der Wälle von Paris. Diesmal besuchte ich die deutsch-evangelische Kirche dieses Arbeiterstadtteils noch nicht. Was ich jetzt will, ist sehen, nichts als Menschen und Häuser sehen. Dieses Sehenwollen der Menschen in ihrem Tagestreiben, ist etwas, was geradezu Leidenschaft werden kann. Man hat mich gefragt: was sehen Sie denn eigentlich? Ich kann es aber dem Frager nicht klar machen. Ich sehe alles, was Lust hat, gesehen zu werden: die Art wie der Kaufmann seine Ware ausstellt, die Weise, in der die Straßenarbeiter Steine setzen, die Redewendungen der Reklame, die Farbe der Fensterläden und Gardinen, die Kleidung der Kinder, die Zahl der Konditoreien, das System des Straßenverkehrs, kurz lauter Dinge, die jeder sieht, die aber den meisten zu langweilig sind, um ihnen ganze Stunden zu widmen. Diese hundert kleinen Dinge sind die einzelnen Fäden eines großen Gewebes. Das Gewebe ist der Charakter des Pariser Volkes. Ich sage nicht, daß ich ihn kenne, sondern daß ich eben anfange, ihn zu suchen.

Im ganzen macht das Paris des Nordens und Ostens einen arbeitsamen, soliden, nicht reichen und nicht glänzenden Eindruck. Natürlich ist das Bild sofort ein ganz anderes, wenn man in eine jener Hauptstraßen einbiegt, in denen Verkehr und Sinnenluft sich tosend drängen. Diese Straßen sind das Paris, das der Durchschnittsreisende allein aufsucht und von dem er zu Hause erzählt. Viel größer aber ist offenbar das Paris, das diesem ganzen Treiben fern steht. Auch hier wird mit Pfennigen gerechnet wie in Berlin oder sonst irgendwo. Ich traf in einer kleinen Wirtschaft zufällt eine Tischecke einfacher deutscher Leute, die seit mehr als zehn Jahren hier leben. Er ist Bauarbeiter und verdient jetzt bei der Ausstellung am Tag 10 bis 12 Franks. Seine Frau hilft für freie Mahlzeit in der Gastwirtschaft. Ihre Freundin ist Köchin in einem Hotel. Alle drei versichern, es sei in Landshut oder Straßburg besser als in Paris. Jedenfalls sind sie wenig beschienen von dem farbigen Lichte der Stadt, die die Fremden besuchen, brave schlichte Menschen, deren Sprachschatz eine geradezu blutige Mischung von deutsch und französisch ist. Mit ihnen in annähernd gleicher Lage ist eine ungeheure Zahl französischer Bewohner.

Leider fehlt mir bis jetzt eine Berufsstatistik von Paris und ob es sie überhaupt gibt, weiß ich nicht. Die Reisehandbücher denken natürlich nicht daran, über so etwas aufzuklären. Auf der Bibliothek in der Straße Richelieu gab man mir das statistische Jahrbuch für Frankreich von 1898, aber dieses enthält die Pariser Berufsverteilung nicht. Wahrscheinlich würde eine derartige Zählung zeigen, wie sehr in Paris der Kleinbetrieb vorherrscht. Alles, geradezu alles deutet darauf hin, daß Paris sich langsamer zum Großbetrieb entwickelt als Berlin. Man sieht immense Warenlager an den Bahnhöfen des Ostens und besonders an der Seine bis hin zur Brücke von Austerlitz, auch einzelne Metallfabriken größten Stiles, und es wird noch viel mehr geben, als was man gerade sieht, aber der Gesamteindruck ist doch: Hausarbeit, Kleinarbeit, mittlere Industrie, viel feine, elegante Ware, weniger Massenartikel.

Indem ich vergeblich nach der Pariser Berufsstatistik suchte, fand ich einiges andere, das für den Leser vielleicht nicht ohne Wert ist. Bekanntlich ist die größte Sorge des französischen Volkes als Nation der Mangel an Kinderzuwachs. Während Engländer, Russen, Deutsche von Kindern überfließen, fehlt den Franzosen die Lust an der Mühe der Kinderstube. Es ist ein merkwürdiger Gegensatz, wenn man beobachtet, wie sehr französische Mütter ihre Kinder herzen und lieben, was Mutterliebe in ihrer Denkweise bedeutet, und wenn man die unerbittlichen Tabellen in die Hand nimmt, in denen die nationale Elternliebe kodifiziert ist. In den französischen Städten kommen auf 1 000 Einwohner folgende Zahlen von Geborenen, Gestorbenen, Verheirateten:

|  | Gestorben | Geboren | Differenz | Heiraten |
|---|---|---|---|---|
| Paris | 21,31 | 22,81 | +1,50 | 9,41 |
| Städte über 100 000 Einw. | 25,10 | 24,22 | –0,88 | 8,06 |
| Städte über 30 000 Einw. | 24,31 | 22,75 | –1,56 | 7,50 |
| Städte über 20 000 Einw. | 23,79 | 21,69 | –2,10 | 6,90 |
| Städte über 10 000 Einw. | 25,30 | 23,10 | –2,20 | 7,18 |
| Städte über 5 000 Einw. | 23,94 | 23,14 | –0,80 | 7,15 |
| Städte unter 5 000 Einw. | 23,25 | 19,20 | –4,05 | 6,26 |
| Durchschnitt | 23,86 | 23,03 | –0,83 | 6,76 |

So betrübend diese Zahlengruppierung an sich ist, da sie die Übermacht des Todes über das Leben darstellt, so tritt doch Paris aus der Reihe der französischen Städte geradezu verblüffend vorteilhaft heraus. In Paris ist noch natürlicher Lebensüberschuß, in Paris, an der Loire, in der Vendée, im Norden am Kanal. Wer geneigt ist, die Großstädte als Grab der Völker anzusehen, lese diese Zahlen! Vielleicht sind es die fremden Arbeiter, die Paris statistisch beleben, vielleicht!

Wenn Paris nicht seine Schwindsucht hätte, würde es noch weit besser dastehen. In Paris sterben von 1000 Einwohnern jährlich an Phthisis 4,23, im ganzen Lande nur 2,68. Schon jetzt bietet es unter den französischen Städten die besten Lebensaussichten für den Einzelnen. So wirkt seine Stellung als kapitalistische Zentrale. Der Pariser Kapitalismus erleichtert schon heute, wo er nicht entfernt daran denkt, sich sozialistisch beeinflussen zu lassen, die Lebenshaltung der Masse um soviel, daß die vermehrten Gesundheitsgefahren der Weltstadt dadurch ausgeglichen werden. Insofern existiert allerdings eine Art Harmonie der Interessen von Kapital und Arbeit, aber freilich eine noch sehr dürftige, ein Zustand, wo oben kolossaler, ungebändigter Reichtum sich sammelt und wo beim Sammeln mehr Frankstücke durch das Sieb nach unten fallen als es ohne die fabelhafte Ansammlung geschehen würde.

Im statistischen Handbuch findet sich eine offizielle Aufstellung über durchschnittliche Arbeitslöhne in Paris und in Frankreich, deren Hauptergebnisse folgende sind

|  | 1840 | 1893 |
|---|---|---|
| Arbeiter in Paris | 3,50 Fr. | 6,20 Fr. |
| Arbeiterin in Paris | 1,70 Fr. | 3,00 Fr. |
| Arbeiter in der Provinz | 2,00 Fr. | 4,00 Fr. |
| Arbeiterin in der Provinz | 1,00 Fr. | 2,30 Fr. |

Man sieht, daß es im allgemeinen dem Pariser Arbeiter besser geht als dem in der Provinz (selbst bei Einrechnung hoher Mieten), aber daß seine Durchschnittslage nicht übermäßig hoch ist, zumal stets angenommen werden kann, daß eine offizielle Lohnstatistik die unregelmäßig beschäftigten niedrigen Arbeiter nicht voll einrechnet. Dieses ist die sachliche Grundlage zum Verständnis eines rührenden Gedichtes, das ich in einem vielgelesenen Schulbuch fand.

Auf dem Wege zum Gehölze von Boulogne fesselte mich nämlich das Wort: „102. Auflage". Wer etwas von Buchhandel versteht, wird sich nicht wundern, daß ich aufmerksam wurde. Es handelt sich um ein Schulbuch für mittlere und höhere Klassen der Volksschulen von Paris, gekrönt mit einem Preise der Akademie. In diesem Buche wird in der für uns überwundenen Weise des seligen Kampe das Wirtschaftsleben den Kindern klar gemacht. Ein deutsches Schulbuch mit soviel volkswirtschaftlichem Stoff gibt es meines Wissens nicht. Der Titel heißt „Francinet" (Elementarlehre der Moral, Volkswirtschaft, Landwirtschaft, Hygiene und der Realwissenwissenschaften. Paris 1897 bei Eugen Belin). Der volkswirtschaftliche Standpunkt ist der eines arbeiterfreundlichen Manchestertums mit genossenschaftlicher Tendenz und Harmonieduselei. In diesem merkwürdigen Buche also steht am Schluß ein „Lied des Armen" von G. Bruno, von dem ich einiges zu übersetzen suche:

Ich bin ein Kind vom armen Leben
Und harte Arbeit ist mein Tag,
Der Reiche, sagt man, ist mein Bruder –
Ob er wohl an mich denken mag?
Wenn Arbeit gelten soll wie Beten,
Will ich vor dich, o Gott, nur treten.

Die Arbeit ist es, die befruchtet
Der alten Erde volle Seiten,
Die Arbeit holt die Diamanten,
Die Perlen aus den Meeresbreiten,
Die Arbeit ist, was nur man find't!
Dem Arbeiter und seinem Kind.

Mein reicher Bruder ohne Mühen,
Ich bin ein Gottessohn wie du,
Nur sind wir sehr verschied'ne Esser
Am Tisch, den er gerichtet zu –
Doch Liebe nur kann Kraft erneu'n,
Komm Bruder, laß uns einig sein!

Wenn du es willst, wir gehen zusammen
Jetzt Hand in Hand ohn' Bitterkeit,
Vergessend alle alten Wunden,
Gemeinsam in des Lebens Streit;
Ich heiße Kraft und du heißt Güte
Und Liebe ist des Daseins Blüte.

Es will mir vorkommen, als sei die tiefe Art volkswirtschaftlicher Lyrik sehr bezeichnend für die oberflächliche Weise, in der die bürgerliche Republik die Worte „Freiheit, Gleichheit, Brüderlichkeit" auffaßt. Bei uns würde ein solches Gedicht von vorn herein aus dem Schulbuch ausgeschlossen werden, weil es den sozialen Kontrast behandelt, aber ob die Einprägung solchen weichen Singsanges über harte Dinge überhaupt auch nur vom Standpunkt ihrer Verfasser aus einen Zweck hat, ist sehr die Frage. Die Revolution scheint zur Legende geworden zu sein. Fast alle Franzosen behaupten, auf ihrem Boden zu stehen, aber freilich tun sie es oft nur so wie ein Mensch, der über den Flammen wandelt, die er der Luftheizung dienstbar machte.

*III. Weltausstellung.*

Das Wort „Weltausstellung" ist ebenso übertrieben, wie die Worte Weltmacht, Weltpolitik, Weltruhm, sobald man bei der alten Bedeutung von „Welt" bleibt. Aber was tut das? Der Franzose ist an diesem Wortgebrauch unschuldig, da er von „universeller" Ausstellung spricht. Gemeint ist der europäische Kulturkreis, der eben im Begriff ist, die Gesamtkultur der Erdkugel in sich aufzusaugen. Die Absicht der Ausstellung, soweit man bei dem großen Jahrmarkt von einer idealen Absicht sprechen darf, ist die Lebensentwicklung der herrschenden industriell-kapitalistischen Kultur vor Augen zu führen, der Kultur des sieghaften weißen Mannes, der sich zum Herren aller Erdteile macht, und zwar ist es in Paris das nicht angelsächsische Element, das sich mit breiterer Ausgiebigkeit darstellt. In diesem letzteren Punkte liegt das Täuschende der Sache. Die wirkliche moderne Kulturbewegung ist, wir müssen es gestehen, in erster Linie angelsächsisch, die Weltausstellung ist aber mehr französisch-russisch-deutsch. Nicht als ob die Engländer und Amerikaner fehlten, aber sie bieten nur Teile im ganzen, die vor der Fülle dessen verschwinden, was insbesondere die Franzosen selbst ausstellen. Die Hälfte des ausgestellten Materiales ist französisch. Niemand wird sich bei einer Ausstellung, die in Paris stattfindet, darüber wundern, aber das „Weltbild" wird dadurch etwas beeinflußt, um so mehr, als bei der Fülle französischen Materials die Qualitäten nicht immer gleich gute sein können. Will man also den Charakter der Ausstellung etwas scharf und einseitig bezeichnen, so muss man von einer Ausstellung der auf französischer Basis erwachsenen, europäischen Kontinental-Kultur reden, jener Kultur, deren Erben wir wurden und deren Führer wir werden wollen.

Nun ist aber Kultur ein allgemeiner Begriff. Die wirklichen Träger der Ausstellung sind teils Unternehmer, teils staatliche Behörden. Der Unternehmer spielt die erste Rolle, ganz entsprechend seiner sonstigen Stellung in dieser kapitalistischen Welt, und zwar der Unternehmer als Kaufmann. Von den drei Eigenschaften des Unternehmertums, das zugleich Betriebsleitung, technische Intelligenz und kaufmännische Tätigkeit umfaßt, tritt die erste auf der Ausstellung fast ganz zurück, die zweite zeigt sich nicht in ihrer Mühe, sondern in ihrem Erfolg, die dritte beherrscht das Ganze. Ausstellung, Darstellung, Auswahl, alles entspringt dem Wunsche: ich will verkaufen! Wir haben das Schaufenster der industriellen Welt vor uns, nicht diese Welt selbst.

Weit dahinten, irgendwo in der Provinz oder im Ausland liegen die Fabriken, da gibt es Ruß, Qualm, Schweiß, Mühe. Hier aber ist das alles abgewaschen. Man sieht die Menschen nicht, die alles dieses schufen. Man sieht die feinsten Spitzen, wie aber die Klöpplerinnen lange Tage blaß vor den Hütten von Brügge sitzen, muß man sich hinzudenken. Um sich aber die Arbeit zur Ausstellung hinzudenken, dazu gehört mehr Kenntnis des Volkslebens, als es die meisten Ausstellungsbesucher haben. Es entsteht deshalb im Beschauer leicht eine Art Kulturrausch. Er verliert über dem Glanz der Ware ihre Entstehung aus dem Auge und läßt sich von dem schönen Gefühle tragen, daß wir es so herrlich weit gebracht haben, wir! Wer sind die „wir"? Keineswegs die allein, oft garnicht einmal die besonders, die Geld genug haben, an der großen Handelsparade des Kapitalismus vorbei zu pilgern.

Mit Absicht brauche ich das Wort Kapitalismus, da es geradezu den Geist der Ausstellung ausspricht. Die Beschreibung, die Marx im kommunistischen Manifest vor 50 Jahren von der kapitalistischen Entwickelung gab, steht leibhaftig vor uns, soweit es sich um Gütererzeugung und Weltverkehr handelt. Aber dieser Kapitalismus steht nicht hilflos und abgewirtschaftet vor unseren Augen, wie Marx ihn weissagt, sondern mit einem glatten, tollen Selbstgefühl, noch gar nicht daran denkend, daß seine Periode zu Ende sein könnte. Die überquellende Leistungsfähigkeit des kapitalistischen Systems ist noch in voller steigender Entwickelung, und es würde eine Art volkswirtschaftlicher Blindheit sein, wenn man die Tatsache, daß wir alle noch in dieser kapitalistischen Welt werden leben und sterben müssen, verkennen wollte. Mit Sorgfalt wollen wir Ansätze von Sozialismus aufsuchen und darstellen, aber maßgebend für den Gesamteindruck sind sie nicht. Ich möchte, Fr. Engels lebte noch und spräche angesichts der Ausstellung ein Wort über die Aussichten des Überganges vom Kapitalismus zum Sozialismus. Er hatte Blick für wirkliche Dinge. Die Dinge aber sagen: bis jetzt ist der Arbeiter bei der Weltausstellung noch nicht einmal der Chor auf dem Theater. Das ist bedauerlich, aber für uns, die wir dem neuen Arbeitsvolke alles Gute wünschen, zu wissen wichtig. Wir gehen durch die Ausstellung, um zu lernen. Uns umflutet die Darstellung der kaufbaren Güter der Neuzeit. Wer macht diese Güter, wer kauft sie, wem dienen sie?

Die Ausstellung ist das Bild der Welt, der Katalog aber ist das Bild der Ausstellung. Wie bringt er das fertig, die Dinge alle in Fach und Rahmen zu stellen? Es ist eine logische Arbeit, einen solchen Katalog zu machen, ganz abgesehen von allen anderen Schwierigkeiten. Man denkt beim ersten Durchsuchen des Katalogs an die Zeit, wo man Philosophie studierte und, weil man etwas Hegel gelesen hatte, nun absolut die Dinge aus dem Absoluten heraus entwickeln wollte. Aus dem Begriff sollte die Vielheit der Sachen kommen. Hier haperte es. Aus dem Begriff kamen Begriffe, wo aber war der Weg zum Leben? Man sieht es dem Katalog an, wie der Trieb zum klaren Begriff, den der Franzose in hohem Grade hat, mit der Unordnung aller Wirklichkeiten in schwere Nöte kam. Immerhin ist das, was geleistet wurde, aller Achtung wert. An der Hand der Erfahrungen früherer Ausstellungen und wirtschaftspolitischer Untersuchungen hat man Oberklassen, Unterklassen, Abteilungen usw. gemacht, die nicht ganz nach glattem Schema sich fügen, aber doch vielleicht der beste bisherige Versuch sind, den Begriff der menschlichen Arbeit in seine fabelhaft wachsenden Elemente zu zerlegen. Es gibt 18 Hauptgruppen, unter die alles irgendwie untergebracht ist:

1. Erziehung, Belehrung,
2. Kunst,
3. Wissenschaft und ihre Hilfsmittel,
4. Mechanik,
5. Elektrizität,
6. Verkehrswesen,
7. Ackerbau,
8. Gartenbau,
9. Wald, Jagd, Fischerei,
10. Nahrungsmittel,
11. Bergbau, Hüttenwesen,
12. Hausbau und Dekoration,

13. Spinnerei, Weberei, Kleidung,
14. Chemie,
15. Papier, Leder, Uhren, Verschiedenes,
16. Volkswirtschaft, Hygiene,
17. Kolonialwesen,
18. Landheer und Flotte.

Zwischen diesen 18 ernsthaften Fächern tanzen die lustigen und luftigen Dinge herum, die arabischen Cafés, venetianischen Gondeln, das große Rad, Altparis, der ganze Schwindel und Klimbim, ohne den eine Ausstellung nicht sein kann, weil es die Menschen einfach nicht aushalten würden, immer nur wesenhafte Dinge zu sehen, zu begreifen. Es muß Schaum auf der Welle sein, aber man muß zugeben, daß hier reichlich viel Schaum vorhanden ist.

Was aber soll ich nun in der Ausstellung wirklich tun? Zum zweiten Male war ich durch das Chaos gerannt, auf der Rutschbahn um die schöne Welt der Industrie herumgefahren, bis zur zweiten Etage des Eiffelturmes gelangt, hatte von allem etwas gesehen, und war des ziellosen Plätscherns in den bunten Wassern müde. Schon dachte ich, es sei Torheit, hier etwas lernen zu wollen. Wie kann ein Kopf Einzelheiten erfassen, wenn er von einer solchen Menge von blendenden und rauschenden Dingen bis in seine obersten Regionen hin überfüllt wird, wie ein brechend volles Lagerhaus? Aber es geht alles vorüber, auch der erste blendende Schreck einer Weltausstellung. Man wird apathisch, müde, gelangweilt mitten im äußersten Reichtum an Abwechselung. Auf irgend einer Bank sagt man sich, daß es unmenschlich sein würde, das Ganze zu begreifen, und daß man ja nicht verpflichtet sei, die Speisekarte aller Völker abzuessen. Das war die Stimmung, in der ich langsam, fast willenlos zum ersten Punkt in der Ausstellung gelangte, der mich festhielt, zur Ausstellung der großen sibirischen Bahn, und zwar zur Darstellung des Baues der Eisenbahnbrücke über den Jenissei. Das Modell dieser Brücke ist ebenso geistvoll gemacht, als diese selbst. Eine solche Brücke baut man also in Sibirien! Das ist ein Gedanke, der selbst den müde gewordenen aufweckt. Sibirien als Musterland modernster Eisenkonstruktionen!

Die ganze Anlage der Ausstellung dieser Bahn in Paris zeigt, daß das weltreisende Publikum schon jetzt auf den Reiseweg gelenkt werden soll, der sich ihm in zwei oder drei Jahren öffnen wird. Ein asiatisches Reisepanorama mit Mittagessen im Speisewagen der Bahn von Moskau nach Peking ist noch in Vorbereitung, aber auch ohne dieses voraussichtlich etwas teure Vergnügen ist ein Gesamtbild Sibiriens geschaffen, das mit einem Schlage einen Eindruck von der Natur und den Aussichten dieser größten Landkolonie Europas gibt. Alle Art von Karten, plastischen Darstellungen, Photographien und Tabellen greifen ineinander. Geologische Sammlung, Herbarium, Verzeichnis der Goldausbeute, Anlage von Häfen an asiatischen Landseen, Kanalprojekte größten Umfanges, Statistik der europäischen Einwanderer, alles, nur wie es scheint keine Statistik der Deportierten! Aber allerdings ein Land, das so energisch in den modernen Kulturbereich hineingezogen wird, muß seinen Charakter als Strafkolonie im Laufe der Zeit verlieren. Die meisten nicht deportierten Einwanderer kommen aus Südrußland, aus den von Hungersnöten wiederholt heimgesuchten Getreidestrichen zwischen Dniester und Wolga, besonders aus der Gegend von Poltawa. Wie sie wandern, lagern, Hütten bauen, ist genau zu sehen. Den einen Vorteil bietet die moderne Photographie vor der älteren Zeichnung, daß man bestimmt weiß, daß es das dargestellte Objekt in einem gewissen Moment so gegeben hat, wie wir es sehen. Bei aller Tendenz der Verwaltung, uns ihre Sache im bessern Lichte zu zeigen, kann sie nicht Dörfer nach der Weise des Grafen Potemkin malen. Es unterliegt keinem Zweifel, daß wir hier eine der größten Kulturarbeiten aller Zeiten sich entfalten sehen, nicht nur eine Umgestaltung der Verkehrswege des Erdballs und der politischen Machtverhältnisse in Ostasien, sondern vor allem die Gewinnung einer unheimlich gewaltigen Landfläche für Dorfkultur, Landwirtschaft und Bergbau. Auf breiten Karten zeigt man die Entwässerung der Moräste, vielfach umgeben holzreiche Koniferen die Ränder der Bahn, die Kolonien mehren sich. Hier schafft sich Russland sein Amerika.

Wie lange wird es dauern, dann sind die Reste der heimischen Kultur, die uns in den Abteilungen Nordsibirien und Zentralsibirien entgegentreten, vom russisch-abendländischen Kulturleben verschlungen. Singt und tanzt, ihr sibirischen Schamanen, hier in Paris und dort in eurer Hütte, ihr müsst die Zeit ausnutzen, wo ihr noch singen könnt! Später kommt ihr mit in die Abteilung „russische Dorfkultur".

Von der Sibirischen Ausstellung führt eine Treppe zu dem Diorama „Krönung Kaiser Nikolaus II. in Moskau". Die Sache ist gut gemacht, für den Russen muss es geradezu eine Stätte der Andacht sein. Ein Harmonium spielt Orgelmusik und alle die Popen, Adel und Diplomaten umgeben das junge Fürstenpaar. Steife Goldmäntel und byzantinischer Schmuck sind nebst rotem Purpur die Hauptelemente des Pompes. Das also ist der Friedenszar, der Freund des französischen Volkes, den es mit Spannung zur Ausstellung erwartet! Möge ihm die Krone leichter sein, als den meisten seiner Vorgänger! Unter ihm entwickelt sich das Slaventum zur Weltmacht, wenn es die Umformung aushält. Aus rauhen Wäldern, schlecht gepflegtem Bauernland, sorglos bewirtschafteten Latifundien will sich ein Volk erheben, das mit den älteren Kulturvölkern wetteifert. Was haben diese Leute für Rohmaterial, menschliches wie fachliches! Man steht staunend vor der Holzausstellung der kaiserlichen Domänenverwaltungen und denkt daran, daß wir Deutsche schon jetzt in jedem Jahr mehr als 300 Millionen Mk. für Holz ans Ausland zahlen müssen. Dort sind Stoffe, bei uns sind Kräfte.


*IV. Eisenbauten.*

Über mir thront der Eiffelturm, diese unvergleichliche Schöpfung. Alles andere, alle Häuser, Türme, Maschinen, Pavillons, Brücken sind lauter Kinder vor diesem herrlichen Riesen. Was macht es, daß er schon 1889 der „Nagel der Ausstellung" war? Für mich ist er neu, ein Gegenstand täglicher Freude, ein Werk, das ich geschaffen haben möchte, wenn ich Techniker wäre. Das ist modern! Kein Balken zu viel, alles Eisen, ein Heldengedicht aus reinem Metall, ein Kunstwerk ohne Künstelei. So kommt die neue Zeit. Dieser Turm drückt so sehr auf alle andere Architektur, daß es fast schwer fällt, über sie zu reden. Hier ist der Stil, den wir brauchen und wollen, alles andere ist altfränkisch.
Der Stil des Eiffelturmes, das heißt, der reine Eisenstil kehrt in verschiedenen Ausstellungshallen wieder, sobald man sie von innen betrachtet. Überall dort, wo die eisernen Knochen der Konstruktion offen zu Tage liegen, sind die weiten Räume schön, und überall, wo man es für nötig gefunden hat, das Eisen mit Stuck, Gips, Zement oder Stein zu verkleiden, ist die Sache langweilig. Das trifft drei Vierteile der Architektur der Ausstellung. Diese ganze Architektur steht unter dem Banne der Tradition der steinernen Schlösser. Als Kopie von alter steinerner Pracht ist sie gut, teilweis sehr gut, aber für die Eröffnung eines neuen Jahrhunderts gebührt es sich, eine andere Architektur zu geben als eine gewandte Nachahmung französischer Königsgebäude. Gerade weil die Ausstellung vorübergehend ist, kann sie es sich leisten, etwas Freies und Neues zu geben. Dem Franzosen fehlt aber, wie es scheint, heute mehr als früher, der Mut, mit der Tradition zu brechen. Er ist Gewohnheitsmensch. Selbst eine so kleine Ausstellung wie es die Berliner Gewerbeausstellung von 1896 war, hat für Architektur mehr geleistet als dieser ganze Pariser Weltjahrmarkt. Damals

hatten wir ein Zentralgebäude mit dem Kuppeldach von Zink und den flüssigen Minarets, das ich nie vergessen werde, und hier habe ich Not, etwas zu finden, das ich mir merken möchte. Bei allen offiziellen Gebäuden finden sich dieselben Portale, deren große Steinbogen nichts zu tragen haben, dieselben Säulen, die von der Natur des Materials nicht gefordert sind, Fenster, die man nicht braucht, sondern nur wegen der Architektonik macht, Türme, die nur den Zweck haben, Fahnen zu halten, wenn Herr Loubet oder Nikolaus II. kommen. Selbst der an sich frische und breite Aufbau des Wasserschlosses auf dem Marsfelde entgeht dem Schicksal der dekorativen und nachahmenden Kunst nicht. Als Fassade der Maschinenabteilung ist er eine alte Ouverture für ein ganz neues, eisernes Drama. Wir müssen aus dem Steinzeitalter heraus, wenn wir einen Stil haben wollen, der uns gehört. So ungeschickt als Konkurrenz des Eiffelturmes das „große Rad von Paris" sein mag, so ist es doch voll von Idee und Leben gegenüber den Bauwerken der Umgebung, denn in den dünnen, langen Speichen dieses Rades, redet eine neue Eleganz, die eleganter ist als die Anhäufung von Musen, Parzen, Engeln oder sonst welchen zwecklosen Wesen mit oder ohne Flügel.

Eben, indem ich dies schreibe, sehe ich einen Wagen zum Eiffelturm hinauffahren. Dieses stille exakte Schweben ist Kunst – das werden noch unsere Nachkommen lieben und bewundern, aber für unsere Karyatyden, Kapitäle, Friese werden sie wenig übrig haben. Nicht als ob ich im entferntesten ihren geschichtlichen Wert herabsetzen wollte! Was ich bestreite, ist nur ihr Gegenwartswert.

Man denke an das große Eisentor, das in Chicago unsere deutsche Schmiedewerkstatt Armbruster ausgestellt hat, und das der Kaiser für Potsdam kaufte, und dann gehe man an das Tor von Holz und Gips, das den Haupteingang der Ausstellung bildet. Es will originell sein und kann es nicht, denn niemand, niemand kann heute ein originelles Tor in alter Baumanier schaffen. Der Fehler liegt nicht im Mangel an technischer Begabung der betreffenden Künstler, sondern im Mangel an Erkenntnis, wo unsere stilistische Zukunft liegt. Sobald man das Innere der großen Kunsthallen sieht, hat man ihre Außenseite vergessen. Was hier wirkt, ist Glas und Eisen. Eine glückliche Vereinigung alter und neuer Bauart ist die große Festhalle zwischen den Nahrungsmitteln und der Landwirtschaft. Man kommt aus dem Raum, in dem breite Eisenrippen die kleinen Anlagen der Müller und Champagnerfabrikanten überspannen, und hat eine Rotunde vor sich, wie sie das Steinzeitalter nie und nirgends schaffen konnte. Auf schlanken Säulen mit farbigem Metallschmuck erhebt sich eine Wölbung von jugendlicher Leichtigkeit, halb bunte Wand, halb buntes Glas. Ob der Raum akustisch ist, weiß ich nicht, halte es aber nach den Proben von Orgelspiel, die man hören konnte, nicht für unmöglich, daß hier eine Form für die Volkshallen der industriellen Massenparteien vorliegt. Hier wirkt das Schloß nur noch in der nebensächlichen Ausschmückung nach, der Raum als solcher ist völlig modern, eine weite Wölbung, in der der Einzelne verschwindet, und bei der aller Kleinkram von Inschriften und Vignetten vor der Tatsache verschwindet, daß hier 10 000 Menschen sein müssen, wenn das Auge befriedigt sein will.

Und doch, wenn man den Saal verlassen hat und wieder in einen der Seitenflügel zurückkehrt, dann erst ermißt man deren ganze Größe. Hier ist keine Säule mehr, nur Bogen. Der weitgespannte Bogen aber findet von selbst eine Art eiserne Gotik. Der Halbkreis reicht nicht mehr, und es entsteht etwas, was der Hallenkirche der mittelalterlichen Steinzeit ähnelt. Hier kann man empfinden, wie modern vor 700 Jahren der steinerne Spitzbogen gewesen sein muß, da man vor sich den eisernen Spitzbogen entstehen sieht. Er ist heute noch so rein und unverschnörkelt wie die erste keusche Gotik Nordfrankreichs und des Rheins. Menschen, die solche Gewölbe erfinden, sind Lehrer eines neuen Schönheitssinnes. Viel sicherer als jemals zuvor weiß der Beschauer dieser Räume, daß es falsch ist, uns architektonisch arm zu nennen. Unsere neuen Gebäude sind Ausstellungshallen, Bahnhöfe, Gasanstalten, Lagerhäuser, Riesensäle. In dieser Art von Gebäuden ist Charakter, mehr Charakter als in einem steinernen Reichstagsgebäude.

Von ganz besonders glücklicher Leichtigkeit ist die Eisenkonstruktion dort, wo die Elektrizität sich entfaltet. Die Bogen der Halle, in deren Mitte die Petersburger Filiale von Siemens & Halske lagert, haben eine jubelnde Graziosität. Das einfache Hellrot ihrer Farbe hebt sich vom blaugrauen Dache ab wie die Gurten des Doms in Meißen oder Freiburg von den zwischen ihnen liegenden Füllungen. Aber dort ist Last, hier ist eiserne Frische. Rührend, schüchtern wagt sich ein kleiner Dekorationsstern in die fabelhaft reine Konstruktion. Kommt man aus diesen Hallen wieder ins Freie und sieht dann noch einmal die hüpfende Renaissance, die Wasserpferde und Wappen an, dann weiß man erst recht, daß hier Kern und Schale zwei ganz verschiedene Welten sind.

Natürlich muss es Zwischenstufen zwischen der alten und neuen Architektur geben, daß es solche geben kann, beweist das Wertheimsche Warenhaus in der Leipziger Straße in Berlin, besser als irgend etwas, was die Ausstellung bietet. Auch die Pariser Warenhäuser sind architektonisch nicht gleichwertig. Fernerhin gibt es Lichtblicke für den Sucher nach moderner Steinform. Ein solches ist – der Leser sei nicht erschrocken! – die große Feueresse links von der Maschinenhalle. In ruhiger Majestät qualmt dieser runde Ziegelturm, dessen Fuß und Krone mit lasierten Steinen zum harmonischen Werke geschlossen wurden. Ebenso sind mehrere der Brücken über die Seine wirklich erfreulich, darunter die kleine Brücke, die von der Ausstellung des Heeres und der Marine zum Speisehaus von Düval führt. Selbst die Rutschbahn kann man in die moderne Architektur einrechnen, so formlos sie ist. Was die einzelnen Verkaufshallen und Pavillons architektonisch bieten, ist so verschieden, daß es nicht beschrieben werden kann. Von schreiend buntem Plunder bis zum keckesten Entwurfe ist alles vorhanden. Die Stilart der deutschen Pavillons ist im Vergleich zu ihrer Umgebung immer gut und nobel, besonders in der Textilbranche und bei der chemischen Industrie, aber allerdings über die Neubelebung einer interessanten älteren Form kommen wir noch nicht hinaus. Es ist auch nicht zu erwarten, daß die neuen Formen schon heute für kleinere Anlagen sich einleben können. Jedenfalls zeugt das, was die Deutschen leisten, von Formsinn und Akkuratesse.

Was bei den Franzosen bewundernswert ist, ist der Geschmack im einzelnen, der fabelhafte Takt, mit dem sie die Farben verwenden. Den vollsten Gegensatz dazu bieten die Russen. Bei ihnen ist die Farbe grell, bei den Franzosen ist sie reich, aber sanft. Das zeigt ein Gang durch die Textilbranche beider Länder. Deutschland liegt auch in dieser Hinsicht zwischen Frankreich und Rußland. Man fühlt stets, daß der Franzose noch farbiger sein könnte, wenn er wollte. Ihm stehen alle Farben zur Verfügung, aber am besten arbeitet er doch in den milden Tönen, die zwischen Karmin, Kobalt und Ocker in der Mitte liegen. Selbst eine mäßig interessante Architektur kann er mit einer einfachen Zusammenstellung von drei oder vier Wandfarben warm und hell machen. Er ist der geborene Dekorateur. Auffällig ist die Zartheit, mit der er Bronzierung und Vergoldung verwendet. Oft ist es nur eine Leiste, mit der er eine Fläche beschreibt oder es sind ein paar Lilien oder Lorbeerblätter, die er auf himmelgrauen Grund wirft. Dieselbe kluge Sorgfalt, mit der sich die Französin kleidet, umkleidet die Gebäude. Er beherrscht den Wechsel nahe verwandter Steinfarben und kennt den Wert, den ein Tropfen Gelb im weißen Farbentopfe haben kann. Dazu kommt, daß er eine Schule von Bildhauern besitzt, die mit gemäßigtem Naturalismus zahllose Gestalten von erträglichem Gesamteindruck schafft und in der Ausstellung verteilt. Die italienische Plastik ist mir lieber, aber für die Landschaft der Ausstellung sind die braven Löwen,

Lichtgöttinnen und Schalen tragenden Kinder des französischen Meißels gerade das Rechte, weil sie sich leidenschaftslos in die talentvolle Harmonie des Ganzen einfügen.

Sehr eigenartig ist der Anblick beim Eintritt vom alten grauen doppeltürmigen Eldorado aus. Um den Eiffelturm herum gruppieren sich die Kuppeln von Algier, Marokko, Andalusien, die Dächer und Türme von Hinterindien und Ägypten. Hinter ihnen wogen die grauen Glasdächer der großen Hallen und ganz im Hintergrund ist der Turm des Luxemburgpalastes und die hohe Esse der Maschinengruppe. Zwischen den weißen Dächern des Vordergrundes grünen Bäume und Plätze, ganz vorn aber ragt in dunklem Erz ein Iguanodon hervor, eins der ungeheuren Wesen, die die Erde bevölkerten, ehe sie an Menschen dachte. Dieses kraftvoll plumpe Vieh der Urzeit macht seine alten Augen auf und schaut die Moscheen unter den Bogen des Eiffelturmes. Auch dieses Vieh hat einmal eine Glanzzeit gehabt, es ist freilich lange her. Für den Bildhauer sind nämlich die mächtigen Tiere der Urzeit ein dankbarer Stoff, ein besserer Ersatz der verstorbenen Wappentiere, die es niemals gab.

Natürlich gilt von den afrikanischen, chinesischen und sonst exotischen Bauten nicht im entferntesten, was ich vorhin über die großen Ausstellungshallen geschrieben habe. Sie wollen nichts sein als Darstellung der Architektur der betreffenden Länder, soweit sich das auf begrenztem Raume ohne zu große Kosten tun läßt. Schade ist, daß man keine größere Moschee bauen konnte. Bei der Kleinheit des Umfangs wirken die vorhandenen orientalischen Dächer zu sehr als Spielerei, und der Beschauer ahnt die Kraft nicht, die in diesen Formen stecken kann. Daß vollends die Bazare und Cafés in diesen Häusern etwas Theatralisches behalten, ist um so natürlicher, als das Personal vielfach Pariser mit Fez und Turban sind. Mir scheint, daß die Ausstellung „Kairo", die wir vor vier Jahren in Berlin hatten, immer noch orientalischer war, als dieser französische Orientalismus.

Echt orientalisch ist das türkische Haus in der „Straße der Nationen". Es enthält eine leider zu wenig bedeutsame Ausstellung von Jerusalem. Jerusalem hätte, wenn es vertreten sein wollte, mehr leisten müssen. Wahrscheinlich ist dieser Teil nichts als die dürftige Spekulation orientalischer Juden, denen tiefere Bildung fehlt. Prächtig, behaglich, türkisch behaglich, ist das große Eckzimmer. Hier ist Friede mitten in der Pariser Unruhe. In der Tat, wenn man Ruhe sucht, dann gehe man zu den Brüdern vom goldenen Horn. Die verstehen es noch, Beschauung zu üben. In ihren Räumen wurden dankbar diese letzten Seiten geschrieben.

Die „Straße der Nationen" bietet natürlich viel architektonischen Stoff, da jeder Staat einen Stil gewählt hat, der in seiner Geschichte eine Rolle spielt, aber diese kostbare Stilsammlung am Rande der Seine hat mit dem Zweck der Ausstellung nur wenig zu tun. Ihr Wert liegt auf historisch-politischem Gebiet. Die Souveränitäten halten eine Friedenskonferenz von Häusern. Vom englischen Riesenreich bis zum Fürstentum Monako sind alle Größen vertreten. Unser deutsches Haus steht in der Mitte, leider nicht so frei wie es bei seinem lockeren deutschen Renaissancestil wünschenswert wäre, aber doch ein schöner, sehr angemessener Bau. Wenn man bei Abendbeleuchtung die Häuserreihe vom anderen Ufer der Seine aus betrachtet, freut man sich des deutschen vergoldeten Turmes, der höher in die weiche Pariser Luft hineinragt, als irgend eine Kuppel oder Spitze der anderen offiziellen Gebäude. Die verschiedenen Stile verlieren sich dann sacht in einer violetten Dämmerung und nur eine Linie bleibt klar, die Abgrenzung nach oben. An dieser Linie haben wir das Beste getan. Inzwischen aber beginnen drüben die Gasflammen den Unterstock zu erhellen. Die Keller der Staatsgebäude öffnen sich, freilich nicht umsonst. Unsere deutsche Weinstube sieht so teuer aus, daß ich noch nicht gewagt habe hineinzugehen. Leichter trinkt man Münchner Augustinerbräu nebenan bei den Norwegern. Dort sitzen am Abend schon jetzt viele Deutsche, und wenn erst die große deutsche Welle kommen wird, dann wird es hier zugehen wie in einer belagerten Festung.

Die deutsche Welle ist es, die man erwartet. Man fühlt es hier ordentlich in Paris, wieviel Koffer in Deutschland gepackt werden. Eine so große friedliche Invasion der Allemannen haben die Westfranken noch nie erlebt. Voraussichtlich ist im August Paris von Deutschen überschwemmt. Schon jetzt hört man von immensen Preisen, die der Pariser für seine Gäste bereit hält. Wir tragen, gering gerechnet, 10 Millionen Franken von Deutschland nach Paris. Das Geld ist nicht verloren, wenn es dazu dient, die beiderseitige Kenntnis und Achtung zu vergrößern.

*V. Die Arbeit.*

Nach einer Woche angestrengter Ausstellungsarbeit zeigten die Augen keinerlei Lust mehr, Spiegelscheiben und Firmenschilder zu betrachten, und zugleich hatten deutsche Freunde, die sich an französischem Seegestade erquicken, für den Sonntag eine Einladung geschickt. Nachts ½1 Uhr also wird Paris verlassen, um in die Normandie hineinzufahren. Im

Wagenabteil findet sich als Hauptbestandteil ein Chinese, der zu Ehren der Siege seiner gelben Nation mehr französischen Wein getrunken hat, als seine ostasiatische Seele zu tragen vermag. Man verlange nicht, daß ich von diesem Kind der Ferne mehr erzähle, nur soviel sei verraten, daß nicht alle Chinesen ein Recht haben, uns als ungebildete Barbaren zu verachten. Die Juninacht war kurz, schon früh um 3 Uhr lichten sich die grünen Wellengeländer. Auf großen Brücken rollen wir wiederholt über die schlangenartig das saftige Land durchziehende Seine, bis gegen 5 Uhr in weichem, silbernem Morgenlicht als Landschaft romantisch schön Rouen sich vor uns breitet: alte feine Türme, gotische Spitzen, lockende Ufer, sehr eigenartige Brücken, hohe industrielle Schlote wie im Panorama zusammengeschoben. Diese Stadt ist sicher eines längeren Besuches wert, jetzt aber geht es weiter bis zur steilen Klippenküste von Yport am Ärmelmeer. Zwischen senkrechten Wänden grauen und gelblichen harten Kalkes birgt sich ein Fischerdorf, dessen malerische Einsamkeit ein Ziel für einzelne bekannte Pariser Künstler wurde. Grau murmelte die See, ohne ihren nur selten enthüllten großen Zorn, aber auch ohne das selbstzufriedene, sonnige Lächeln, das die Herzen unmittelbar gewinnt. In diesem Wasser liegt gesunde Ruhe nach dem Pariser Trubel. Noch sind die Badehütten nicht geöffnet, aber was tut es? Die weiten Felsen werden zur Kabine, und über harten, zerklüfteten Kalk klettert der Fuß in das salzige Naß. Langsam rauscht es über den Körper, das Meer, das Meer die Wiege des Lebens. Am Treppengeländer im Winde steht ein alter, kleiner Graukopf, von dessen Küstensprache ich soviel verstehe, daß er bei Sebastopol am Malakow gefochten habe. Er war damals schon ein Mann von 27 Jahren. Ein solcher alter Schiffervater kann mit Recht sagen: hab' manchen Sturm erlebt! Ob er noch einmal erlebt, daß seine eigene alte normannische Küste vom Geschütz erdröhnt? Man kann heute auf alles gefaßt sein. Diese ganze steile Küste ist ein trotziger Gruß Frankreichs nach England hinüber, nach dem Lande, das Wilhelm der Eroberer von hier aus gewann. Die schroffen Wände haben gewisse Ähnlichkeit mit Rügen, sind aber weniger lieblich, da ihnen die Krone des Buchenwaldes fehlt. Ihr Schmuck sind grüne Matten mit gelben Blütenlagern. Von einer dieser Matten aus sahen wir den Wechsel der Lichter, die Arbeit der See. Alle hundert Jahre frißt die See ein Stück von der Kalkwand, es sorgsam unterwaschend, bis es stürzt. Soviel Geduld haben die Elemente, wenn sie etwas wollen. Menschen müssen ungeduldiger sein, weil sie kurzlebiger sind.
Der Montag gehörte der Hafenstadt Le Havre. Freilich gefiel es dem Himmel nicht, der Stadt in dieser Woche einen blauen Montag zu schenken. Mit

der Erinnerung an Hamburg und Bremen fuhren wir durch den Hafen. Er ist bedeutend, sehr beachtenswert, aber an unsere zwei Welthäfen reicht er nicht heran. Für alle diejenigen, die in den Flottendebatten des vergangenen Jahres bei Besprechung der Gefahr einer Blockade der deutschen und holländischen Häfen so schnell bereit waren, uns zu sagen, daß dann die französischen Häfen Europa versorgen würden, müßte ein Besuch dieses Hafens sehr lehrreich sein. Wo sind die Lagerhäuser, die einige Monate imstande wären, Hamburg zu ersetzen? Wo sind die Schienen, diese Fülle von Gütern zu tragen? Natürlich kann dieser, wie jeder Hafen, in Notzeiten seine Leistungsfähigkeit steigern, aber es gibt eine natürliche Grenze der Steigerung, die nicht durch Profit und gute Wünsche überstiegen werden kann. Die Tore Mitteleuropas sind und bleiben unsere zwei kostbaren, sich wunderbar entfaltenden Seeplätze.

Vom Leuchtturm aus sahen wir Meer, Strand und Hafen. Hier, wo einst die Welt der Römer aufhörte, öffnet sich jetzt der Pfad in alle Lande. An der Weltstraße aber stehen rechts und links vom Leuchtturm als Wächter des Handels die Kanonen. Wird es eine Zeit geben, wo man dieses Metall zu Schiffsschrauben umschmelzen kann? Ich weiß es nicht. Jetzt ist sie noch nicht da. Eben grüßt dort unten im Wasser ein fremdes Kriegsschiff dröhnend die Batterien der Küste.

Müde aber froh des Hauches vom Meere kehre ich heim in die freundliche Hinterstube nördlich vom Triumphbogen in Paris. Die Weltstadt beginnt von neuem den Kopf zu umspülen, ein Meer der menschlichen Arbeit. Was ist Arbeit? Sicher ist es nicht etwas, was der einzelne Mensch allein als Einzelner leistet. Die Zeiten, wo ein Einzelner für sich ein in sich abgeschlossenes Wesen sein konnte, sind längst vorbei. Im strengen Sinne des Wortes haben sie nie bestanden, aber allerdings hatte der Bauer der alten Zeit, der selber spann und schmiedete und seinen geringen Luxus aus dem Holz des Waldes selber schnitzte, eine Unabhängigkeit, von der wir alle uns immer weiter entfernen. Jede Arbeit, die wir tun, ist nur ein Hammerschlag auf ein Eisen, das jemand vor uns geglüht hat und mit dem jemand nach uns die Schollen des Landes zerteilen wird. Alle unsere Arbeit ist Gemeinschaftsleistung und aller Lohn unserer Arbeit ist Teilnahme an der Gemeinschaftskultur.

Oben auf der Klippe von Yport saß eine Malerin und malte Lichtwirkungen, Farbenwerte. Ist sie etwas für sich? Gewiß nicht, denn sie würde diese Farben gar nicht sehen können, wenn nicht lange Generationen menschlicher Augen schon nach dem Erfassen der millionenhaften Zerteilung des Lichtes an den Wänden der Dinge gesucht hätten. Dort, wo ihre Vorgänger zuletzt angelangt sind, schafft sie weiter, eine neue Zelle im Gesamtkörper der Kunst. Und was sie schafft, ist nichts als ein Bruchstück von einem Ganzen, dessen Umfang, Weite, Lebensgesetze niemand mehr voll erhalten kann. Was aber sucht sie inmitten der unübersehbaren Gesamtentwickelung ihres Gebietes? Es gilt in aller Abhängigkeit von der breiten Vergangenheit, mit den Mitteln der Gesamtentwickelung etwas eigenes zu bieten, mitten im Fluß nicht zu zerfließen. In diesem Suchen nach dem Ich mitten im Gemeinschaftswirken liegt aller künstlerische und menschliche Fortschritt. Ob das Ich, das er sucht, klein oder groß sein wird, weiß niemand zuvor, das muß er Gott überlassen, aber das Suchen danach, so schwer es in der modernen Überflutung von Masseneindrücken ist, ist der Gang der Schöpfung der Kultur. Die Arbeit ist gemeinsame Leistung, der Fortschritt aber ist die Herausarbeitung der Individualität im Gemeinsamen.

Es ist nur zufällig, dass ich den Künstler zum Ausgangspunkt dieser Beobachtung mache. An ihm ist man es gewöhnt, über die Gesetze des Schaffens nachzudenken. Wer vom Problem der Genialität redet, spricht meist nur von Künstlern, Philosophen, Staatsmännern. Der seelische Vorgang aber ist auf allen Arbeitsgebieten verwandt. Ein Techniker, der Strumpfmaschinen baut, ist in derselben Lage wie ein Maler. Auch er hat Generationen von Gehirnen hinter sich, die sich mit dem Flechten von gesponnenen Fäden befaßten. Was ist es für ein Weg vom Fußlappen bis zum Luxusstrumpf, wie ihn Paris, Manchester und unser Erzgebirge liefern! Im engen Rahmen einer unveränderlichen Aufgabe, den menschlichen Fuß mit Wolle, Baumwolle oder Seide zu umgeben, entwickelt sich ein ameisenhaftes Leben. Welche Effekte sind hier möglich? Es übersteigt die geistige Leistungskraft eines Menschen, auch nur alle Möglichkeiten des Grundgedankens „Strumpf" zu vergegenwärtigen. Um diesen Grundgedanken zu variieren, um dieses Motiv in gewirkte Melodien umzusetzen, dazu müssen alle Gebiete des menschlichen Denkens und Könnens mitwirken: die ganze Mathematik, Physik, Mechanik, die in der Herstellung des eisernen Apparates liegt, die ganze Kultur hochgradig verfeinerter, in bestimmten Zonen gewonnener Rohprodukte, die industrielle, von tausend Voraussetzungen abhängige Lebenstätigkeit der Spinnereibetriebe, die mühevolle Chemie unzerstörbarer Farben für Faserprodukte, die in Jahrhunderten erwachsene Arbeitsverfassung und Arbeitsweise der Strumpfflechterei selbst, die Möglichkeit überseeischen Transportes, die Kalkulation der Preise im allgemeinen Handel, der gesamte mit der Mode wechselnde Geschmack des Zeitalters. Inmitten dieser Elemente sitzt irgendwo ein einzelner Mensch und versucht sein persönliches Ich in die Idee Strumpf hineinzulegen, seinen Geschmack, seine Berechnung, sein Glück. Er muss in dieser Sache aufgehen, wenn er Fortschritt schaffen will. Ob ihn die Lust am Profit oder die technisch-künstlerische Neigung in die Arbeit hineintreibt, ist für den Erfolg fast gleichgiltig, wenn nur sein schaffendes Ich als solches stark genug ist, um über die Grenzen seiner Vorgänger hinauszuschreiten.

Ein Gebiet, auf dem gerade jetzt die auffälligsten Fortschritte gemacht werden, ist vielleicht geeignet, das Nachdenken über Gesamtarbeit und Einzelschöpfung zu fördern. Die Ausstellung der Fahrzeuge ist von höchst überraschender Gesamtwirkung. Man kommt ja nicht hin wie ein Mensch aus der Zeit der sanft entschlafenen Sänften, deren letzte als Haustiere im Ausstellungspark verwendet werden, man weiß, was Zweirad und Motor bedeuten, und doch ist man hingerissen von dem kühnen genialen Fleiß, der in der modernen Raumüberwindung betätigt wird. Hier ist ein Feld, auf dem es zugeht, wie auf einem Spargelbeet im Juni: überall hebt sich der Boden für neue Köpfe. Was der einzelne schaffende Techniker hier vorfindet, ist eine ganze Temperatur des Fortschrittes, ein Publikum, das sich für eine neue Form des Zweiradsattels, für Pedale, Axen und Gummireifen, für Acetylenlicht und rostfreie Vernickelung, für jedes Kilometer eines Rekords mehr interessiert als für die Lehre von Anfang und Ende der Welt überhaupt, ein Kapital, das nicht genug Spezialitäten schaffen kann, nur um in dem Kampf um die Dividende den Wettbewerb zu schlagen, ein Volk, dem seine Geldmittel gestatten, stählerne Pferde in Menge zu kaufen, eine Jugend, die mehr als ihre Väter für Muskeldressur zu haben ist – dazu die Technik, die durch Nähmaschine und anderes an die Grenze des neuen Instrumentes gefördert ist, der Fortschritt im Gummireifen, die täglichen Versuche, mit Benzin, Petroleum, Akkumulatoren kleine aber leistungtüchtige Kraftquellen zu fertigen. Auf diesem ganzen Hintergrunde erhebt sich der einzelne Kopf und wirft irgendwo sein Ich in den Kessel. Dabei kommt nur dann etwas heraus, wenn dieses Ich stark genug ist, getrennte Entwickelungsreihen zeugungskräftig zu vereinigen. Man erinnert sich der hohen Zweiräder von vor 15 Jahren. Diese gigantischen Throne gefahrvoll rollender Menschen sind heute zur Mythe geworden, weil die Übersetzung durch die Kette gestattet, mit einem Fußtritt mehrere Rotationen zu machen, ohne sich ins Gebiet des Übermenschen zu begeben. Mit einer solchen Ideenverbindung, die durch die Verhältnisse gegeben ist, die aber doch schließlich ihren persönlichen Urheber braucht, öffnen sich für unzählige Menschen neue Arbeiten und neue Probleme.

Der allgemeine Rahmen für das Zweirad ist jetzt gegeben: zwei gleiche Räder im Eisengerüst mit Kette. Innerhalb dieses Rahmens ist aber noch jedes Stück beweglich und der Verwandlung fähig. Man nehme sich von 4 oder 5 der größeren Firmen die gern dargebotenen Kataloge und vergleiche, wieviel Spezialcharaktere auf dem Radgebiet es gibt. Indem ich dies schreibe, sitze ich mitten zwischen Fahrrädern und bin von ihrem glänzenden Gesträuch geblendet. Jedes Rad ist anders, in jedem ist etwas eigene Seele. Dort stehen 15 Räder nebeneinander, gleich 15 Soldaten mit gleicher Uniform, aber verschiedenen Gesichtern und Charakteren. So gießt sich die Verschiedenheit der Menschenseele in das tote Material. Ist aber das Material verarbeitet, so wirkt es seinerseits wieder ideenerweckend, denn die neuen Gedanken entstehen nicht aus der freien Luft, sondern aus den Dingen.

Es mag in der materialistischen Auffassung, die den Menschen zum Produkt der Dinge macht, noch so viel Wahres sein, das Rätsel des menschlichen Ich ist mit Materialismus nicht lösbar. Dieses Ich aber ist das Hauptelement des Fortschrittes auf allen Gebieten. Der Kern des Ich ist der Wille, etwas eigenes zu schaffen. Bis zur Ausführung dieses Willens aber gelangt von Hunderten kaum Einer.

Nicht alle Arbeiten gestatten ein entwickeltes Ich. Wenn ich die lange Reihe von Männern sehe, die bei der Anlage einer neuen Bahnstrecke Sand und Steine in Schubkarren verladen, so sage ich mir, daß bei ihrer Tätigkeit die individuelle Eigenart fast tot bleiben muß. Was kann in diesem Trott A. wesentlich anders tun, als B.? Dasselbe gilt selbst von vielen industriellen Arbeiten. Betrachten Sie, bitte, die Mädchen, die Chokolade einpacken! Die eine macht es etwas schneller als die andere, aber der Unterschied ist in der Sache gering. Wie wenig Individualität kann im Vergleich zu dem Techniker, von dem wir sprachen, der einzelne Strumpfwirker in seine Arbeit hineinlegen! Es ist fleißiger, geschickter, schneller, als sein Nachbar, aber die Maschine, an der er steht, ist nicht anders als die andere, und die Maschine, nicht er bestimmt Tempo und Art der Leistung. Er ist nur Hilfskraft.

Die Zahl der Menschen, die im Getriebe der Arbeit kein eigenes Ich bilden können, ist Legion. Es fragt sich, ob sie zunimmt oder abnimmt. In dieser Frage liegt für den Ethiker geradezu die Grundfrage, die er an die Ausstellung richtet: ist es Tendenz der maschinellen Entwicklung, den Prozentsatz persönlich unselbständiger Menschen zu vermehren? Wenn man diese Frage bejahen muß, dann sind die Aussichten der rein menschlichen Ideale von Freiheit und Seelengröße, zugleich aber auch die politischen

Ideale von Demokratismus und Selbstverwaltung schlecht. Wie werden die Charaktere der Menschen sein, wenn es noch viel mehr Maschinen gibt, freier oder unfreier?

Man behalte im Auge, daß ich nicht von dem 1 % von Erfindern spreche, sondern von den 99 % von ausführenden Kräften. Erweitert oder verkleinert sich für diese der Spielraum ihrer Eigenart? Man braucht die Frage nur zu stellen und dabei an die 5 Millionen gewerblicher Lohnarbeiter zu denken, die allein Deutschland hat, um ihre Kulturbedeutung zu erfassen. Kein Mensch aber wird imstande sein, eine runde und exakte Antwort zu geben. Immerhin ist die Ausstellung der Ort, wo man am ersten versuchen kann, Ahnungen über diese Grundfrage der Menschenexistenz zu haben. Hier, wo man die Differenzierung der Arbeit um sich hat, sieht man im Geiste die Köpfe von den Menschen der kommenden Zeit. Wieviel Geist ist in den Augen dieses Maschinenvolkes, wieviel Willen, wieviel Menschentum?

Wenn ich wagen darf mit allem Vorbehalt des Irrtums meine Meinung zu sagen, so wird es im Maschinenzeitalter stets eine große Unterschicht von persönlich unentwickelten Menschen geben. Daran würde auch eine sozialistisch-kommunistische Arbeitsverfassung zwar einiges bessern, aber nicht sehr viel ändern können. Die Gewinnung der Rohstoffe, die Ausführung der Massenarbeiten, die Hilfsdienste der bloßen Muskelkraft formen eine Unterschicht ohne aktives Ich. Dieser Unterschicht soll und muß durch Verkürzung der Arbeitszeit Gelegenheit geboten werden, ihr geistiges Dasein so hoch zu heben als möglich, aber das, was eigentlich hebt, die Möglichkeit, selber zu schaffen, kann ihr nicht gesichert werden. Ihre Arbeit ist und bleibt sehr eng gebunden. Ihr Bewußtsein muß darum Massenbewußtsein sein, dieses Wort sowohl in seiner Kraft wie in seinem Mangel verstanden. Über dieser Masse aber entsteht ein, wie mir scheint, sich vergrößerndes Gebiet von persönlicher Wirkung. Die Maschine schafft in ihrer fortschreitenden Selbstenthüllung soviel Plätze für Intelligenz, wie sie in seinem früheren Zeitalter vorhanden waren. Die Stellen, wo ein Ich in die Materie hineingelegt werden kann, vermehren sich. Nicht im handwerksmäßigen Kleinbetrieb, sondern im Großbetrieb der Herstellung von Werkzeugmaschinen ist die eigentliche Heimat der fortschreitenden Personenentwicklung. Dazu kommt die Fülle von Personalleistung im modernen Handel. Auf diese Schichten der sich erweiternden Selbsttätigkeit muß der Ethiker in erster Linie sein Augenmerk richten. Hier ist das, was er braucht: Wille. Der Wille dieser Schicht wird die Anderen mit sich ziehen. Hier bildet sich zwischen Maschinen und

Lokomotiven eine neue Ethik, in der Sozialismus und Individualismus sich mischen, die Ethik einer Schicht, die ein Gesamtleben führt, in dem der Fortschritt von dem Mysterium abhängig ist, daß es persönliche Hingabe an die Arbeit gibt.

Ich fühle, indem ich dies schreibe, daß ich etwas Unfertiges sage, aber zugleich, daß ich meinen Fuß auf einen Boden setze, auf den die Ethiker treten müssen, wenn sie nicht in allgemeinen Generalideen stecken bleiben wollen. Es gilt die Arbeitsverhältnisse der Menschen als Grundlage ihrer Seelenbildung stärker in Anspruch zu nehmen als bisher. Die traumhaft schöne Idee von dem Maschinenzeitalter, das lauter freie, große Charaktere schafft, schwebt über den Dingen. Die Angst, als ob die Maschine allen Charakter ruiniere, lebt außer der Wirklichkeit. Die Wahrheit ist, dass eine neue Gruppierung stattfindet, an die wir uns gewöhnen müssen, der Übergang des moralischen Zentralpunktes in die Räume, wo das Eisen sich mit dem Willen verbrüdert. In der Beseelung des Eisens liegt in der Zukunft die erste Arbeit gerade unseres Volkes. Dort liegt der Herd, an dem auch die moralischen Kräfte geschmiedet werden, der Herd der neuen Energien.

## VI. *Franzosentum.*

Im folgenden will ich versuchen, die Franzosen einigermaßen zu begreifen. Um es ganz zu tun, müßte man ein halbes Leben mit ihnen verbracht haben, aber nach einem halben Leben mit ihnen würde man ihnen zu ähnlich geworden sein, um ihre Eigentümlichkeiten zu finden. Viele Dinge lassen sich nur von dem sehen, der sie schnell sieht. Diese einfache Wahrheit wurde mir neulich klar, als in einem Vorort von Paris ein junger deutscher Freund, der vielleicht ein Jahr hier ist, zu mir sagte: Nehmen Sie die Firmenschilder weg, so haben Sie eine deutsche Kleinstadt! Ich sagte ihm: Versetzen Sie mich plötzlich in diesen Ort und fragen mich, wo er in Deutschland liegt, so antworte ich: „nirgends!" In der Tat, dieser Vorort von Paris mit seinen glatten Häusern, gleichförmigen Fensterläden, steifen Läden kann nirgends in Deutschland liegen. Am ersten ist er im Elsaß oder in Böhmen zu finden. Aber wer ein Jahr hier ist, weiß das nicht mehr, kann das nicht mehr wissen, denn nichts vergißt man schneller, als die tausend kleinen gleichgiltigen Dinge, die die Heimat ausmachen. Das Auge gewöhnt sich fabelhaft schnell an fremde Verhältnisse, besonders wenn die Unterschiede fein und fließend sind.

Zwischen uns und den Franzosen bestehen keine sehr tiefen Unterschiede, soweit es sich um den Nordfranzosen handelt, der für den Charakter von Paris maßgebend ist. Wir sind trotz verschiedener Sprache und Geschichte im Grunde Glieder desselben Menschenschlages. Man braucht nur die Orientalen der Ausstellung zu betrachten, um zu wissen, was Rassenunterschied ist und was nur Differenz innerhalb der Rasse. Der alte Erbfeind, der „Franzmann", ist so sehr unser Bruder, daß es Mühe macht, mit festen, bestimmten Worten zu sagen, worin er anders ist als wir.

Der Physiologe würde beim Suchen des Unterschiedes vielleicht davon ausgehen, daß der Franzose im Durchschnitt etwas kleiner ist, als der Deutsche. Die Tatsache der kleineren Körpergröße tritt dem etwas im Vollmaß geratenen Deutschen überall entgegen. Die Theatersitze sind eng, die Eisenbahnwagen niedrig, die Stühle sind zart, die Portionen klein, die Gläser zierlich. Alles in Paris ist um etliche Zentimeter knapper, als bei uns, nur nicht die Betten. Im Bett treibt der Franzose Luxus, sonst ist er sparsam. Ganz Paris besteht aus Häusern mit kleiner Bodenfläche, die Treppen sind oft kaum 1 Meter breit, die Wagen haben eben nur Platz für zwei Franzosen, überall herrscht ein Typus, der Maß hält in der Ausdehnung des Menschen.

Maß halten ist französisch. Alle unsere Unmäßigkeiten haben hier keinen Nährboden. Wer einen richtigen deutschen Durst mitbringt, kann ihn teuer bezahlen. Bei dem Franzosen ist der einzelne Schluck wertvoll. Er versteht, im begrenzten Quantum Genuß zu haben. Das ist eine „feine Kunst". Die Natur steht unter der Regel.

Das Wort unseres Goethe, das freilich nicht den ganzen Goethe ausmacht, daß in der Beschränkung sich der Meister zeige, ist französisch gedacht. Alle deutschen Ideale sind in ihrer Art grenzenlos, sie seien geistiger oder materieller Art; unser Philosophieren, Lieben, Arbeiten, Genießen ist breiter, massenhafter, wenn man will roher, wenn man will, naturwüchsiger. Der Franzose ist diszipliniert. Er hat mehr formale Kultur.

Man sehe französische Handschriften an! Sehr selten hat man harte balkenartige Grundstriche. Es schwebt ein Hauch von langgezogenen leichten Fäden durch alle französische Schreiberei. Der Strich, der hier Gedanken mitteilt, ist feiner, soviel feiner als die Sprache ist, in der er redet. Man lasse sich von einem französischen Kellner die Rechnung schreiben und von einem deutschen, so hat man zwei Völker.

Alles, was unsere Lehrer beibringen wollten, hat im Durchschnitt der Franzose: er ist höflich, nett, mäßig, zierlich. Und alles, was wir trotz unserer Lehrer haben, hat er nicht, er ist nicht rücksichtslos, derb, hart. Er ist ein besseres Objekt der Pädagogik als wir, ein weniger spröder Rohstoff. Darin liegt seine Größe und sein Mangel. Er ist wie Aluminium: leicht, dehnbar, formbar, aber ohne das spezifische Schwergewicht des Eisens.

Wenn man in der Ausstellung von der deutschen Maschinenabteilung zur französischen kommt, so ist man als Laie sofort überzeugt, daß man hier anderen maschinellen Geist vor sich hat. Auch der Franzose hat Sinn für die Maschine, aber nicht für ihre einfache gewaltige Logik. Wenn er 1000 Pferdekräfte placiert, so braucht er soviel Platz und Material, wie wenn Borsig oder Helios 2000 unterbringen. Er verdeckt den Gang der Mechanik, während der Deutsche und Amerikaner ihn bloß legen. Er bleibt dekorativ selbst bei der Dampfkraft und Elektrizität. Diesen dekorativen Zug wird ihm niemand austreiben, aber freilich dieser Zug ist nicht welterobernd.

Man hat sich in Deutschland teilweis ein zu heldenhaftes Bild vom Franzosen gemacht. Wir lasen die Geschichte der großen Revolution und waren hingenommen von dem dramatischen Pathos der Ereignisse, die einen König töteten und einen Artillerie-Ingenieur zum Diktator Europas machten. Aber der Diktator, der sich krönte, war kein Franzose. Es würde der Mühe verlohnen, die staren Taten des Franzosentums daraufhin zu untersuchen, wieviel italienisches und wieviel deutsches Blut in ihnen fließt. Das Franzosentum als solches hat seine Grenzen. Man muß dieses Volk lieben. Es ist so nett, edel, sittig. Aber die Macht des Hammers hat es nicht in Händen. Es trank zu stark am Brunnen der Ethik.

Kann man zu stark am Brunnen der Ethik trinken? Kann ein Volk zu viel sittlichen Idealismus haben? Ohne Zweifel. Wir Deutschen haben selber in der Zeit vor Bismarck ein Beispiel dafür abgegeben, wie ein Volk mit besten Absichten in allgemeinen Träumen und Wünschen sich erschöpfte. Man berauschte sich am Ideal und blieb dabei in der Misere. In dieser Hinsicht ist aber, wie es scheint, der Franzose noch gefährdeter als der Deutsche. Er hat ein hohes Ideal von Zivilisation in seinem Geiste, ein Ideal, das er mit sittlichem Pathos erreichen will. Indem er sich für das Größte interessiert, wählt er zugleich den bravsten und harmlosesten Weg. Den Kampf ums Dasein kämpft er natürlich auch, so gut wie jedes Lebewesen, aber er begreift ihn schwer. Immer, in allen Erörterungen, in allen Zeitungen bricht der ethische Enthusiasmus hervor. Wie hat man neulich im Saal des Trokadero, als der Abgeordnete Jaurès redete, bei ganz allgemein gehaltenen schwungvollen Perioden applaudiert! Die Rede verdiente an sich den vollsten Beifall, charakteristisch war nur, was gerade in ihr die Gemüter am tiefsten packte: die Nachwirkung der Ideen von Rousseau. Und nicht nur im Trokadero bei den ganzen und halben Sozialisten herrscht die allgemeine sittliche Idee. Auch die Nationalisten sind von ihr voll. Dieses Volk macht seinen Erziehern alle Ehre, nur ist es eben etwas zu gut erzogen.

Das große Erlebnis der Revolution bestand darin, daß hier scheinbar die Ideen siegten. In Wirklichkeit siegte hier, wie immer, die Schicht von Menschen, der diese Ideen zur rechten Stunde zugewachsen waren; aber die populäre Auffassung ist, daß die Revolution ein grandioser Beweis für die geschichtliche Kraft der Idee ist. Nur haben eben die Ideen noch nicht ganz gesiegt, und deshalb müssen sie bis zum vollen Siege weiter gepflegt werden. Strittig ist nur, ob dieser Sieg besser durch Republikanismus oder durch Napoleonismus zu erreichen ist. Wenn es heute einen nur einigermaßen geeigneten Napoleon gäbe, würde ihm Frankreich zu Füßen liegen. Es ist richtig, was ich neulich in einer nationalistischen Revue las: „Die ganze Arbeit Frankreichs ist es, ein Verständnis seiner Revolution zu gewinnen." Man hat das große Volkserlebnis noch nicht in sich verarbeitet, man hat noch keine Ruhe.

Immer, schon zu Cäsars Zeiten, galten die Gallier für neuerungssüchtig. Nun ist freilich viel römisches und allemannisches Blut in die Adern der Gallier hineingegossen worden, immerhin aber bleibt etwas vom alten Erbzustande. Der Franzose hat viel geistige Aufnahmefähigkeit. Ein Schulmann hat mir berichtet, was man jungen, 12jährigen Gehirnen schon alles zumutet. Von allen Dingen will der Franzose etwas wissen. Auf der Treppe liest er seine Zeitung. Er ist, wie die pädagogische Theorie sagen würde, beständig im Zustande der Apperzeption, viel seltener in dem der Konzentration. Alle Dinge, bei denen ein glücklicher Blick, ein geschickter Ruck, ein schnelles, intuitives Erfassen genügt, sind für den Franzosen etwas verwandtes. Daher ist und bleibt er als Künstler und Kunsthandwerker groß, Muster des Geschmackes, Erfinder der Moden. Seine Zierlichkeit bietet, vereint mit seiner leichten Auffassung, Möglichkeiten für Verschönerung des Daseins, auf die die schweren, langsamen Germanen nicht von selber kommen. Wir sind im allgemeinen ein Volk von Schwarzbrotessern und Biertrinkern, die Franzosen essen Weißbrot und trinken Wein. Schon bei unseren Pfälzern und Badensern können wir sehen, welche psychologische Bedeutung diese äußerlichen Unterschiede haben. Die Weinvölker sind sensitiver, empfindsamer für den Reiz des Neuen, der Abwechslung, der Ehre und Ehrenkränkung. Sie haben etwas feineren Saft in sich. Der Wein macht elastisch – aber nicht eigentlich fest.

Ist es nicht merkwürdig, daß der französische Krupp den Namen Schneider führt? Und wie steht es mit Eiffel? Ja wie steht es mit Herrn Waldeck-Rousseau? Ich kenne die Stammbäume nicht und höre nur den Klang der Namen. In der Ausstellung gibt es auffällig viel Unternehmertum mit Elsässer Ton. Und warum tragen die Franzosen immer neue Kränze nach dem Standbilde der Stadt Straßburg? Nur aus verletztem nationalen Ehrgefühl oder auch, weil sie sich halb bewußt sind, wieviel ihnen mit dem Zustrom von Kräften vom Rhein verloren geht?
Wir Deutsche haben die Franzosen als unsere Lehrmeister und Erzieher gebraucht. Wir danken ihnen ungeheuer viel. Nun aber scheint die Zeit näher zu rücken, wo das Verhältnis des geistigen Gebens und Nehmens gegenseitig wird. Noch scheut sich der Franzose, dies offen anzuerkennen, aber schon der Eifer, mit dem man hier die deutsche Sprache lehrt und lernt, zeugt von Verschiebung des früher einseitigen Abhängigkeitsverhältnisses. Was wir bringen können, ist die festere Konsequenz des Denkens. Unser älterer Bruder, der Franzose, ist von Haus aus talentvoller gewesen als wir, hatte mehr Glück, mehr Glanz, mehr Liebe und besitzt noch heute den Ring, der die Menschen zwingt, ihm freundlich zu sein. Er lachte, wenn er uns mit saurem Schweiße ackern sah. Inzwischen aber fängt unser Feld an zu tragen. Wir haben den größeren Markt. Wird er uns das vergeben, er, der so viel Glück vor uns genoß?
Die deutsche Ausstellung macht auf die Franzosen einen sehr starken Eindruck? Ihr gegenüber reicht das übliche „nicht allzu schlecht!", mit dem der verwöhnte Sohn einer verwöhnten Großstadt die Dinge zu betrachten pflegt, nicht aus. Ich habe mit wahrer Freude die Franzosen an zwei Stellen sich staunen sehen: vor unseren Maschinen und in der Ausstellung unseres Seehandels. Dort, wo der Hamburger Hafen auf großer Tafelfläche aufgebaut ist, wo die Fenster des Hauses des Norddeutschen Lloyd elektrisch glänzen, wo unsere Werften ihre Modelle bieten, da begreift die alte erste Kulturmacht des Kontinents, daß sie nicht mehr die Einzige ist. Dieser Eindruck kann für das ganze französische Denken von bleibendem Werte sein. Zunächst wirkt natürlich die Störung volkstümlicher Illusion etwas bedrückend: „Wir machen keine Ausstellung wieder; diese ist die Letzte!" Aber derartige Überraschungsgefühle werden nicht das letzte Wort in dieser Sache haben.
Es sieht aus, als sei der Faden der Charakteristik des Franzosentums verloren worden, indem ich vom Verhältnis der Deutschen und Franzosen redete. Im Grunde aber gehört gerade dieses sehr zur Charakteristik, denn das ist eben jetzt die geistige Lebensfrage für die Franzosen und für uns,

ob wir aus der Entfremdung herauskommen können. Der Bund zwischen Russen und Franzosen ist unnatürlich, da er den Franzosen nur militärisch, aber nicht kulturell etwas bietet. Anschlußbedürftig sind sie infolge ihrer geringen Volkszahl und schweren politischen Gesamtlage. Sollten sie mit uns Einheit finden, sollten sie lernen Deutschtum und Franzosentum als einen Kulturkörper betrachten, so würde für sie und für uns der Umkreis des nationalen Seelenlebens ungeheuer erweitert. Wir ergänzen uns. Vorläufig aber trägt Paris noch seinen Kranz von Festungswällen im Blick auf uns. Die Zeit der Harmonie ist noch nicht da, aber wir hoffen, daß sie kommt.

*VII. Ausstellungsallerlei.*

Wenn wir einmal die Ausstellung in Berlin haben sollten – es eilt übrigens nicht damit – so müssen wir sie besser placieren als es in Paris geschehen ist. Die jetzige Anlage erklärt sich aus der Geschichte der früheren Pariser Ausstellung, ist aber an sich ein Unsinn. Eine Ausstellung, die ein ganzes Gehölz von Boulogne füllen könnte, wird auf zwei Plätze innerhalb der Stadt zusammengepreßt, damit die Pariser zu Hause dinieren können. Damit verliert sie alles behagliche und breite, allen Schatten, alles volle Grün. Die Zusammenhäufung der Dinge wirkt erstickend. Das Einzelne kann gar nicht einzeln genossen werden. Kommt nun dazu, daß die Verkehrsverhältnisse der Ausstellung ebenso ungenügend sind wie die von Paris überhaupt, so hat man das Gesamtbild einer Anlage, die noch ins vorige Jahrhundert hineingehört. Man denke, daß vom Trokadero zur landwirtschaftlichen Halle keine elektrische Bahn geht! Man denke, daß die Rutschbahn und die elektrische Bahn, die denselben Weg gehen, 50 und 25 Centimes kosten statt 10! In dieser Hinsicht würden die Deutschen unter allen Umständen mehr leisten. Das haben unsere bisherigen kleineren Ausstellungen gezeigt. Paris ist eine konservative Stadt! Wie hundertmal denkt man dieses Wort!
Was also müssten wir machen, wenn wir einmal eine Weltausstellung haben wollen? Wir müssen zwischen Wannsee und Schlachtensee, dort wo wir schon jetzt zwei Bahnlinien besitzen, eine Verkehrsmöglichkeit ersten Grades schaffen und dann auf diesem waldigen Boden soviel Bäume stehen lassen, als irgend möglich. Zwischen die Kiefern stellen wir die Industriepaläste und bei der alten Fischerhütte rundet sich der Vergnügungspark. Dort läßt sich etwas schaffen, was die Fremden nie vergessen.

Hier ist die Erholung zerstückelt und entbehrt der natürlichen Anmut. Die Seine fließt zwar durch die Ausstellung, gehört aber nicht zu ihr. Man muß sein Billett fahren lassen, wenn man den Kahn besteigt. In der Ausstellung selbst fließt kein anderes Wasser als das der künstlichen Wasserfälle auf dem Marsfeld beim „Wasserschloß." Hätte man nicht hoch vom Eiffelturm einen großartigen Naturgenuß, so müßte man die Ausstellung direkt als arm an natürlichen Reizen bezeichnen. Man erinnert sich an die Ausstellung in Kiel. Das war eine Natur, wie sie zur Sammlung der besten Menschenleistungen gehört.

Immerhin ist es sehr angenehm, auf einem der kleinen billigen Dampfboote von der Austerlitzbrücke bis nach Saint Cloud zu gleiten und dabei zwischen Alt-Paris und der Straße der Nationen hindurchzufahren. Vom Schiff aus stellen sich beide Ufer am besten dar. Man bewundert den Fleiß, der hier in kurzer Zeit eine Kolonie von Schlössern schuf, die im Herbst schon wieder zu Stein, Holz, Eisen und Asche werden sollen. Freilich sieht man auch, daß die Verbindungsbahn am linken Ufer des Flusses noch immer nicht fertig ist. Der feine, geschickte Franzose ist in Verkehrsangelegenheiten nicht pünktlich. Wären die deutschen Maschinen nicht zur rechten Zeit fertiggestellt gewesen, so würden sie für den Anfang der Ausstellung kaum die erforderliche Elektrizität gehabt haben. Es ist eine wunderliche Mischung von zartester Exaktheit und bummlicher Unexaktheit, die wir in diesem Lande finden. Man fährt in einem Omnibus wie in einem Leichenwagen und gelangt in diesem fast vorweltlichen schwermütigen Fahrzeug zum blenden Glanze einer feenhaften Illumination.

Im abendlichen Lichterglanze ist die Ausstellung ein heller Lustgarten. Die Arbeit der Maschinen ruht, die Industrie schläft, aber überall sitzen die Glühwürmchen der elektrischen Lampen an den Gesimsen und zwischen den Bäumen. Der Eiffelturm steigt als Lichtkegel in die hohe Nacht hinein und wirft von oben seinen wandernden Schein auf den Platz der Eintracht oder nach dem Montmartre. Alle Cafés werden lebendig, echte und falsche Orientalinnen tanzen mit Leib und Seele, Araber bieten gelbe Tücher feil, die Singspielhallen öffnen sich. Im allgemeinen ist der Charakter der Ausstellungsvergnügungen weniger unanständig als man es sich in Deutschland denken mag. Ich finde nicht, daß unter dem Gesichtspunkt der lex Heinze hier auffällig mehr gesündigt wird, als bei unseren kleineren Ausstellungen auch. Eine ganz tugendhafte Ausstellung wird es wohl nie geben, waren ja doch nicht einmal die großen Märkte im kirchlichen Mittelalter eine ungetrübte Freude der Heiligen. Was Paris sonst dem Fremden zu bieten für nötig hält und was die Fremden dort suchen, ist eine andere Sache, die mit der Ausstellung nichts zu tun hat.

Es gibt eine ganze Reihe Dinge, die zwischen Unterhaltung und Belehrung in der Mitte stehen, vor allem die zahlreichen Panoramen. Unter ihnen hat wohl die erste Stelle das Marinepanorama. Man ist eine Treppe hinaufgestiegen und befindet sich mit einem Mal in großer Gesellschaft auf einem Mittelmeerdampfer, der an der italienischen Küste fährt. Er fährt, denn man hört die Maschinen ächzen, fühlt den Boden schwanken, hat Segeltuch über sich, alte Matrosen zwischen sich, die Illusion ist vollkommen. Eben spielt die Musik die Marseillaise, denn drüben auf der See kommen französische Kriegsschiffe, die begrüßt werden müssen. Die Marseillaise verklingt, Zypressen, Tempel, Mauern bedecken das Ufer, wir fahren, und es fehlt nur der frische Salzwind der See. Als zweites Panorama sei die Reise von Moskau nach Peking genannt, die jetzt eröffnet ist. Hier fehlt es etwas an künstlerischer Feinheit, sonst ist alles gut. Wir rollen in 30 Minuten vom Kreml aus zum Ural, vom Ural zum Baikalsee, von da nach Peking. Der Vordergrund ist eine Reihe wandelnder Birken, der Hintergrund aber ein Flächengemälde von herzbewegender Eintönigkeit der Farbe, aber nicht ohne fachliches Interesse. Mehr Abwechslung bietet „die Reise um die Welt". Hier finden Sie, meine Herrschaften, Spanien, Athen, Konstantinopel, Suez, Ceylon, China, Japan, Moskau, Sidney, Newyork, was weiß ich alles? Einzelne Teile der Ausführung sind geradezu vorzüglich, so der Blick über den türkischen Friedhof auf den Bosporus und die verfallene hinterindische Tempelherrlichkeit. Das ist eine Geographiestunde mit allen Chikanen der Neuzeit! Vor der Tempelstraße sitzen fünf Hüterinnen der Pagode, die nur lebendig werden, wenn Münze über die Brüstung rollt. Auch die Chinesen und Japanesen dieser Abteilung sind echt. Sie produzieren sich im „exotischen Theater" mit Kunststücken, die von einer sehr alten, gelben Raffiniertheit Zeugnis ablegen. Die Außenseite dieser Reise um die Welt ist hinterindisch stilvoll gedacht.

Wer aber zählt sonst alle kleinen und kleinsten Panoramen und Dioramen? Ich sah die Kämpfe der Franzosen auf Madagaskar, den Kapitän Marchand im heißen Sudan, den Weg von Oran zur Wüste, den Hafen von Algier, kurz, alle Orte, wo Franzosen kolonisierend auftreten. Es ist erstaunlich, mit welchem Fleiß sie ihre Kolonialpolitik in den Vordergrund schieben. Im Ernst und in der Erholung wird man täglich daran erinnert, daß die Franzosen Kolonisatoren sind. Es ist ja wahr, daß sie als Kolonisatoren große Verluste gehabt haben. Die ganze angelsächsische Siegesgeschichte ist ein beständiges Zertreten französischer Arbeit. Aber die Verluste haben die Lust nicht gedämpft. Es sitzt den Franzosen im Blute, daß sie auch über die See etwas bedeuten müssen. Seit 200 Jahren hören sie nicht auf, auswärtige Siedlungen zu suchen und an einer Stelle haben sie Glück gehabt: in Nordafrika. So günstig liegt uns keine Kolonie. An Algier hat sich Tunis gegliedert, mit seinen Oliven, seinem Wein und Getreide. Vom Zustand dieser Kolonien wird ein ausgedehntes Bild geboten, Karten, Reliefs, Produkte und Drucksachen. Natürlich ist auch hier der Ernst des Lebens vom Unterhaltenden umgeben: Handwerker arbeiten in altväterlicher Afrikanerweise, und auch hier singen schwarzäugige Weiber ein entsetzlich eintöniges Lied.

Was mögen aber diese Neger, Berber, Araber, Suaheli die hier in der Ausstellung zu unserem Vergnügen ihre bunte Haut zu Markte tragen müssen, von uns allen denken, welches Bild der weißen Rasse entsteht in diesen begrenzten Gehirnen? Von unseren großen Leistungen sehen sie nur die Außenseite und von den niedrigen Natureigenschaften sehen sie unverhältnismäßig viel. Was in ihnen selbst an Gaunertum und Lüge vorhanden ist, wird geweckt. Es gibt kaum ein zweifelhafteres Korps als die orientalischen Verkäufer auf der Ausstellung. Was wir Reellität nennen, ist von ihnen von vornherein nicht zu verlangen, aber was sie tun, ist geradezu ein Hexensabbat. Ich habe mir das Vergnügen gemacht, dieselbe aus europäischer Fabrik stammende Kette bei etwas 8 dieser Leute zu erfragen. Die Preise desselben Artikels schwankten zwischen 6 und 20 Franks. Dabei log jeder Verkäufer über Metall, Ursprungsort und Edelsteine etwas anderes. Das ist das Resultat der Übergabe dieser an sich verlorenen Söhne einer alten Kultur an unsere neue Kultur. Nirgends gedeihen die Charaktere schlechter, als an den Übergangsstellen zweier Kulturgebiete.

Am besten kann man die Ausstellungsorientalen beobachten, wenn man abends lange in ihren Quartieren bleibt. Dann, wenn die Bande des Tages sich lösen, werden die farbigen Knechte lustig, der Neger schreit, der Nordafrikaner zankt sich zur Erholung mit seinen Kollegen. Die auf langweiligem Plüsch müde hockenden bunten Dirnen werden zu Kindern und Menschen. Lange hinter dem Rundgang des offiziellen Schlußtrommlers suchen sich diese Gäste Europas irgendwo ihr Lager.

Im ganzen würde dem Eindruck der Ausstellung viel fehlen, wenn man die bunten Fremdlinge aus wärmeren Zonen hinwegtun wollte. Kein Verlust aber würde es sein, wenn Französinnen, die weder von der Tracht noch von der Bewegung der Orientvölker einen Schimmer haben, es unterlassen wollten, sich in den Flitter von Tausend und einer Nacht stecken zu wollen.

Eine reiche Zahl von Unterhaltungsstücken beruht auf dem System der Momentphotographie. Von den Mutoskopen zwar mag man nicht sprechen, da sie nur selten würdige Gegenstände wählen. Gelegentlich dienen sie auch der Geographie und der Darstellung industrieller Produktion. Zu höherer Höhe erhebt sich ein mechanisches Theater, in dem der Zuschauer vor einem Spiegel sitzt, in welchem bald Sänger und Schauspielerinnen naturgetreu und farbig auftreten. Das Zittern, an dem die meisten ähnlichen Darstellungen leiden, ist hier völlig überwunden. Man hat das volle Vergnügen, warmes Menschenleben sich wiederholen zu sehen. Sarah Bernhardt lacht im Spiegel, und ein Photograph gibt, leider noch etwas heiser krähend, ihre wandlungsreiche Stimme wieder.

Ob man aber, im ganzen genommen, sagen kann, daß die Unterhaltungen der Ausstellung das Beste boten, was geboten werden kann, ist zweifelhaft. Wer die Berliner Urania kennt, konnte den optischen Palast nicht ohne ein gewisses Kopfschütteln verlassen. Das ist um so bedauerlicher, als der Mittelpunkt dieses Palastes, das Riesenfernrohr, an sich eine bedeutsame, wichtige Leistung ist. Von diesem Fernrohr genießt man nur den äußeren Anblick und Schattenbilder von sehr nahen Mondphotographien. Alles andere ist dürftig, die Geislerischen Röhren, Röntgenstrahlen usw. hat die Mehrzahl der Besucher schon besser gesehen. Auch im Palast der Frauen sucht man vergeblich nach tieferem Inhalt. Mancher Frank wird zwecklos geopfert. Man bekommt nach Verlauf einiger Tage ein Mißtrauen gegen die aufdringliche Reklame, mit der kleine Sachen als Weltwunder gepriesen werden.

Mit dieser inhaltlichen Dürftigkeit hängt es zusammen, wenn von den Unterhaltungsanstalten der Ausstellung über schlechten Geschäftsgang geklagt wird. Hohe Mieten, mäßige Darbietungen, zahlreiche Konkurrenz schaffen ein unerwünschtes Gesamtresultat. Das große Rad arbeitet mit rapidem Kurssturz seiner Aktien, selbst das Marinepanorama soll finanziell wackeln. Von den Ausbeutungsbuden vor den Toren der Ausstellung, der Straße von Kairo und Venedig in Paris will ich gar nicht reden.

Sollten wir, um auf diesen Fall noch einmal zurückzukommen, in Berlin wirklich einmal eine Weltausstellung haben müssen, so muß das Vergnügungswesen sowohl aus idealen wie aus finanziellen Gründen von vornherein besser geregelt werden. Es darf nicht der einzige Gesichtspunkt der Ausstellungsleitung sein, hohe Platzmieten zu erzielen. Mit dieser Habgierigkeit verdirbt sie das Gesamtresultat. Man muß einen Vergnügungspark haben, der nur Sachen im großen Stil bietet. Ich bin überzeugt, daß eine bessere Darstellung der Vorgeschichte der Erde, als sie am Trokadero geboten wird, geradezu ein Anziehungspunkt ersten Grades werden kann. Ist es nicht möglich, Zentralafrika im Umfang der Pariser Schweizerlandschaft darzustellen? Die Schweizer haben mit ihrem Gebirgsbild einen entschiedenen Erfolg errungen. Warum fehlt in der Ausstellung eine theatralisch-dramatische Gesamtausstellung des Franzosentums von Franz I. bis zur dritten Republik? Man denke doch nicht, daß die hunderttausende von Besuchern und Besucherinnen nur für Bauchtänze und Andalusierinnen zu haben sind! Es gibt unter ihnen wirklich genug Leute, die des lockeren Schwindels sehr bald müde sind. Eine Ausstellung ist kein Kloster, aber sie muß doch auch in ihren leichteren Teilen mehr bieten als eine Herde von höheren Tingeltangeln. Wovon werden die Massen schlichter Leute, die sonntäglich nach Paris fahren, zu Hause erzählen? von der Technik können sie nicht viel sagen, soviel sie auch sehen, sie erzählen von allen den Unterhaltungen und was das alles kostet. Und ich fürchte, daß sie sagen: viele Franks ohne viel Eindruck! Wir also wollen, wenn wir an der Reihe sein sollten, besseres bieten!

*VIII. Auf dem Eiffelturm.*

Niemand kann den Eiffelturm bei einer Auffahrt kennen lernen, so wenig als man die Tiefen einer Wagnerschen Oper an einem Abend ausschöpft, aber der Turm ist es wert, daß man ihm soviel Zeit widmet als irgend möglich. Er ist das Kunstwerk, für das wir am wenigstens vorbereitet sind, und dessen Geheimnisse in keinem Lehrbuch für Ästhetik stehen. Es gibt Leute, die überhaupt noch nicht erfaßt haben, daß es ein Kunstwerk ist, die Darbietung einer Weltstadt in einem Panorama von unbeschreiblicher Erhabenheit von einem Platze aus, schon architektonisch zu den Wunderwerken der neuen Welt gehört. Wenn die deutschen Ausstellungspilger im nächsten Monat nach Paris kommen, dann sollen sie sich lieber etliches von dem ganzen und halben Schwindel schenken, der unten um die Füße des Turms herum krabbelt und zappelt, und sollen ihm selbst ganze, freie Stunden gönnen. Es gehört Zeit dazu, ihn zu lieben. Es kann sein, daß er in der ersten Stunde trocken und nüchtern zu sein scheint, eine Aussichtsfabrik ohne Naturleben. Das Rollen der Räder, die gleitenden Drahtseile, das grau und gelb lackierte Eisen stören den Träumer, der lieber im Gras auf dem Rigi liegen, lieber am Sandstein zwischen den blanken Zacken des Kölner Doms lehnen möchte, als hier zwischen einem parlierenden Allerweltspublikum auf zementierter Eisenfläche zu promenieren. Aber

das alles vergeht, wenn es der Sonne gefällt, sich über Paris zu legen, die Kuppel der Jesuitenmoschee auf dem Montmartre wie blendendes Linnen zu machen, alle Winkel, Wände, Ecken, Erker und der ganzen Stadt zu beleben, sich in der Seine zu spiegeln, in tausend kleinen Fenstern zu glänzen, lange Schattenstreifen in die Straßen zu werfen, den Triumphbogen anzulachen und mit der Goldkuppe zu spielen, unter der Napoleons Asche liegt – dann wächst das Bild zur stolzen Pracht einer Aussicht allerersten Grades. Paris läßt sich von oben in die Augen schauen, dies Paris, in dem man einen Monat wandert, ohne es in sich aufnehmen zu können. Hier ist es ganz, ein Sonntagskind voll glitzernder Perlen, ein Haufen von menschlicher Lebendigkeit, ein Ameisenbau der Jahrhunderte, die Stadt der höchsten romanischen Kultur. Dieses Paris muß man sehen, sehen, still am Rande der Brüstung stehen und sehen. Je länger man sieht, desto geistiger wird es. Paris fängt an zu reden und Du bist der Hörer!
Straße an Straße, Haus an Haus, lange Linien gleichförmiger Fenster, Wohnplätze von zahllosen Menschen! Wie ist das Menschenleben so gleichförmig! Alle wohnen sie in diesen Steinwänden, um derenwillen alle Bergzüge der Umgegend beraubt werden. Einige haben ganze Häuser, die meisten haben nur Stücke von dem steinernen Meer, in die sie sich eine Zeit lang vergraben, von Steinklippe und Steinklippe wechselnd, bis sie schließlich alle irgendwo hier unten in irgend einem steinernen Quadrat aufhören zu atmen und den Millionen zugezählt werden, die in den Gräbern von Paris verschwinden. Vom Montmartre bis Montrouge nichts als Menschen, Menschen! Das ist unser Geschlecht, das Geschlecht der modernen Stadtleute, die nicht säen, nicht ernten, deren Acker die Straße ist und deren Gemeindewiese die Boulevards. Dieses landlose Geschlecht betrachtet sich als die Krone der Schöpfung. Kommt, laßt uns dieser Massenpflanzung von Menschen einen Lobgesang singen! Rufet hinein in die Winde, die den Turm umwehen: Heil sei der Großstadt!
Ich weiß nicht, warum die freien Winde meinen Ruf nicht haben wollen. Auch wird es mir selber schwer, ihn zu rufen, denn ich kann mich nicht überzeugen, daß das, was hier unten lagert, bereits der Gipfel menschlicher Entwicklung ist. Vielleicht noch nie habe ich das Problem der Bodenbesitzfrage so eindringend, geradezu stürmisch aufsteigen gefühlt als auf dem Eiffelturm. Hier sieht man den ganzen Unsinn einer auf privatem Bodenbesitz aufgebauten Großstadt vor Augen. Es ist nicht Theorie, die mich hier oben beschäftigt. Alle Zahlen habe ich vergessen. Es ist das Stadtbild selbst, das mir keine Ruhe läßt. Ich weiß, daß die Stadtbilder von Berlin, Hamburg, Leipzig ähnlich sind. Noch nie aber atmete eine ganze

große Stadt alles ihr Wohnungselend so sehr nach einem Punkte hin wie Paris nach dem Eiffelturm.
Seht doch dieses Zickzack der Gassen! Lauter einzelne Häuser! Jedes gehört jemandem, der davon leben will, daß er Bodenzoll erhebt. Denkt euch von hier oben einen Mietzahltag von Paris! Die Masse bringt Fünfzigfrankscheine, damit sie weiter in diesem Gewirr von Steinen existieren darf. In Paris ist jetzt die Zahlung etwas leichter als in Berlin, da im allgemeinen die Mieten nicht steigen. Sie steigen nicht, weil man wenig neues Wohnungsbedürfnis hat. Man hat wenig solches Bedürfnis, weil man wenig Kinder hat. Und warum hat man wenig Kinder? Nicht am wenigsten deshalb, weil man nicht weiß, wohin man die Kinderbetten stellen soll. Das ganze Leben ist auf knappen Raum zugeschnitten. Wie soll ein solches Leben zellenbildend sein? In diese Steine Menschen gießen? Sind solche Städte unsere Zukunft? Wie sieht Berlin aus, wenn es fünf Millionen Menschen haben wird? Oder glaubt ihr, daß es sie nicht haben wird? Ich saß einmal früher einen Abend ganz allein auf dem Stanser Horn am Vierwaldstädtersee und blickte in die Schneekette der Berner Hochalpen. Je länger ich die Berge ansah, desto ernster wurden sie. Der Abend löschte die kleinen Lichter auf den Firmen und ließ nichts übrig als die Wand des weißen Gebirges und den dämmernden Untergrund des Himmels. In solcher Beleuchtung kann das Gebirge geradezu unheimlich poetisch sein, melancholisch, eine beseelte Masse, die nur das eine fragt: wer bist aber du? An solchen Abend im dämmernden Gebirge erinnert der Abend, der jetzt über der Rundfläche von Paris sich niedersenkt. Wir auf der Höhe haben noch Sonnenstrahlen, aber die Menschheit dort unten hat nur noch das gebrochene Licht der einzeln schwebenden leuchtenden Wolken. Vor kurzem noch war ganz Paris geradezu verklärt, purpurn begossen, unerhört bunt in aller seiner Größe, Farben des glühenden Herbstwaldes auf allen grauen Kalkgeländen. Das grüne Kupferdach der Madeleinekirche war wie smaragdene Emaille auf Perlmuttergrunde, die große Oper hob sich brennend heraus, die Notredamekirche streckte ihre zwei unvollkommenen Türme in den sanften Purpur hinein, der vom Louvre an die Seine bis hinter den Bahnhof von Lyon begleitete. Man kann es nicht erzählen, was solche Augenblicke alles bieten. Das Unerzählbare ist die Unendlichkeit der Flächen, die um einen letzten Kuß der Sonne baten. Was weiß ich, was in diesen Minuten das Schönste war? Vielleicht gefällt es dem Auge, eine beliebige beleuchtete Kaserne für goldener zu halten als alles andere. Das war das Alpenglühen der Riesenstadt. Nun aber ist es vorbei, die Türme der Kirchen sind in die Häusermassen hineingesunken, bleierner

Dunst kommt vom Osten her gezogen und verschleiert Stück für Stück die Waldstriche, Hügel, Straßen und Brücken des Ostens. Der Fluß wird grau und blaß, und selbst die Kirche drüben auf dem Montmartre hört auf zu leuchten. Die Farben werden kalt, wie dunkle Wolle liegen Parks und Baumreihen zwischen den bleichen Häusergevierten. Boulogne versinkt, die Eisenbahnbrücke nach Versailles verschwindet, und unten, zu Füßen, beginnen die Lampen. Dies alles und noch vieles mehr macht einen tiefen, fast schwermütigen, großen Gesamteindruck. Es ist, als ob die Berge rings herum wie Mauern ständen und sich in einer Sprache unterhielten, die ich nicht verstehe, als ob die Häuser alle, die hunderttausend Häuser, noch etwas sagen wollten, es aber nicht könnten. Eine Tageslast der Weltstadt ist zu Ende. Diesen Abend zu sehen ist aber das Größte, was in Paris zu sehen ist.

Als Knaben kletterten wir im heimatlichen Kirchturm herum und freuten uns der breiten Pfosten und Balken, die kunstvoll gefügt nach der Spitze sich trafen. Vielleicht stammen die ersten Eindrücke davon, was Konstruktion ist, aus diesen Klettereien. Die Balken unseres Kirchturms hatten sämtlich einen leicht ersichtlichen Zweck. Wahrscheinlich waren ihrer mehr angebracht als nötig, aber sie waren doch in keiner Weise Blendwerk. Das machte den Aufenthalt in ihrer Mitte so ernsthaft, daß sie selber ernsthaft waren. Immer habe ich es im Leben als eine Wohltat empfunden, wenn die Konstruktion eines Raumes durchsichtig war; sie kann kompliziert sein, aber sie soll in sich klar dastehen.

Das ist, wie schon in einem der früheren Briefe kurz gesagt wurde, das Hervorragende am Eiffelturm, daß er trotz seiner Größe völlig klar ist. In ihm zu klettern, auf Fahrkasten oder Treppe, gewährt einfach Genuß. Niemand sollte sich versagen, den letzten Absatz abwärts zu Fuß zu machen. Es ist ein Urwald eiserner Äste, in den er hinabsteigt.

Was aber leistet nun so ein Bauwerk der gesamten Entwicklung? Es weitet den Blick für die Maßverhältnisse kommender Zeiten! Der Steinbau hat sein Maß in sich, in der Spannweite steinerner Bogen und in der Belastungsfähigkeit seines unteren Stockwerkes. Diese alte Grenze wird jetzt überschritten. Der Eiffelturm ist fast doppelt so hoch als die höchsten Steintürme und macht nicht den Eindruck, als sei er ein erreichbares Maximum. Wir stehen an der Pforte neuer Bauweiten, nicht nur, wie schon gesagt, neuer Stilformen.

Von hier aus denken wir noch einmal an die Aufgabe, Millionen von Menschen gesund zu placieren. Wird uns dabei das Eisen helfen? Fast glaube ich es. Die Amerikaner haben eins ihrer hohen Turmhäuser im Modell ausgestellt. Verdienstvoller würde es noch sein, einmal einen solchen Bau in Europa aufzuführen. Das Modell zeigt eine einfache starke Eisenkonstruktion mit Stein- und Zementverkleidung. Besonders schön sieht das Haus nicht aus, aber es enthält doch sehr offenbare Vorteile, sobald es solid und klug gebaut ist. Hält man diesen Häusern gegenüber an der Forderung fest, daß nach jeder Richtung freier Platz mindestens in der Breite der Höhe sein muß, so gewinnt man Luft und Licht und drückt durch Steigerung der Bodenwerte einzelner Baustellen die Steigerungsmöglichkeit der vorhandenen Stadt. Wie das steuertechnisch zu behandeln sein würde, gehört weniger hierher. Der Magistrat von Berlin sollte, ohne vorläufig Bauordnungen zu ändern, ein paar solcher Wohntürme auf Stadtboden zur Probe anlegen. Wozu haben wir eigentlich den Fahrstuhl, wenn wir ihn im Wohnungswesen nicht anwenden wollen? Wer schwindlig ist, kann ja dann in den unteren Stockwerken mieten, die voraussichtlich nicht die gesuchtesten sein werden. Jetzt hält eine innerhalb des privaten alten Steinhausbaues sehr berechtigte und nötige Baugrenze den Fortschritt auf. Man sehe nur hinunter auf die kleinen Pariser Häuser! Was ist das für ein Ameisentum! Soll es immer so bleiben?

Also die Elemente der zukünftigen Großstadt sind: Eisenkonstruktion hoher, isolierter Bauquadrate, Warenhäuser für alle Bedarfsartikel, leichtester und billigster Verkehr zwischen den verschiedenen Stadtteilen. Für alle drei Sachen empfiehlt sich der kommunale Betrieb. Nur freilich bekommt man in Paris von der Leistungsfähigkeit einer demokratischen Kommune keinen großen Begriff. Dort fehlt die kleinliche Staatsbevormundung; was hätte also Paris leisten können! Was es aber in Wirklichkeit seit dem Fall Napoleons III. geleistet hat, ist fast nichts.

Wo man vom Eiffelturm hinsieht, ist alles Bedeutsame napoleonisch. Dies Urteil entspringt keiner vorgefaßten Vorliebe, sondern es ist von den Tatsachen geradezu erzwungen. Das Paris, das wir bewundern, ist eine Schöpfung des zweiten Kaiserreiches, nicht der dritten Republik. Die Republik hat den Trokadero gebaut, etliche Brücken, die neuen Festungswerke, das ist alles. Sie bedeutet für die Stadt als Stadt keineswegs eine besondere Blütezeit. Hätte nicht nach der landläufigen Theorie die Republik eine Entfesselung aller schöpferischen Genien sein müssen? In Wirklichkeit schläft das Paris der dritten Republik einen sehr feinen und noblen Schlaf; der Schlaf ist elegant, aber es schläft.

*IX. Bei den Maschinen.*

Nächst dem Eiffelturm ist das Gewaltigste, was die Ausstellung bietet, die Dynamomaschine mit 3 000 Pferdekräften, die unsere Kölner Elektrizitätsgesellschaft Helios ausgestellt hat. Es gibt zwar noch eine Maschine mit mehr angezeigten Kräften, die die Allg. Berliner Elektrizitätsgesellschaft darbietet, aber diese Letztere ist nur unvollkommen zur Anschauung gebracht, denn ihr fehlt die zugehörige Dampfmaschine und damit auch die reguläre Arbeit im Ausstellungsbetriebe. Die große Maschine des Helios tut beständig Arbeit für eine Menge von Ausstellern und bedient einen Teil der Beleuchtung des Marsfeldes. Von ihr aus gehen kraftführende Drähte durch alle die Hallen, und an allen Ecken trifft man kleinere Maschinen, die zur Familie des alten Heliosungeheuers hinten in dem Winkel der großen Maschinenhalle gehören.

Noch einige andere Maschinen im deutschen und schweizer Ausstellungsgebiet gehören etwa der gleichen Größenklasse an, aber sie machen auf den Nichtfachmann nicht den gleichen Eindruck der Vollkommenheit wie die Maschine des Helios. Dieser Eindruck kann falsch sein, aber er hat sich nicht mir allein aufgedrängt. Es gab noch andere Ausstellungswanderer, die, ehe sie in der Ecke bei Duval aßen, erst noch einmal einen Blick auf das sausende Rad von 10 Meter Höhe werfen wollten, um nach dem Allerlei etwas Mannhaftes gesehen zu haben. Dieses Rad ist das Sinnbild der Energie. 72 Mal in der Minute saust es mit seiner Eisenquantität um seine Axe. Ein kleines Blatt, das die Firma zur Erklärung ihrer Maschine verteilt, besagt, daß man mit der Kraft, die hier arbeitet, gleichzeitig 30 000 Nähmaschinen würde bewegen können. Und um diese Kraft zu leiten, genügen zwei Männer.

Ich versuche nicht, diese Maschine zu beschreiben, obwohl ich glaube, sie verstanden zu haben. Es ist für den Nichttechniker stets schwierig, über Einzelheiten der Technik zu reden. Das Wesentliche ist, daß die Magnete auf dem großen Schwungrad liegen. Der ganze Aufbau erhält dadurch etwas fabelhaft einheitliches. Er ist eine Größe für sich wie etwa das System eines großen Philosophen. Das ist es ja, was jetzt die Deutschen in den Vordergrund der Weltgeschichte schiebt, daß sie imstande sind, solche Dinge auszudenken. Gehirne bis dahin zu bringen, ist nicht ganz leicht und gelingt nur allmählich. Wir haben den langen Weg der deutschen Gelehrsamkeit hinter uns und unsere Techniker werden in dem geistigen Neste geboren, das Melanchthon, Leibnitz, Kant und Hegel gebaut haben. Selbst wenn sie von der Vorgeschichte des deutschen Denkens nichts genaues wissen, ist sie doch ihre Basis. Die steinerne Basis der großen Maschinen des Helios beträgt 800 Kubikmeter Mauerwerk und Beton. Dieser steinernen Basis gleicht die deutsche Gelehrsamkeit in ihrem Verhältnis zur modernen Technik. Es ist nicht vergeblich, daß uns der Schwede Steffen in seinem Buche über England darauf aufmerksam macht, in wie hohem Grade das schulmäßige Denken volkswirtschaftlich wertvoll wird, sobald die Volkswirtschaft in das Stadium der großen Betriebe eintritt. Eine Maschine wie diese entsteht nicht durch einen glücklichen Augenblick. Sie ist ein energisches Gespinst von Verstand, Vernunft und Einbildungskraft. Diese Maschine ist deutsch in ihrem Naturell.

Neben den Deutschen stellen die Amerikaner die interessantesten Maschinen aus. Was bei ihnen Bewunderung weckt, ist anderer Art, aber in seiner Art nicht weniger wichtig. Die Amerikaner sind findig, der Deutsche ist klug. Beides aber gibt erst in seiner Ergänzung die moderne Maschine. Der amerikanische Techniker geht, wie es scheint, stets von der Ansicht aus, daß die menschlichen Muskeln dazu da sind, geschont zu werden. Wo irgend eine Arbeit unbequem ist, erfindet er eine Maschine. Am auffälligsten tritt das in der amerikanischen Abteilung für landwirtschaftliche Maschinen zu Tage. Es ist toll, was alles die Maschine verrichtet! Der Amerikaner hat im allgemeinen, besonders in den Nordstaaten, hohe Löhne. Das treibt ihn in die beständige Verbesserung der Maschinen hinein. Wo billige Muskeln zu haben sind, hat man im allgemeinen rückständige Maschinen. So hilft der Kampf um den Lohn dem technischen Fortschritt.

Im Maschinenwesen gibt es drei Probleme: Kraftgewinnung, Kraftübertragung und Kraftverwendung. Die größten Fortschritte macht im Augenblick die Kraftübertragung, denn ihr dient in erster Linie die Elektrizität. Sie erst macht das Quantum erzeugbarer Dampfkraft und vorhandener Wasserkraft zu einer flüssigen Ware. Wer die Wirksamkeit der Elektrizität auf der Ausstellung beschreiben will, muß einfach die ganze Ausstellung beschreiben, denn überall glimmt der Funken. Die Illumination, der Fahrstuhl, das mechanische Theater, der Scheinwerfer, die Spinnmaschine, das Automobil, die Korkmaschine, die Milchzentrifuge – wo soll man anfangen und aufhören, wenn man von der Elektrizität reden will? In zwanzig Jahren ist sie zur unentbehrlichen Begleiterin aller Menschenarbeit geworden. Ihr Siegeszug hat etwas einzigartiges. Tänzelnd, spielend kam sie, wie eine leichte Tänzerin in die schwere Welt der Dampfmaschinen. Erst klappte sie ein wenig mit den Fingern, ließ Telegraph und Telephon arbeiten und installierte Hausklingeln. Dann aber begann sie den großen Tanz, nahm die Räder in ihre Hand und sprang mit ihnen in rapider Munterkeit.

Wer hat je so Räder geschwungen wie sie? Seht nur hier in der Ausstellung, wie sie alles in Trab bringt! Sie ist die Zauberin des Riesenmarktes. Wie wird sie erschöpft sein von der Anstrengung? Bitte, morgen erfindet sie eine neue Wendung!

Hinter den Maschinen schaufeln geschwärzte Menschen Kohlen für die Batterie von Dampfkesseln, die der Ausgangspunkt aller mechanischen Bewegung in der Ausstellung sind. Diese schwarzen Heizer sollten einmal streiken! Das gäbe ein Getöse bis zu Herrn Loubet! Ja, wenn Heizer unersetzbar wären! Mitten im Reichtum der Ausstellung wirkt dasselbe Gesetz von Angebot und Nachfrage wie sonst überall. Nicht die Kohlenleute, aber die Kellner dachten wirklich daran, zu streiken. Diese aber haben es auch gelassen. Man denke sich die Nachricht: Kellnerstreik in der Ausstellung! In zwei Tagen sind alle Plätze neu besetzt. Es ist nicht zu leugnen, daß im allgemeinen in der Ausstellung besser bezahlt wird als draußen, aber was sagt das bei den kolossalen Summen, die täglich umgesetzt werden!

Das interessanteste, aber zugleich unübersehbarste Gebiet der menschlichen Arbeit ist die Ausbildung der Werkzeugmaschine. Es gibt Maschinen, bei deren Anblick man geradezu glücklich ist vor Freude, daß einem Menschen so etwas glücken konnte. Oft sind das vielleicht nicht die allernotwendigsten und wirtschaftlichsten Maschinen, aber sie beleuchten am besten, was im Grund die Maschine ist: der eiserne Mensch! Ich habe früher gesagt: die eiserne Hand, finde aber, daß dieser Ausdruck nicht ganz ausreicht. Die Maschine tut alles, was irgend ein Glied des Körpers mechanisch leistet, sie sieht, hört, bläst den Staub weg, tritt, knetet, walkt, reibt, preßt, leckt, klebt, schreibt, stempelt, zählt, näht, schneidet, drechselt, mißt, schiebt, sägt, hobelt, bohrt, nagelt, sticht, färbt, windet, bindet, rollt, stanzt, punzt, fräst. Ich werde nächstens einmal, wenn ich gar nichts mehr zu tun habe, das Lexikon holen und alle Tätigkeitsworte daraufhin durchsuchen, ob sie sich mit dem Subjekt „die Maschine" verbinden lassen. Einige fallen mir ein, die nicht zur Maschine passen, aber es sind wenige. Man kann nicht sagen: die Maschine liebt, die Maschine hofft, die Maschine bittet um Entschuldigung! Aber abgesehen von diesen rein seelisch-sittlichen Vorgängen, was tut die Maschine nicht? Sie putzt Flaschen, füllt sie, korkt sie, entkorkt sie – der Mensch aber trinkt. Es ist rührend von der Maschine, daß sie mit Wasser und Kohle zufrieden ist. Sie ist geduldiger und leistungsfähiger als ein Kameel.

An einigen Stellen in der Maschinenausstellung bildet das Publikum einen Kreis. Das sind jedes Mal Plätze, wo etwas sichtbar fertig wird. Wunderbarer Weise hat die französische Industrie es fast gar nicht verstanden, den Werdegang ihrer Waren anschaulich darzustellen. Wenn es die Ausländer wenig getan haben, so erklärt sich das durch den knapperen Raum und die größeren Kosten. Man sieht Chokolade und Champagner entstehen, lernt, wie man Eis macht und sieht auch einige Spindeln rollen, aber im ganzen ist die Ausstellung trotz ihrer Weite arm an Darstellung des Einstehungsganges der Dinge. Das ist ein direkter fühlbarer Mangel. Auch vom Standpunkt des Ausstellers aus ist es wahrscheinlich nicht unvorteilhaft, dem Publikum etwas Dramatisches zu bieten, das sich tiefer eingräbt, als das Aushängen bunter Stoffe oder das Ankleben neuer Muster.

Die Stellen, die etwas Sichtbares bieten, sind wahre Lehrwerkstätten für ein Volk im Maschinenzeitalter, dessen größere Hälfte von Maschinen nichts versteht. So stellt eine Offenbacher Firma eine höchst eigenartige Maschine zur Abfeilung von Kreissägen aus. Was gehen die Menge die Kreissägen an? Aber diese Maschine erzwingt sich Aufmerksamkeit, denn sie nickt und pendelt wie in Mensch. Durch drei Exzenterräder auf einer Axe ist ein zweiseitiges Arbeiten einer Scheibe ermöglicht, die sich beständig auf und nieder hebt. Ganz auffällig ist auch die Ausstellung der Entstehung und Verpackung der Streichhölzer in der deutschen Maschinenabteilung. Alles macht die Maschine, sie schneidet das Holz, fügt es in Rahmen zum Eintauchen in die Zündflüssigkeit, nimmt die Hölzer wieder aus dem Rahmen, packt sie in Schachteln, die sie vor unseren Augen aus Holz und Papierstreifen herstellt. Nicht weit davon fährt ein sinnreicher Apparat frisch gefärbte Papiere zum Trocknen spazieren.

Eifrig, besondere Schaustücke zu zeigen, sind die Amerikaner. An einer Stelle nageln sie Versandkisten mit der Nagelmaschine, an einer anderen fertigen sie aus einem Draht und einem Holzpflock mit einem Druck Korkenzieher usw. Bei der Kistennagelmaschine fragte mich der amerikanische Monteur, der gar kein Französisch und nur ein sehr kindliches Deutsch sprechen konnte: „Du, machst Du auch Kisten?" So wenig glaubte er an interesseloses Wohlgefallen für seine Maschine.

Tagelang bin ich zwischen den Maschinen der Völker hindurchgegangen, den Katalog in der Hand, das Auge offen. Das was ich gesehen habe, kann ich schwer in ein paar kurze Worte fassen, denn es ist nichts Neues, direkt Überraschendes. Es ist der Eindruck von der unaufhaltsamen Ausbreitung der maschinellen Arbeitsteilung. Der Strom des Maschinenlebens wird breit wie die Elbe bei Hamburg. Es hat etwas Erhebendes, ihn fluten zu sehen. Das sind unsere schwarzen Knechte! Was für ein freies Herrenvolk könnten wir alle mit diesen Sklaven sein, wenn die Technik allein den Gang der Menschheitsentwicklung bestimmte! Fern in der Zukunft leuchtet eine Zeit, wo die Maschine alle Arbeitsgebiete ergriffen hat und wo sie allen dient. Jetzt aber leben wir noch im Kampf alter und neuer Wirtschaftsformen. Die Maschine ist Glück und Druck zugleich. Ihr Siegeszug ist Konkurrenz und Ruin. Es kann nicht anders sein. Sie kommt als Werkzeug der Bereicherung Einzelner. Auch das kann nicht geändert werden. Immerhin erleichtert diese Erkenntnis die reine ungetrübte Freude nicht. Es stampft, rollt, wirbelt und surrt, wirft nach oben, stößt nach unten, es bohrt und rumort, und das Objekt dieser Unermüdlichkeit sind im Grunde wir alle, unsere Gesellschaft. Wir bauen Maschinen, die uns umgestalten.

# Düsseldorfer Industrie-Ausstellung 1902

*I.*
Verehrter Freund! Als wir uns am Schluß des Evangelisch-sozialen Kongresses trennten, sagten Sie mir: nur dumme Menschen gehen noch auf Ausstellungen! Und ich bin doch hingegangen. Was werden Sie nun von mir behaupten, der seit der elektrischen Ausstellung von 1890 an fast alle größeren deutschen Provinzial-Ausstellungen und Gewerbe-Ausstellungen besucht, der 1900 Paris gesehen hat, und dennoch der Ausstellungen noch nicht müde geworden ist? Ich zittere um den Platz, den ich bis jetzt in Ihrer Wertschätzung zu haben glaubte, und nur das Bangen vor einem Versetztwerden auf die letzte Bank Ihrer Achtung drückt mir die Feder in die Hand.

Daß viele dumme Menschen auf die Ausstellung gehen, liegt auf der Hand; es fragt sich nur, ob das Hingehen an sich ein Akt verminderter innerer Klarheit ist. Bei dieser Fragestellung müssen wir natürlich von vornherein alle diejenigen ausschließen, die aus irgend einem direkten geschäftlichen Interesse nach Düsseldorf fahren. Daß diese sehr klug dabei sein können, bezweifelt niemand. Wir denken an Menschen wie Sie und ich, die nichts kaufen oder verkaufen, die keine Patente besitzen oder erwerben wollen, die keine Aktien von Stahlwerken haben und nicht stille Teilhaber einer Waggonfabrik sind, an Leute, denen auch der Klimbim des Jahrmarktes nichts wesentlich Neues mehr bietet. Was will unsereiner auf der Ausstellung?

Sagen Sie, Verehrtester, was will eigentlich unsereiner in einem Museum, wenn er kein Geld hat, in Bildern zu spekulieren? Er will sehen lernen, er will nichts, als recht buchstäblich seinen Gesichtskreis erweitern. Dabei wird er die meisten einzelnen Bilder baldigst vergessen; was ihm aber bleibt, ist eine Gewöhnung an die Methode der Anschauung, in der sich die Künstler berufsmäßig üben. Der Besuch einer Bildergalerie ist Schwimmstunde für das Auge. Und der Besuch von Düsseldorf? Schwimmstunde für volkswirtschaftliches Denken!

Haben Sie Sombarts neues Buch über Geschichte und Theorie des modernen Kapitalismus schon gelesen? Hier ist die Illustration zu diesem Buche! Hier werden die Begriffe der von Professor Bücher, v. Schulze-Gävernitz,

Sombart und anderen theoretisch dargestellten Geschichte des Großgewerbes plastisch, tief eindringlich, greifbar. Ich bin durch die Gewerbehallen gegangen, als ob ich ein unendlich vielseitiges, großes historisch-volkswirtschaftliches Kolleg hörte – mehr als ein Kolleg. Besten Gruß! Ihr N.

## *II.*

... Wissen Sie, was mir auf dem ganzen evangelisch-sozialen Kongreß in Dortmund den tiefsten Eindruck gemacht hat? Es war die Stelle in Harnacks Vortrag, wo er davon sprach, daß wir Deutschen seit dem Absterben des Rationalismus keine einheitliche Weltanschauung mehr haben, und wie schwer es sein werde, jemals wieder zu einer solchen zu kommen. Er beschrieb im Anschluß an ein Wort von J. St. Mill den Zustand der Bildung, die nach ältesten und halbalten und neuen Motiven greift, nur um eben nach etwas greifen zu können. Unter dem romantischen Eklektizismus auf der Oberfläche sah er, der glückliche historische Optimist, das Werden eines neuen vertieften, volkseinenden neuen Rationalismus. Ohne mich gerade an das Wort Rationalismus klammern zu wollen, bin ich diesen Harnackschen Gedankengang hier in Düsseldorf nicht losgeworden; nur sah ich seine Parallelerscheinung hier vor mir: Romantik und Rationalismus im Stil der Gebäude und ihres Inhaltes.
Es ist ja sicher richtig, daß man auch außerhalb der Ausstellungen solche Beobachtungen machen kann, denn die große Stadt, die uns umgibt, ist in sich selbst eine sich täglich erneuernde Gewerbe- und Architektur-Ausstellung, aber hier auf dem Ausstellungsfelde am Rhein geben sich die Dinge systematischer, tendenzvoller, übersichtlicher, als im Getriebe der Leipziger Straße. Jede Gewerbe-Abteilung spielt hier ihr eigenes Spiel. Wo hat man das sonst?
Doch ich wollte von Romantik und Rationalismus reden. Nichts, was ich überhaupt je gesehen habe, ist hierfür charakteristischer, als das wunderbar schöne Gebäude des Bochumer Vereins. Von außen ist es beinahe eine Kirche in deutscher Gotik, und im Innern ist es der Typus eines zarten, unendlich wohltuenden Eisenbaues. Das kirchliche Äußere ist motiviert durch die zum Baareschen Werk gehörende bedeutende Glockengießerei. So ineinander verarbeitet, harmonisch und farbig ineinander gegossen wie hier, war alte und neue Denkweise selbst auf der Pariser Ausstellung nicht. Gerade weil man in Düsseldorf im allgemeinen Sehnsucht nach dem feinen Geschmack der Pariser Eisenarchitektur empfindet, ist dieser Wurf so besonders erquickend. Der Aufbau der Eisenpfeiler, der Emporen, des

inneren Daches ist vorzüglich. Sie wissen, daß es mir nicht leicht wird, Baare zu loben, aber seinen Architekten muß ich preisen. Und doch: wenn dieser Architekt uns statt der romantischen Außenseite ein Äußeres hätte geben wollen, das dem Innern entspricht, wenn er ganz Eisenstil gebaut hätte, ganz konstruktiv gearbeitet hätte, dann würde er erst auf seinem Gebiet das gegeben haben, was Harnack auf dem seinigen sucht: die neue Weltanschauung, die Methode, die das Mittelalter fahren zu lassen, stark genug ist.

## III.

Am meisten in die Methode hinein ragt das Haus der „Guten Hoffnungs-Hütte" von Oberhausen. Es ist schlichter in der Erfindung, aber dafür weit konsequenter im Durchdenken der Eisenkonstruktion. Hier deckt sich Äußeres und Inneres. Das Äußere verzichtet auf jede falsche Anlehnung an Kirche, Schloß, Burg oder sonst etwas aus alten Kunsthandbüchern und bietet nichts, als ein ins künstlerische emporgehobenes Hüttenwerksgebäude. So einfach dieser Entschluß scheint, nichts fremdartiges darstellen zu wollen, so selten und so wertvoll ist er. Es kostet viel Mühe, architektonisch wahr zu sein. Ein solches Gebäude hat aber, wenn es gelungen ist, eine das ganze Geistesleben beeinflussende Macht. Es steht wie eine Gewissensmahnung zur inneren Prinzipientreue inmitten aller der aus Steinkultur und Eisenkultur zusammengeflickten Halbheiten. Wer es in sich aufgenommen hat, verträgt die falschen dekorativen Tendenzen nicht mehr. Es ist, als ginge der Geist dieses Hauses schon über die Periode Wilhelms II. einer stilreineren Zukunft entgegen.

Ganz in die jetzige Periode hinein gehört aber der Palast des Kruppschen Geschäftes. Auch er ist nicht ohne Geist gemacht, aber seine Wirkung ist nicht Befreiung, sondern Belastung. Aus allen schweren, majestätischen Stilgedanken der Vergangenheit von Ägypten her bis zu den Festungsbauten der Neuzeit sind die kompaktesten, massigsten Wendungen und Rundungen zusammengegriffen worden, um etwas steinern Wuchtiges herzustellen. Die Kanonen im Innern sind elegant gegenüber diesem Bau. Es ist Massenwirkung ohne die Leichtigkeit der modernen konstruktiven Idee. So etwa wirkt der nach altem Schnitt gefertigte Königsmantel, den Eduard von England tragen wird. Wie viel besser sind in ihrem Wesen die einfachen Wellblechgebäude, wie sie das Eichener Walzwerk und die Siegener Verzinkereigesellschaft ausstellen! Ein kleiner, aber korrekt gedachter metallener Pavillon, wie ihn die Köln-Rottweiler Pulverfabrik bietet,

zeigt, wie ein Krupp hätte bauen können, wenn er einen in Eisen denkenden Architekten gehabt hätte.
Und die königliche Staatseisenbahn-Verwaltung? Sie ist das allerwunderlichste Gemisch von Romantik und Rationalismus, das es geben kann. Sie baut Bahnhöfe, wie der Dichter und Generalpostmeister Stephan Postgebäude baute, landschaftliche Kabinettsstücke, die geistig mit dem Zeitalter des Verkehrs in keiner Beziehung stehen: Bahnhöfe wie Aachen, Kochem, Essen und Koblenz, alle an sich sehr nett, alle mittelalterlich. Man denke nicht, daß solche Inkonsequenz für die Volksseele gleichgültig ist. Über den Bahnhofsbildern hängt das Bild der Müngstner Brücke und schlägt sie alle tot, gerade so wie die herrliche, gewaltige Eisenbrücke über den Rhein über den steinernen und gipsernen Tändelkram der Ausstellung lacht …

*IV.*
Die Gesamtanlage einer Ausstellung hängt von gegebenen örtlichen Verhältnissen ab. Selten befindet sich alles Wünschenswerte so gut zusammen wie 1896 bei der Berliner Gewerbe-Ausstellung in Treptow oder auch wie in demselben Jahre in Kiel. Daß man Düsseldorf wählte, war entschieden richtig. Es hätte sonst nur Köln in Frage kommen können, und Düsseldorf ist in höherem Grade Industriehauptstadt als Köln. Wenn aber Düsseldorf gewählt wurde, dann mußte man auch sich mit dem langen, schmalen, schattenlosen Terrain abfinden, dessen einziger allerdings großer Vorzug die Nachbarschaft des Rheins ist. An lauen Sommerabenden werden die Ufer-Restaurationen gewiß sehr schön sein. Freilich ersetzen sie den Mangel eines großen zentralen Platzes nicht. O, wie unvergeßlich war gerade die zentrale Anlage damals in Berlin, schöner als die weit größeren Prunkplätze in Paris! Das Hauptgebäude und sein Vorplatz in Düsseldorf gibt, um einen Ausdruck der Amtssprache zu gebrauchen, zu begründeten Bedenken keinen Anlaß, aber ihm fehlt jede Spur von Genialität. Man bleibt innerlich kalt. Die oberste Kuppe des Hauptbaues soll der persönlichen Initiative Kaiser Wilhelms entstammen. Auch sie ist, trotz ihrer Vorzüge, nicht stark genug, das Ganze zu retten.
Der Vergnügungspark ist im Umfang bescheiden und in seinen Bestandteilen von einer noch kaum erlebten Sittsamkeit, ein Verdienst des soliden Charakters unseres rheinisch-westfälischen Bürgerstandes. Eine so tingeltangelfreie Ausstellung ist sittlich eine Leistung. Hoffen wir, daß die Tugend sich auch finanziell bewähre! Gerade wenn man sittlich streng sein wollte, hätte man aber den harmlosen Vergnüglichkeiten noch etwas

mehr Eigenart geben dürfen. Kairo ist zwar wieder einmal zu sehen, aber jedesmal wird es dürftiger, die Palmen werden zu Stöcken, die Zahl der Kamele wird betrübend klein. Das Zillertal ist ganz nett, die beste von allen Attraktionen bleibt aber doch wie früher anderswo, so auch jetzt hier, der Luftballon. Fünfhundert Meter über dem Rheinstrom schweben, ist ein Vergnügen, das den Fahrpreis reichlich lohnt, mehr als ein Vergnügen, ein geographisch-ästhetischer Gewinn.

Doch damit genug vom unterhaltenden Teil! Es ist großer, bunt verflochtener Ernst, der den Kern der Ausstellung ausmacht. Sie kennen, Verehrtester, das Wandern in Ausstellungen von jener fernen und schönen Zeit her, da Sie sie noch nicht absolut verachteten: Man geht und sieht, und geht und sieht, und wenn man alle Dinge auch nur nennen wollte, dann müßte man Tag und Nacht am Schreibtisch sitzen. Man sammelt zahllose Einzeleindrücke, bis der Kopf wie ein überbeladener Wagen ist. Dieses fliegt am Gehirn nur vorbei wie eine Schwalbe am Dachfenster, anderes aber setzt sich fest und einiges davon wirkt auf die technische, volkswirtschaftliche und philosophische Gesamtauffassung. Der Geist ist im feuchtwarmen Gewächshaus. Man bedauert ihn, daß er so viele Zellen in so kurzen Stunden ansetzen soll. Wer weiß, ob es nicht die mit allem Wachstum verbundene Müdigkeit war, die Ihr sonst so freies Urteil den Ausstellungen gegenüber einschränkte?

V.

… Ich war also im geistigen Gewächshaus … Die Begriffe wuchsen und breiteten sich aus. Darf ich von diesem Wachstum der Begriffe reden? Was Papier ist, wissen wir alle, und den rein formalen Begriffen Papier, Briefpapier, Konzeptpapier, Luxuspapier, Druckpapier, Packpapier, Pappe, Zeichenpapier, Umschlagpapier usw. stehen wir nicht kenntnislos gegenüber, aber welche Varietäten, welche Nüancen, welche Färbungen, welche Grade der Schwere, Glätte und Dauerhaftigkeit vorliegen, erfährt man nie, wenn man nicht eine Gesamtausstellung der Papierindustrie vor sich hat. Die Papierhalle in Düsseldorf ist einem naturhistorischen Museum vergleichbar, in dem die Entstehung einer Gattung in möglichst viel unter sich verschiedenen Exemplaren dargestellt wird. Eine Papiersorte zeugt, wenn der Vergleich erlaubt ist, die nächstfolgenden und zerlegt sich dabei in Unterarten, die Unterarten kreuzen sich, schwache Ergebnisse des papiernen Werdeprozesses sinken unter, starke werden Anfänge ganz neuer Gestaltungen. Sehen sie die Formen der Karten! Ist das weniger lehrreich als die Formen der Schnecken oder Würmer? Fast dieselben Gesetze walten hier wie dort: Soll es sich nicht verlohnen, sie auch hier zu studieren?

Oder denken Sie an die Eisenbahnschiene! Was eine Schiene ist, weiß jedes Kind, aber seine Vorstellung ist unklar, unhistorisch. Hier haben wir die Geschichte der Eisenschiene von 1825 bis heute vor uns. Da ist die Schiene der Bahn Fürth-Nürnberg, da die Schiene Leipzig-Dresden, da die älteste Schiene von Berlin-Potsdam, da sind belgische, französische, amerikanische Schienen! Man verläßt den Raum nicht als Eisenbahnfachmann, aber als ein Mensch, der eine Ahnung davon bekommen hat, was die Fachleute an Problemen vor sich haben. Sehen Sie hier die Verkupplungssysteme, da die Schienenunterlagen, da die Weichen, da die Bahntelegraphen! Natürlich haben wir alles das schon irgendwo und irgendwann gesehen, aber unsystematisiert. Wir hatten in uns selbst keinen Anlaß, die Systematisierung vorzunehmen. Jetzt werden unsere zufälligen Beobachtungen auf die denkbar schmerzloseste Art geordnet. Ist das nicht gut? Jemand, der im allgemeinen auf Begriffsklärung etwas gibt, muß die Leute in diese Anschauungsschule schicken.

Sie sind kein Verächter schöner Gemälde und wissen auch einigermaßen, wie es in einem Maleratelier aussieht, vielleicht hängen auch Restbestände aus Goethescher oder anderer Farbenlehre um ihren Kopf herum, aber wer kann im Drange des Lebens alle Dinge weiter verfolgen, die ihn einmal interessiert haben? In dieser Lage ist ein kurzes Verweilen vor der Ausstellung der Farbenfabrikanten ein Gewinn. Die Elemente der Buntheit der Welt werden hier einzeln vorgeführt. Man steht vor den bunten Glasbüchsen und hat ein Gefühl wie man es hat, wie wenn man über eine verwickelte Geschichtsperiode eine Übersicht von Ranke liest. Das Verworrene tritt in seine Urformen auseinander.

Und noch eins. Ich dachte zu wissen, was Draht sei, da kam ich zur Ausstellung der Karlshütte aus Mühlheim a. R. Es war eine Überraschung, den Reichtum des Gedankens Draht zu bewundern. Die einzelnen Drähte vergehen, der Gedanke selbst aber bleibt als ein in der Geschichte neues Hauptelement des modernen Wesens: Kabel, Drahtseil, Brückenträger, Telephondraht, Induktionsapparat, Drahtgespinst, Drahtzaun. Man ist versucht, die ganze Gegenwartsentwicklung einmal vom Drahtgesichtspunkt aus anzusehen. Dem Drahtfabrikanten ist diese Anschauungsweise natürlich, aber wir anderen, wir müssen nach Düsseldorf gehen, um etwas von ihr zu greifen. Ist aber das Studium des Drahtes nicht ebenso interessant und wesentlich wie das der etruskischen Altertümer?

*VI.*
Wenn man sich an die Pariser Ausstellung erinnert, so findet man in Düsseldorf den Ton des Ganzen in den Auslagen und Darstellungen etwas hart. Es fehlt im allgemeinen die Gabe des Arrangements. Nicht als ob nicht die Deutschen auch in dieser Hinsicht viel gelernt hätten, aber unsere Hände sind nicht so geübt, eine Sache zu „frisieren", wie die der Franzosen. Welches Entzücken waren die Farben an den Wänden in Paris! Wir sind ein Volk noch jungen und unfertigen Geschmackes. Das aber, was wir in die Wagschale zu werfen haben, bedeutet sachlich mehr. Es ist die Konsequenz des maschinellen Denkens. Von der Größe dieses Denkens bekommt man in Düsseldorf einen überwältigenden Eindruck. Die Philosophie, die dem Deutschtum im Blute steckt, hat begonnen sich zu materialisieren. Unsere Schulmeisterei beginnt Früchte zu tragen. O wie unendlich ist gedacht worden, damit dieses Ineinander von Maschinen entstehen konnte! Das machen uns, außer den Amerikanern, die anderen nicht nach. Hierin, nur hierin liegt unsere Anwartschaft auf große nationale Zukunft. In Luxusfabrikation sind wir nicht schlecht, aber auch nicht hervorragend, aber in maschineller Technik sind wir sehr hoch gekommen. Auf diesem Gebiet hat der deutsche Geist sein eigenstes Arbeitsfeld gefunden. Und dieses Volk wird agrarisch regiert!
Es ist unmöglich, die Einzelheiten der maschinellen Ausstellung auf kurzen Briefbogen zu besprechen; auch kann niemand, der nicht selbst Techniker ist, die Punkte scharf herausarbeiten, in denen sich gerade der neueste und folgenreichste Fortschritt zeigt. Manche Maschine, die mir, dem Laien, neu und geistvoll scheint, ist vielleicht schon überholt oder zeigt im Betrieb Nebenwirkungen, die dem Beschauer entgehen, die aber den neuen Vorteil als sehr fraglich erscheinen lassen. Die Technik genau zu kontrollieren, ist Sache der Fachblätter. Aber, wenn man moderner Mensch sein will, kann man bei aller Erkenntnis mangelnder Übersicht doch nichts Besseres tun, als möglichst tief in das Arbeiten der Räder hineinzuschauen. Es sind künstlich hergestellte Lebewesen, auf denen die moderne Kultur beruht, Tiere niederster Gattung, die wir Menschen schaffen, füttern, arbeiten lassen, metallene Sklaven, die hier zu Hunderten vorgeführt werden. Lassen Sie uns einmal denken, diese eisernen Tiere hätten Bewußtsein! Es ist das eine bloße Phantasie, aber keine ganz unnütze! Das Bewußtsein einer solchen Maschine müßte seiner Natur nach viel unentwickelter sein als das der frei beweglichen Tiere, denn sie besitzt nur gewisse wenige monotone Bewegungen, sie besitzt keinen inneren Stoffwechsel in sich selbst, hat nur eine Absicht und nur einen sich stets gleichbleibenden Bedarf an Kohle,

Wasser und Rohmaterial. Aber in dieser Einfalt liegt ihre Stärke. Das, was sie zu tun hat, tut sie besser als ein Mensch, falls sie nur richtig gepflegt und dirigiert wird. Erst haben wir Menschen die wirklichen Tiere getötet oder zu Stallexistenzen erniedrigt, nun ersetzen wir sie durch die Werke unserer Hände. Was uns zu schwer und langwierig ist, sollen die Maschinen machen. Damit vergrößern wir die Summe arbeitender Lebendigkeit. Diese Vergrößerung des Energienquantums ist der Charakter unserer Epoche. Wir wollen lebendig wirken, indem wir methodisch auf Kraftgewinnung ausgehen. Das hat keine frühere Zeit.

*VII.*

Das größte der metallenen Tiere ist der Riesenkran, dieser Elephant der Neuzeit. Seine größte Gattung ist in 3 Exemplaren vertreten, deren jedes 30 000 kg tragen kann. Den gigantischen Elephanten gibt der Mensch mit Hilfe des elektrischen Funkens seine Befehle. Nicht weit von ihnen rollen die Krane zweiter Größe. Diese Truppe von Lastträgern schleppte die Maschinenteile der großen Maschinenhalle zusammen, dieser Triumphhalle Rheinland-Westfalens. Hier, wo keine Ästhetik nötig ist, wo Mechanik, Statik, Mathematik und Logik das Feld beherrschen, hier wo niemand Pietät oder Tradition erwartet, hier glänzen gerade diese Provinzen! Der Franzose Dumoulin hat gelegentlich gesagt, die Westfalen seien der engländerartigste der deutschen Stämme. Merkwürdig, daß die Provinz, die man für schwerfällig hielt, solche kolossalen Leistungen hervorbringen konnte! Körperkraft, Zähigkeit, Nüchternheit und ein zwar langsames, aber konkretes Denken sind die Grundlage dieser Erfolge. Dazu kommt die Ausstattung mit Naturschätzen und die alte lang geübte Kunst des Schmiedens. Eine Zeit, in der die Schmiede zu Königen wurden, mußte gerade diesen Landesteil in die Höhe bringen. Man denke, wie hoch einst der Schwabe und Franke über dem Westfalen stand! Jetzt ruft Westfalen und das von ihm längst beeinflußte größere Rheinland die deutschen Stämme an die Ufer des Rheins: hier ist meine Macht! Man sieht es dieser Maschinenhalle an, mit welchem zähen Selbstgefühl sie gefüllt wurde. Das Schwerste, das Beste, das Kompakteste ist da! So stellen keine Amerikaner aus, womit nicht gesagt ist, daß sie schlechter, sondern nur daß sie anders ausstellen. Ich habe in Paris die Maschinen der Amerikaner oft besucht. In ihnen ist Raffinement, Schlauheit, gleichsam Überlistung der Materie. Der Westfale überrascht durch Gedrungenheit, durch das Bestreben, in möglichst engem Körper möglichst gewaltige Arbeitskraft zu sammeln.

Das sind die Urgermanen, die solches tun, der ungemischteste aller zum deutschen Reiche gehörigen Volksstämme. Und nun sage noch jemand, das Deutschtum sei seiner Natur nach agrarisch! Im Ursprungsgebiet dieser Maschinenhalle liegt das moderne Zentrum der germanischen Rasse, leider noch kein soziales Zentrum.

Man stelle sich 26 große Dampfmaschinen vor, die ihre Kräfte vereinigen, um das flüssigste zu produzieren, was es gibt: Elektrizität! Hinter diesen 26 Dampfmaschinen glühen 16 Dampfkessel mit 3550 qm Heizfläche. In dieser Umgebung von dirigierbarer Energie fühlen sich die Menschen wohl, die der von Harnack geforderten werdenden Weltanschauung am nächsten sind. Ihr Problem heißt: Organisierung von Massenkraft. Der Individualismus bricht angesichts dieser Maschinenanlage ohne Worte zusammen. Eine Zeit, die mit diesen kombinierten Kraftquellen arbeiten will, ist gar nicht imstande, handwerklich oder bäuerlich individualistisch zu denken. Was ist der einzelne Mensch vor solchen Werken?

Saust und braust ihr Räder, ihr tragt die Zukunft! Welche fabelhaften Gestalten diese eure Zukunft uns noch bringen wird, ahnt kein Mensch. Man sehe alle diese sich streckenden Stahlarme, diese Dampfhämmer, Walzenzugmaschinen, diese Kondensationsbassins, diesen merkwürdigen Kühlturm, diese Zangen, Hobel, Bohrer, diese spiegelklaren, felsenharten Platten, dieses zur Rotation gewordene Stoßen, dieses Zerzupfen, Zerdrücken, Zerfleischen der härtesten Stoffe, die rasende Ungeduld des Umformens! Man stehe und sehe! Diese Gewalten sind die Sklaven unserer Kinder!


## VIII.

Verehrter lieber Freund! Ich wollte Ihnen nicht eine Beschreibung der Ausstellung liefern, sondern nur ein Stimmungsbild. Verzeihen Sie deshalb, wenn ich von vielen wichtigen Dingen gar nichts sage, von der instruktiven Darstellung des Bergbaues, von der Vollkommenheit keramischen Gewerbes, von der imponierenden Anlage der Betongesellschaft und von vielem anderen. Auch von den Kanonen Krupps und Ehrhardts will ich schweigen. Ein paar Einzelheiten nur seien noch hervorgehoben. Ganz allerliebst ist die Gruppe der Schwesterstädte Oberstein und Idar mit der Amethystgrotte. Sie zeigt ein ursprünglich rein lokales Gewerbe der Achatschleiferei zur Weltproduktion erweitert. Brasilien und Australien schaffen die Steine, die Technik ihrer Behandlung sitzt da oben im westdeutschen Bergland. Die vergangenen Generationen vollendeten

Auge und Hand, und nun ist die Zeit da, diese alte Kunst in den Dienst des großen Marktes zu stellen. Und mit der Steinschleiferei wachsen die Hilfsgewerbe. Die Steine wollen eingefaßt werden, brauchen Etuis usw. Die Chemie muß helfen, Steine in gewünschten Farben zu fixieren. Aus alter Handwerkspraxis wird eine fast wissenschaftlichen Technik. Wenn Sie Ihrer Gattin eine Freude machen wollen, kaufen Sie etwas von dort! Und dann gehen Sie in die von Krupp und verschiedenen Baugesellschaften hergestellten Arbeiterwohnungen. Da kann man sehen, wie gut es die Arbeiter haben könnten, wenn wir sozial weiter wären als jetzt. Heute ist es eine ganz verschwindende Minderzahl, denen derartige Einrichtungen zugute kommen. Eine Dame, die mein sozialistisches Herz nicht kannte, sagte angesichts dieser Häuser zu mir: „Und da sind nun die Arbeiter noch immer unzufrieden!" Ich frage sie: „Wann glauben Sie, werden alle Arbeiter so wohnen?" Eins nur beweisen diese Häuser jetzt, nämlich die Wahrheit, daß es keine eherne Notwendigkeit ist, daß der Arbeiter teuer und schlecht wohnt.
Und schließlich die Kunstausstellung? Sie ist eine Sache für sich. Ich bin nur einmal müde und schnell durch die Säle gegangen, da mich die Maschinen nicht losließen. Vielleicht schreibt uns Dr. Schubring etwas über diesen Teil der Düsseldorfer Arena. Soviel kann ich sagen, daß sich Düsseldorf recht gut neben unseren beiden Berliner Ausstellungen sehen lassen kann, recht gut. Und damit genug! Ich bin froh, daß ich trotz Ihrer Abmahnung hingegangen bin. Wenn es aber wieder einmal eine große deutsche Ausstellung geben wird, dann reisen Sie mit. In alter Verehrung.
Ihr N.

# In der Motorwagen-Ausstellung Berlin 1899

Das Droschkenpferd wollte nicht vorwärts, es schien zu ahnen, daß es zu einer verhängnisvollen Stelle fahren sollte, zur Ausstellung der künstlichen Pferde. Denn was ist der Motorwagen anders als ein technischer Ersatz des Pferdes? Als die Eisenbahnen aufkamen, hieß es auch schon, die Pferde würden sterben müssen, damals aber war der Schreck ein blinder Schreck. Wir haben heute mehr und bessere Pferde als vor 60 Jahren. Der Lokomotivenverkehr nahm zwar dem Pferde die Ferntransporte von Menschen und Lasten, gab ihm aber dafür eine ungeahnt steigenden Lokalverkehr vom Bahnhof zur Arbeitsstelle, zum Lagerhaus, zur Wohnung. Unsere Pferde sind etwas begrenzter in ihrer Tätigkeitsphäre, aber sie existieren doch noch. Nun aber kommt ein Angriff, der nicht so gelinde ablaufen wird. Der Motor übernimmt den Straßenverkehr überall da, wo gute Straßen vorhanden sind. ER ist viel anspruchsvoller in bezug auf den Zustand der Wege als das Pferd. Dort also, wo die Wege gering sind und gering bleiben, und das ist in einem großen Teil des landwirtschaftlichen Verkehrs, wird das Pferd nichts zu leiden haben. Aber freilich die Heerstraßen und die Straßen der Großstädte gehen zum Motorwagen über. Das ist der Eindruck der jetzigen Ausstellung. Der Motor ist soweit, daß er konkurrenzfähig ist. Er erobert das Luxusgefährt, die Droschke, den Omnibus und den städtischen Lastwagen. Wahrscheinlich erleben wir eine Motorindustrie, die der Fahrradindustrie sich gleichstellt. Zwar ist in einem Punkt der Motorwagen noch im Rückstand. Sein bestes Bewegungsmittel, die Elektrizität, macht noch Schwierigkeiten. Die Akkumulatoren sind entweder zu bald erschöpft oder, wenn sie umfangreicher sind, zu schwer. Auch ist die Ladung der Akkumulatoren (ein Ausdruck, der übrigens den betr. Vorgang nur ungenau bezeichnet) zeitraubend. Wo es keine elektrischen Zufuhrstellen gibt, ist überhaupt noch nichts zu wollen. Der elektrische Motor setzt Elektrizitätsabgabestellen an allen fahrbaren Straßen voraus. Wann aber wird man soweit sein? Vorläufig muß das Benzin an Stelle der Pferdekraft treten. Man sagt, daß die Geruchwolken, die heute hinter den klappernden Benzinwagen herziehen, nur von Ungeschicklichkeit der Fahrenden stammen und völlig beseitigt werden können. Meist wird ein kleiner elektrischer Akkumulator zur Anzündung benutzt. Die Triebkraft entsteht durch beständige kleine Explosionen des mit Luft verdünnten Benzins. Als Sport fängt die neue Sache an, aber als geordnetes Verkehrsmittel wird sie der Zukunft dienen. Je mehr Motorwagen die Straße beleben, desto mehr wird man die Wege einschränken, auf die Pferdehufe treten dürfen, da das Pferd gröbere Pfade verlangt als sein Nachfolger. Armes Pferd, du Held des deutschen Mittelalters!

# Die Gartenbau-Ausstellung 1905

Auf dem Trümmerfelde von Treptow gibt es eine blühende Oase: die Gärtner-Ausstellung. In 8 Tagen wird aber auch diese Oase in Schutt und Staub zusammensinken, denn eine Gartenausstellung ist ihrer Natur nach kurzlebig, sie hat nur soviel Zeit als eine Hyazinthe braucht zu verwelken, und eine Reseda matt zu werden. Solange sie aber steht, ist sie eines der malerischsten Schauspiele, die es gibt; denn hier wird mit lebendigen Farben gemalt, mit dem Ultramarin, Karmin, Aureolin, das Gott wachsen läßt. Es steckt in den Blumen eine Tiefe der Farbe, ein Leuchten der Natur, das die Augen mehr fesselt, als alle Öl- und Wasserfarben der Museen. Wer kann mit so zarten Abtönungen malen, wie es ganz kleine, gutherzige Blümchen können? Es handelt sich nur darum, daß die Blümchen gruppiert werden. Dazu aber lernen ja die Gärtner ihren Beruf.
Der Gärtnerberuf ist ein geistiger Beruf. Das zeigt jeder Teil der Ausstellung. Mit bloßem Bodengraben, Wegetreten, Bohnenstecken, Rosenschneiden und Unkraut jäten ist man noch lange kein Gärtner. Der Gärtner ist ein Pädagoge der Pflanzen, der sie so lange erzieht, bis sie dem Menschen Nutzen und Freude bringen. Er nimmt die wilden Naturkinder in seine Baumschule und setzt sie dort nebeneinander, damit sie etwas lernen. Aus wilden Pflanzen macht er im Laufe der Zeit gehorsame Pflanzen. Er tut das, was man bei den Tieren mit dem Worte „zähmen" bezeichnet. Nur muß seine Methode anders sein als die des Tier-Erziehers, denn er kann auf gar keine Mitwirkung des Bewußtseins rechnen. Ob die Pflanzen eine Art träumendes Bewußtsein haben, mag dahingestellt bleiben, sicher ist, daß auf sie keine Willensübertragung durch Wort und Gebärde, Lohn oder Strafe stattfindet. Sie sind nicht widerspenstig, aber auch nicht willig; was in ihnen lebt ist nur der große, wunderbare Selbsterhaltungstrieb, der sie alles versuchen läßt, um auch unter geänderten Verhältnissen lebendig zu bleiben. – Mit diesem Trieb muß der Gärtner rechnen, ihn muß er studieren, bis er es im Gefühl hat, was er einer Pflanze zumuten darf und was nicht, wie weit sie ihm folgen kann, und wann sie versagt.
Um Pflanzen zu erzielen, muß man sie ganz kennen. Es handelt sich oft um wenige Temperaturgrade, um eine geringe Veränderung der Feuchtig-

keit, um etwas anderen Boden, um etwas helleren oder dunkleren Standort, es handelt sich vor allem auch um Einsicht in die Art der Fortpflanzung, um eine Zusammenführung geeigneter Exemplare und Ähnliches. Mit welcher methodischen Sicherheit der Gärtnerberuf in dieser Hinsicht arbeitet, zeigt der Katalog der Ausstellung. In ihm stehen die sehr zahlreichen ausgeschriebenen Preise, und fast jeder Preis enthält eine bestimmte Aufgabe. Wir lassen etliche dieser von den Ausstellern nun gelösten Aufgaben hier folgen. Es werden verlangt:

  25 Azalea indica in 25 Abarten (Schaupflanzen),
100 Azalea indica, blühend, in 25 Abarten,
100 Erica, blühend, in 10 Arten,
  25 Arancaria in verschiedenen Arten,
  50 Agaven in 35 Abarten,
100 Kakteen in 50 Abarten,
300 blühende Rosen in mindestens 100 Sorten,
  50 blühende Remontant-Rosen in mindestens 20 Sorten,
  12 neuere Rosen, seit den letzten zwei Jahren im Handel,
  25 gefüllte blühende Flieder in 5 Sorten,
100 blühende Tulpen in 30 Sorten.

Man sieht, worauf die Arbeit hinzielt: Entstehung von Arten durch menschliche Beihilfe. Die Gesichtspunkte aber, nach denen neue Arten gebildet werden, sind verschieden, je nachdem es sich um Nutzpflanzen oder Luxuspflanzen handelt. Man weiß, wie weit die Artenpflege beim Weinbau, Apfelbau und Kartoffelbau gediehen ist. Der Chemiker untersucht die Früchte auf ihren Gehalt, und nun werden sie chemikalisch beeinflußt. Der Boden wird „geimpft". Überhaupt kann man in der Ausstellung lernen, wie stark die Art neuerer wissenschaftlicher Untersuchung die Gärtnerei beeinflußt. Es stehen dort nebeneinander Pflanzen in einem Boden ohne kleine Lebewesen und solche in einem Boden mit Mikroorganismen. Auf einzelne Pflanzen, wie den Tabak, macht das Fehlen der kleinen Tiere keinen Eindruck, andere wie Buche, Fichte und Weinstock bedürften der Beihilfe der kleinen Erdbewohner. Man hat Pflanzen in Boden gestellt, der durch heiße Dämpfe chemisch etwas gelockert war, und hat verglichen, wieviel mehr Kraft durch die Dampfbehandlung der Erde entsteht. In manchen Fällen möchte man fast sagen, daß Pflanzen „dressiert" werden. Ganz junge Linden werden durch eingeschnittene Ringe zum Blühen gezwungen!

Wie jedes andere Fach menschlicher Arbeit hat auch die Gärtnerei ihre Entwicklungsgeschichte und ist nur ein Teil des Volkslebens im ganzen. Sie wird beeinflußt von der Entwicklung der Technik, des Verkehrs, der Politik, des Geschmacks und anderer Dinge. So bedeuten beispielsweise die Fortschritte im Heizungswesen für die Gewächshäuser ziemlich viel, auch die Fortschritte in Bewässerungsanlagen. Wichtiger aber ist der Einfluß des Verkehrs. Es gibt keine Pflanze des Auslandes mehr, die nicht zu gebracht werden könnte. Immer tauchen neue Pflanzen im Handel auf, und mancher, der die bisherige Botanik ganz gut kennt, wird doch in den Warmhäusern überrascht. Einen fühlbaren Druck übt auch die leichte Versendbarkeit der Blüten vom mittelländischen Meer nach Deutschland. Man muß die italienischen Blumen auch ziehen oder gleichwertige Winterblumen pflegen. Jedenfalls ist auch in der Gartenbauausstellung ein langsamer Übergang zur Weltwirtschaft bemerklich.

Wir sagten, daß auch die Politik die Gärtnerei beeinflusse. Am auffälligsten ist dies in der Ausstellung der Parkanlagen. Wenn man früher sagen konnte, daß die Gärtner die erste Stelle einnehmen, so haben heute offenbar die Stadtgärtner der Großstädte die umfassendsten Aufgaben. Ein Park wie Sanssouci, Wilhelmshöhe, Schwetzingen oder wie der große Garten in Dresden wird nur noch selten von einem deutschen Fürsten angelegt werden, seitdem eine scharfe Scheidung zwischen Staatskasse und Privatkasse durchgeführt ist, dafür aber wächst das Verständnis für städtische Promenaden und Anlagen von Jahr zu Jahr. Es ist dies eine Demokratisierung der Gartenkunst, die mit dem Umschwung des ganzen öffentlichen Lebens zusammenhängt. Unter den Darstellungen neuerer Gartenanlagen ist die bedeutendste die gärtnerische Umwandlung des Kreuzbergs vor Berlin, die Herstellung eines täglich belebten Volksparks. Wie es den Fürstengärten geht, so geht es vielfach auch den Parks der Rittergüter. Sie werden erhalten, aber nur selten in großem Maßstabe neu angelegt. Statt dessen wachsen die Schmuckgärten der Handelsherren, der Großindustriellen, der städtischen Rentiers. Allein eine Anlage wie Halensee-Grunewald enthält eine Menge Gärtnertätigkeit, Eppendorf und Winterhude bei Hamburg, Strießen und Blasewitz bei Dresden und viele andere Vororte in ähnlicher Weise. Ein interessantes Problem der Gärtner ist es, in diesen Vororten einen verhältnismäßig kleinen Raum zum Park zu machen. Verschiedene Entwürfe bearbeiten in der Ausstellung gerade diese Schwierigkeit. Bisweilen bietet der kleine Rentier ein beinahe komisches Bild, wenn er bei seiner Villa einen Wasserfall oder eine Schlucht, einen Spielplatz, ein Teppichbeet und wer weiß was sonst noch haben will, und es reicht nicht.

Viel Raum und Geld können aber den Gärtnern die Badeverwaltungen und Hoteliers in Luftkurorten zur Verfügung stellen. Ausgestellt ist unter anderem ein Relief der Erweiterung des Badegartens in Oynhausen. Auch im Wechsel des Geschmacks ist der Gärtner Glied des ganzen Volkes. Jedes Zeitalter hat andere Gartenformen. Wenn man beispielsweise an den Garten des Goethehauses in Weimar denkt und heutige neu angelegte Gärten von gleicher Größe betrachtet, so empfindet man unmittelbar, daß wir zwei Stilarten, Geschmacksrichtungen vor uns haben, ohne daß es leicht ist, den Unterschied mit Worten zu beschreiben. Ältere Gärten sind oft sentimental-romantisch, neuere Gärten sind nüchterner und prunkvoller, sonniger und weniger voll Spielereien. Es ist auffällig, wie ähnlich sich in fast allen ausgestellten Gartenanlagen die Kurven der Wege sind. Einige Linien gelten eben jetzt als schön, und zwar sind es meist Teile der Ellipse. Die gerade Linie ist in Mißkredit gekommen, als ob sie nicht auch ihre großen gärtnerischen Schönheiten hätte. – Ein Entwurf hat die für die jetzige Stilart bezeichnende Aufschrift: „Die Grazie des Materials gänzlich zur Geltung gekommen!" Als überwundene Schwachheiten zopfiger Zeiten werden angesehen: Die Azaleen in Tischform, der Buchsbaum in Igelform, die Akazie in Kugelform und die hängende Scheingirlande aus lebendigen Pflanzen. Gerade die Letztere sahen wir aber in den letzten Tagen außerhalb der Ausstellung in so vorzüglicher Art, daß wir nicht glauben, daß sie ganz vorbei ist.

Daß auch die Dekorationsgärtnerei von dem Zeitgeschmack abhängig ist, versteht sich von selbst. Tafelaufsatz, Brautschmuck, Ballgarnitur, Kotillonsträußchen, Blumenkörbe, Vasenarrangements, Altardekorationen, Trauerkränze, Ampeln usw. bieten eine Menge von Anmut und Pracht. Dieses Gebiet ist das Farbenreichste, aber zugleich das Vergänglichste. Schon hängen da und dort die Köpfchen. Wie bald, und sie alle sind verwelkt!

# Landwirtschaftliche Ausstellung in Berlin 1906

*I.*

Also du willst alles sehen! das wäre sehr nett wenn es ginge, aber in der Tat – es wird keinen einzigen Menschen geben, der die ganze Ausstellung besichtigt. Die Ausstellung dauert 5 oder 6 Tage. Auch wenn du in dieser Zeit nichts machen wolltest als Landwirtschaft studieren, und wenn du fleißig wärest wie eine Seminaristin zwei Monate vor dem Examen, du würdest schließlich ermattet Haupt und Hände sinken lassen, denn wer kann, wer in aller Welt kann alle diese Maschinen und Lebewesen sozusagen im Flug begreifen?

Laß dir es also gefallen, daß wir weniges sehen und auch dieses nur soweit, als es unsere Kräfte gestatten! Etwas mehr als der Kaiser werden wir ja wohl immer noch zu schauen bekommen. Hier kauft man den Katalog. Das ist ja eine Riesenbelastung! zwei solche Bände, von denen jeder etwa 500 Seiten hat. Glücklicherweise werden zugleich mit dem Katalog leinene Umhängetaschen verkauft, in denen man ihn tragen kann, als wäre es Bädecker und Fernglas zugleich. Und er ist auch wirklich beides. Wenn es dir recht ist, setzen wir uns hier ein Weilchen auf diese Stühle im Sande (jedes Sitzen 10 Pf.) und besehen uns die Überschriften. Das ist nämlich der Anfang eines Ausstellungsbesuches, daß man die Disposition begreift. Vielen Leuten gelingt freilich dieser Anfang nicht, weil sie zu schnell in Einzelheiten ertrinken. Sie fangen an irgend einem Zipfel an, bleiben bei irgend einem Hammel hängen, schwenken dann zur Hauptrestauration ein und – es geht auch so. Du willst ja aber klüger werden durch die Ausstellung! Also sieh her: das Ganze teilt sich in lebendige Wesen, Maschinen, Hilfsstoffe und Erzeugnisse. Die lebendigen Wesen sind 1 135 Rinder, 974 Schafe, 686 Schweine, 676 Pferde, 547 Geflügelgruppen, 253 Fischgruppen und noch anderes mehr. Das genügt schon vollständig für den Anfang. Wir wollen die Rinder besuchen!

Mach dir den Fuß nicht schmutzig! Es war nicht nötig, die hellen Schuhe anzuziehen. Aber sieh doch diese Pracht! da stehen und liegen sie in langer Reihe, Rind an Rind bis ins Unabsehbare. Jedes Tier hat irgendwo seine Heimat, einen warmen Stall, der alle Gemütlichkeiten des Rinderlebens umschließt, denn alles was hierher gebracht wird, sind ja nicht die Kühe der armen Leute. Diese werden nicht ausgestellt. Was wir sehen, sind die gesättigten Existenzen. Hier stehen die besten Stücke, die mächtigsten Dorfbullen, die Rinder des Herrn Ortsvorstehers, die stolzen Milchkühe der Gutsverwaltung. Es ist sozusagen ein Blick ins Herrenhaus des Rinderstaates. Erst kommen die Bergbewohner, dann die Rinder der Ebene. Jedes Tier ist nach Art und Farbe an seinen ihm eigenen Platz gebracht. Eine solche wohlgeordnete Musterkarte der Rinderarten habe ich noch nie gesehen. Fast alle Arten, dies in Deutschland gibt, stehen hier vor Augen. Es hat zwar etwas Eintöniges, Rind auf Rind, herausgenommen aus seiner Umgebung, hingesetzt zu finden wie Bilder in der großen Bilderausstellung. Das aber läßt sich nicht anders machen. Sieh hier diesen Bullen! Ein Staatsvieh! Und so ungestört durch die schwatzenden Menschen, ein Philosoph und Verächter der Großstadt! Wir wollen seine erhabene Persönlichkeit feststellen. Er steht im Katalog unter der Überschrift „Gelbe einfarbige Höhenschläge". Aussteller ist der „Zuchtverband für gelbes Frankenvieh in Würzburg". Seine Name ist „Fechtbruder". Sein Geburtstag der 5. Juli 1903. Er gehört der Arbeiterkolonie „Simonshof", seine Wiege aber stand bei Herrn R. Schmitt in Sondheim bei Mellrichstadt. Es stehen auch seine ehrbaren Verwandten im Katalog angegeben, fast so wie im Gothaischen Kalender des kleinen Adels. Man sieht doch so ein Tier ganz anders an, wenn man seine bürgerlichen Verhältnisse kennt. Sein Nachbar hat denselben Geburtstag, ist aber ein Jahr älter. Dieser Nachbar gehört einer Zuchthausverwaltung! das stört ihn aber nicht. Was weiß überhaupt so ein Tier von dem menschlichen Mechanismus, zu dem es gehört? Und hier ist wieder ein Held und da ist eine Kuh, die du eigentlich malen solltest. Sieh nur den Glanz der Oberfläche! Sie war im vorigen September glückliche Mutter, auch ihr damaliger Gatte ist im Katalog verzeichnet.

Aber wir müssen schneller gehen. Es hilft nichts. Es ist wie ein Meer von Rindern, und die einzelnen Kühe sind nur die Wellen dieses Meeres. Wir wandern an den graubraunen Tieren aus Oberzeismering bei Tutzing vorbei, sehen schnell etwas Harzvieh, – da ist eine Kuhfamilie von den Vogelsbergen! Wie anders sind diese! Der Stadtmensch weiß gar nicht, was es alles in der Welt gibt. Hier kann er viel lernen. Alle Provinzen werden lebendig. Halt! Paßt auf! Hier ist das Gebirge zu Ende und die Ebene beginnt. Breit, weit wie Norddeutschland ist dieser Teil. Ostpreußen, Westpreußen, Schlesien, Pommern, alles „schwarzbunte Tieflandschläge". Es nimmt kein Ende. Wir dürfen nicht jedes Tier ansehen – da, da fangen die schwarzbunten Schleswig-Holsteiner an. Andere

Holsteiner werden später kommen. Und nun erst die Ostfriesen! Da sind auch Oldenburger Namen und Orte. Soll ich dir die Stammbäume vorlesen? Nicht? Du kannst nicht mehr? Aber wir haben ja erst die Hälfte der Rinderausstellung gesehen. Das ist ja noch so gut wie nichts. Komm, sei tapfer, wir überspringen einiges, den Wesermarschschlag aber wollen wir noch ordentlich betrachten. Ein Bulle wie dieser „Markgraf" aus der Gegend von Esenshamm ist es doch wert, daß man seine Bekanntschaft macht. 7 Jahr alt! Gute Familie! Der Züchter heißt Tantzen. Der Name kommt auch sonst vor. Es scheint, daß nicht nur die guten Tiere unter sich verwandt sind, sondern auch die Menschen, die sie züchten. Auch die Rheinländer sind sehr achtbar. Aber hier kommen erst die rechten Schleswig-Holsteiner. Es ist doch eine Freude, was die deutschen Bauern leisten! Wenn man das Vieh vor 30 Jahren zum Vergleich dabei hätte! Damals hieß es noch immer: Ausland, Ausland! Inzwischen aber ist die Inlandszucht so wunderbar in die Höhe gestiegen. Deutschland ist auf dem besten Wege, das erste Viehland Europas zu werden. Während man den Himmel mit Zollgeschrei anfüllt, wächst die wirkliche Landwirtschaft tadellos in die Höhe und wird stolz und fest dastehen, wie die Zöllnerei einmal wie mürber Zunder abfällt Es erwachsen freudige vaterländische Gefühle aus dieser Wanderung durch die Rinderställe. Vorwärts! Möge das, was hier Musterbeispiel ist, allmählich zum Durchschnitt werden!

Nun aber mußt du dich setzen. Ich habe es auch nötig. Schau, wie sich dieser alte Ochse eben seinen Sitz zurechtmacht! Es ist geradezu ein Naturschauspiel, zuzusehen, wie die Majestät sich in die Streu legt. Drüben aber ist unser Ausruheplatz. Die Milchzentrale verkauft Brot, Butter, Käse und Milch. Sieht es nicht nett aus? Und auch nicht teuer. Was sitzt da durcheinander. Eine Frau am Nebentisch wartet schon 1 1/2 Stunden, weil ihr Mann nicht von den Pferden wegzubringen ist. Die Mehrzahl sind heute offenbar Landleute. Es wird mancherlei Plattdeutsch gesprochen. Erst am Sonntag wird sich die große Welle der Berliner heranwälzen. Es schadet denen wahrhaftig nichts, wenn sie einmal etwas vom Stall sehen. Fleisch essen wollen sie alle, aber vom Vieh wissen sie nichts! Da ist ein Milchautomat. Oben wird die Milch kalt gehalten, dann fließt sie durch eine erwärmte Röhre, alles für 10 Pf. Wenn die Menschen eine Milchherstellungsmaschine machen könnten! Ob das ein Glück oder ein Unglück wäre? Ob es überhaupt ein Glück ist, daß es soviele landwirtschaftliche Maschinen gibt? Glück?? Es ist nötig! Das genügt!

Was aber sollen wir nun noch sehen? Es war doch vergeblich, daß wir zuerst die Disposition studiert haben. Auch wir haben nur einen Zipfel fassen können. Komm, laß uns noch einmal schnell durch alles hindurchgehen! Das nächste Mal wird wieder eine Sache genau besehen. Du mußt aber nun nicht bei der erstbesten Sache zehn Minuten hängen bleiben! Die Molkereigeräte verstehen wir doch nicht. Sehen übrigens blank und fein aus. Gewiß viel Gedankenarbeit und Mühe. Dort im großen Ring werden Pferde geprüft für die Ehrenpreise. Siehst du die zwei alten Herren, die sich ihre Notizen machen? Die haben Augen! Im Schritt! Jetzt ein wenig Trab! Halt! Ein Blick auf die Hufe! Die nächste Stute! Da kommt sie, ein Pferd von runder Leichtigkeit. Im Katalog steht: Halbblut, Hannover. Es ist ein wahres Behagen, gute Pferde zu sehen. Ob es wohl je früher in Deutschland soviel gute Pferde gegeben hat als jetzt? Als jetzt, wo das Automobil durch alle Straßen rast? Gerade wie der Straßenbau am höchsten stand, als die Eisenbahn einsetzte, so ... sieh wie der Hengst in die Höhe geht! Er ist nervös geworden. Kein Wunder. Der Stallbursche ist ein geschicktes Kerlchen. Jetzt soll er sich im Hintergrund beruhigen, vorn aber geht die Prüfung ihren Gang. Pferd nach Pferd. Vorwärts, das Nächste! Und hintenherum gelangen wir zum Geflügel. Willst du in die künstliche Brutanstalt hineingehen? Gewächshaus für Kücken! Wie das krabbelt und wimmelt! Das Brüten ist mechanisiert, nur das Eierlegen ist noch ein Naturvorgang. Es ist aber recht heiß hier im mechanischen Lebensweckungsraume. Hier ist es heiß und drüben ist es laut; es kräht, gackert, schnattert in hundert Tonlagen. Dieser Lärm ist für heute der Schluß. Wir gehen jetzt quer durch das Heerlager der landwirtschaftlichen Maschinen. Es sollen 12 000 sein! Endlos! Doch schon ist es zu dunkel geworden. Wie gespensterhaftes Eisengestrüpp streckt sich die Maschinerie in die matte Abendluft hinein. Schön aber leuchten die Flammen der Spiritusverwertungsgesellschaft. Das Spirituslicht ist das agrarische Gas. Eine Spirituslampe trägt die Aufschrift: von Kaiser Wilhelm höchstselbst dem König Eduard von England vorgeführt! Diese Lampe, die der Einigung von Deutschland und Engnand geleuchtet hat ... Komm! Es ist hohe Zeit. Aber wir gehen noch einmal hierher.

*II.*
Und nun sind wir also wieder hier. Ich bin neugierig, was wir heute ansehen werden. Das Beste wäre, bei den Maschinen anzufangen. – Du willst nicht? Es sei so langweilig? Maschinen und langweilig? Hast du keine Maschinenfreude? Gibt es etwas Interessanteres als ... Gut, ich verstehe! Die Maschine im Prinzip ist interessant, aber im Einzelfalle braucht man

Kenntnisse, über die wir beide nicht verfügen und die man sich auch nicht im Vorübergehen aneignen kann. Wenn wir beispielsweise hier vor der Kartoffelsteckmaschine Halt machen, so ist es ja eine Kleinigkeit sich vorzustellen, wie das Ding gefahren wird und welche Löcher es im Erdboden hinterläßt, aber das ist auch alles, was der Laienverstand von selbst begreift. Ob diese Art Löcher zu machen ebensogut ist als die alte Art, wie es die Tagelöhnerinnen bei uns zu Hause machten, das wissen wir nicht. Und ob die neuen Löcher billiger sind als die alten, das wissen wir auch nicht. Diese Maschine kostet Geld (der Mann dort sagt: 280 Mark), aber ob dieses Geld gut angelegt ist ... Und sieh einmal hier die Kartoffel-Zudeck- und Anhäufelmaschine! Das können wir Stadtmenschen nicht beurteilen. Etwas leichter schon scheint es, die vielen Pflüge zu verstehen. Einen Pflug hat ja wohl irgend einmal jeder ein Weilchen in der Hand gehabt, wenn auch ohne besonderen Erfolg. Wie leicht und fest diese neuen Pflüge sind! Sie sehen amerikanisch aus. Aber die Vorteile des einen Systems gegenüber den anderen übersteigen schon wieder unser Können. Merkwürdige Dinger sind das dort. Erinnerst du dich, was eine Egge ist? Ach ja die Egge! Wie lange habe ich das Wort nicht mehr gehört! Man wird so dumm in der steinernen Stadtbildung. Das also sind Scheibeneggen! Mit diesen Maschinen wird das Stoppelfeld umbrochen, überhaupt aller hart gewordene Acker. Und so geht es weiter. Eine endloser Fleiß liegt in der neuen mechanischen Einrichtung der Landwirtschaft. Auch der Nichtfachmann muß vor diesem Felde von Werkzeugen der ländlichen Arbeit Respekt bekommen. Was aber müßte ein Bauer heute eigentlich alles wissen und können, wenn er auf der Höhe der Zeit stehen will! Man sieht es ja hier, wie die Landleute von den Vertretern der verschiedenen Firmen bearbeitet werden. Jeder Kaufmann preist sein Talent und seine Maschine. Ein Landmann, der alle Maschinen kaufen würde, die sich ihm als dringend nötig vorstellen, müßte inmitten seiner Maschinen bankerott werden. Deshalb sieht man sie aber auch langsam betrachten, fragen, weggehen, wiederkommen, und die Gattinnen verfolgen schweigend aber nicht ohne Anteil den gefährlichen Gang durch den Maschinenwald. Viel Gedränge ist bei der Pferdeputzmaschine. Ein schöner, runder Gaul wird zur Freude des Publikums endlos mit der Patentmaschine geputzt. Auch für Kühe soll die Haarschneide- und Putzmaschine gut sein. Man stelle sich vor: pneumatische Schlauchmelkung und elektrische Viehreinigung! So ändern sich die Zeiten. Wievieles freilich von diesen Versuchen Bestand haben wird, läßt sich nicht vorher sagen. Im ganzen aber ist es, als stände über der gesamten Maschinenabteilung das Wort: Landarbeiternot! Und zwar in doppeltem

Sinne: die Landwirtschaft ruft nach Maschinen, weil sie zu schlechte und unzuverlässige Arbeitskräfte hat, die landwirtschaftliche Maschine aber, wenn sie geschaffen ist, verlangt ihrerseits wieder Arbeiter, die mit ihr umzugehen wissen. Je teurer und besser die Maschinen werden, desto bessere Arbeiter sind nötig. Ist also vielleicht dieses Maschinenfeld ein Acker der Hoffnung für die Landarbeiterfrage? Ersteht aus diesen Maschinen der neue ländliche Qualitätsarbeiter? Hier in der Ausbildung ist von allem anderen mehr die Rede als von den Arbeitern. Man spricht vom Vorteil guter Düngung, vom Vorteil guter Löhnung aber spricht man nicht. Man ist stolz auf seine Rosse und – die Roßknechte verschwinden im Hintergrund. So sind alle Ausstellungen, deshalb haben sie aber auch alle etwas so Unvollkommenes. Ein Produktionsfaktor wird grundsätzlich nicht dargestellt: die bezahlte Arbeit. Nur mit Mühe findet man an den Wänden der wissenschaftlichen Abteilung einige Angaben über Arbeiterverhältnisse. Sonst muss man sich den Arbeiter hinzudenken. Das ist nicht etwa eine böse Absicht der Ausstellungsleitung. Sie ist so gut und vorzüglich, als eine Ausstellungsleitung sein kann, aber auch sie ist noch unberührt von jenem sozialen Verständnis, das in jedem fertigen Erzeugnis dreierlei sieht: Die Materie, das Werkzeug und die lebendige Arbeit.

Warst du schon bei den Schafen und Hammeln? Großartige Tiere! Es ist naturgeschichtlich merkwürdig, welche Gestalten der Schafkörper annehmen kann. Die Zahl der Schafe geht ja in Deutschland unaufhaltsam zurück, weil die alte Art von extensiver Schafzucht sich auf unserem teuren Kulturboden nicht mehr lohnt, aber in intensiver Schafpflege wird offenbar ein Ergebnis erreicht, das uns nahe an das englische Vorbild heranbringen wird. Wie die Menschen vor diesen Böcken stille stehen! Da gibt es Stadtfrauen, die vor 30 Jahren auf dem Lande jung gewesen sind und denen nun das Auge von Glück leuchtet, diese behaglichen und riesigen Wolltiere sehen zu können. Und die Pferde! Tritt etwas zurück, damit dir nichts passiert! Da kommen die größten der schweren Arbeitspferde vom großen Ringe zurück, wo sie von zehntausend Menschen bewundert wurden. So schreiten die Rosse in den alten Sagen und Heldenliedern. Alles ist Kraft und Muskel. Man möchte vom Überpferd reden. Das sind keine Mastkörper, wie die fabelhaften Schweineleiber, die dort hinten auf der Streu liegen, das sind arbeitende Wesen. So pflegt man mit hohem Verstande tierische Qualitätsarbeit. Sieh, wie sie so fest und sicher durch das kleine Menschenvolk dahingehen. Jetzt biegen sie in ihre Ausstellungshütte ein – das ist das Erhabenste, was diese Ausstellung zu zeigen hat.

Aber du mußt eilen, denn du mußt noch zu den Fischen und Vögeln. Die Fischausstellung ist sehr unterhaltsam, ähnlich wie das Aquarium, aber sachlich anziehender, denn hier ist es die sorgende Mühe, die für die beste und feinste Nahrung sorgt. Bleibe einmal vor diesen vier Karpfen stehen und sieh, wie sie ihren großen runden Mund auf- und zumachen! Ein nettes Schulmädchen in hellem Kleid sagt eben: Die Fische halten Singstunde. Und die Schleien, die Forellen, die Aale! Es ist ein Vergnügen, sich von einem Glaskasten zum anderen vorwärts zu schieben und Fische und Menschen zugleich zu betrachten. Der deutsche Landmann nimmt die Fischzucht offenbar jetzt viel ernsthafter als früher. Er gewinnt überhaupt zusehends an Lust für wertvolle Nebenbetriebe. Auch die Geflügelzucht gehört in dieses Kapitel. Hier ist freilich heute das Gedränge so groß, daß man das Einzelne kaum noch richtig sehen kann. Die Brutanstalt für kleine Hühner ist so umdrängt, daß sie geschlossen werden mußte. Wie viel muß auf diesem Gebiet noch getan werden. Wir zahlen jährlich über 100 Millionen für Eier und Geflügel ans Ausland. Das könnte im Lande bleiben, wenn – ja, verzeih die Abschweifung in den Zollkampf, wenn wir uns die Futtermittel nicht selber verteuern wollten. Überhaupt spricht fast die ganze Ausstellung gegen Zölle. Sie zeigt, daß die Menschen das Beste in Landwirtschaft leisten können und nur sich selber noch aufhalten, bis zu dänischen, holländischen und englischen Vollkommenheiten zu gelangen. Das einzige Gebiet, von dem das nicht gilt, ist der Getreidebau. Ihn lernt man aus der Ausstellung am wenigsten erkennen, denn er ist nicht leicht darstellbar. Die Proben der Getreidesorten in der Erzeugnishalle, so wertvoll sie sind, wirken natürlich längst nicht so anschaulich wie Rinder und Pferde. Aber sehen mußt du sie. Auch wenn die Zeit knapp ist, du mußt noch mit in die Erzeugnishalle gehen. Sie allein ist eine Ausstellung für sich. Sie hätte auch gut noch eine Woche länger dauern können als Bildungsschule für diejenigen, die hier wirklich etwas lernen wollen. Wie instruktiv sind die Düngungsdarstellungen! Man begreift die Biochemie der Pflanze. Eine Pflanze ohne genügenden Phosphor ist ein schwaches Gewächs. Und der weitere Schluß liegt nahe, daß Menschen, die durch phosphorarme Pflanzen ernährt werden, diesem schwachen Gewächse gleichen. Vieles, was wir menschliche Nervosität nennen, ist landwirtschaftlicher Düngungsmangel. Salz, Phosphor und Schwefel sind Lebenselemente, die von der Pflanze aufgesogen werden müssen, damit wir sie erhalten. Und dort die Tierarznei! Dort die Tabellen der landwirtschaftlichen Genossenschaften! Dort die Volksliteratur, das Gemeindehaus unseres Freundes Cesar in Wiesenthal, Bilder vom Landleben! Hundert andere

Dinge! Aber es ist genug. Die Glocken des Bochumer Stahlwerks läuten zum Abschied. Das Volk wogt hinaus. Und überall hört man: was hat dir nun am besten gefallen? Es wird gestritten, ob es die Hammel sind, oder die großen Pferde oder die Zuchtbullen oder die Karpfen. Das Stadtvolk aber ist froh, wieder einmal in die Welt seiner Heimat eingetaucht zu sein. Auch der städtische Mensch hat in sich eine Erinnerung, daß er irgendwann in früheren Jahrhunderten auf dem Dorfe gelebt hat.

# Die Kunst im Zeitalter der Maschine

Wenn sich die Kunst und die Maschine, beide als lebendig gedacht, eines Tages auf der Straße oder im Walde treffen, da grüßen sie sich nur gerade eben wie zwei Leute, deren ganzer Lebenszweck verschieden ist und deren Bekanntschaft aller inneren Wärme entbehrt. Aber dieser unvollkommene Gruß würde kein volles Abbild ihrer gegenseitigen Beziehungen sein. Die Zukunft unserer Industrie hängt zu einem guten Teil von der Kunst ab, die unseren Produkten Wert gibt, und die tiefsten Bewegungen des Kunstempfindens in der Gegenwart sind in ihrer Eigenart bestimmt oder mitbestimmt von der Maschine. Das ist es, wovon wir reden wollen. Aber ehe wir zum Kern der Sache selbst gehen, sei es gestattet, einiges als Vorwort zu sagen.

Immer trat die Kunst in Zeiten hervor, wo der Wohlstand im Wachsen war. Man denke an Italiener und Niederländer! Auch bei uns wächst die Menge der Kunstgegenstände und Kunstdarbietungen mit dem finanziellen Aufschwung. Es muß eben Geld da sein! Solange die Völker nur fragen müssen: was werden wir essen, womit werden wir uns kleiden? können sie in Kunst wenig tun. Kunst sitzt gern am Feuer der Herren, die etwas haben. So saß sie um die Fürsten herum, auf den Sesseln, die den Bischof umgaben, bei den großen und kleinen Aristokraten der alten Tage, bis hin zu dem unervergeßlichen Fürstenhofe von Weimar. Gewiß, es gab auch unter den alten Künstlern freie Männer, die wie Kaufleute von ihrer Arbeit lebten, aber der Grundcharakter der alten Künstler war doch eine Art lockeren Beamtentums, bei dem man das Wort locker ebenso unterstreichen muß wie das Wort Beamter. Erst die „neue Aristokratie", die mit der Maschine aufwächst und aus ihr ihre Mittel herausholt, änderte grundsätzlich etwas an der Lage der Künstler, denn sie behandelt die Kunst nach derselben unpersönlichen Methode, nach der sie sich ihr ganzes Dasein einzurichten gewußt hat. Man zahlt nicht mehr den Mann, sondern die einzelne Leistung. Man kauft Bilder, bezahlt Theaterplätze, läßt sich Entwürfe machen, bestellt sich Bücher, aber man bindet sich nicht. Darum wird der Künstler, der nicht selbst Renten besitzt, auf Markt und Verkauf seines Schaffens angewiesen. Selbst lyrische Leistungen werden darnach beurteilt, wie sie sich verkaufen. Die Künstler stehen im Atelier vor der

Staffelei und denken an den Ausdruck und das Licht, draußen aber auf dem Hausflur wird Ausdruck und Licht in Gold und Silber bewertet. Der Zwischenmeister tritt auch auf dem Kunstgebiet zwischen den Heimarbeiter und das Publikum. Der Geist des Maschinenzeitalters weht durch die großen Markthallen für bildende Kunst. Man singt für ein Publikum, man schreibt für ein Publikum. Wer ist es? Der Künstler arbeitet für etwas sehr Unbestimmtes, geradeso wie der Fabrikant, der seine Muster ausbietet. Man kann diesen Zustand Freiheit nennen, aber freilich nur die Größten empfinden ihn als solche. Den anderen sagt man: Sie müssen der Mode folgen! Da nämlich Verkaufsproduktion keine bestimmten Besteller mehr hat, so folgt sie einem angenommenen Wellengange. Heute will „das Publikum" dieses und über das Jahr jenes. Die Rotation der Auffassungsweisen beschleunigt sich. Auch früher wechselte ein Typus mit einem anderen ab, aber es gab doch noch Lebenslänglichkeiten.

Sicher ist, daß das Maschinezeitalter rein quantitativ der Kunst viel zu tun gibt, das allerauffälligste aber leistet es in der Vermehrung der Kunstreproduktionen. Die Maschine hat nicht gerade neue Musikinstrumente geschaffen, aber viele mittelmäßige Klaviere zu mäßigen Preisen ermöglicht und damit den Umkreis von Menschen, die nach Noten spielen können, ungeahnt erweitert. Die Maschine hilft Theater spielen und füllt alle Häuser und Hütten mit Bildern. Wenn Bildung allein von Bildern käme, wer könnte unser Gebildetsein beschreiben! „Woche" für „Woche" wird alles über uns ausgeschüttet, was sich irgendwo begab oder erdacht wurde. Die Kunst wird breit in ihrer Auswirkung. Gewinnt sie selbst aber auch durch die Maschine an Inhalt? Das ist die Frage. Wir gehen dabei von der Maschine aus.

Nun soll freilich niemand glauben, ich könnte die unübersehbare Mannigfaltigkeit des Maschinenwesens mit wenigen Worten darstellen! Ich müßte den Katalog der Weltausstellung vorlesen. Welche Maschinen gehören allein dazu, das herzustellen, was in einem einzigen guteingerichteten Zimmer zu finden ist! Wer kennt die Arbeit und die Arbeiter? Alle unsere Kultur ist von eisernen Händen gemacht und rollt auf metallenen Rädern. Die Transportmaschine, die Werkzeugmaschine und die Fabrikationsmaschine sind die drei neuen Mächte des menschlichen Lebens.

Laßt uns die Fabrikationsmaschine betrachten, wie sie sich vor Jahrzehnten hinter den alten Handwerker setzte und ihm bei seiner Arbeit zusah. Ob er Gewebe fertigstellte oder Hausrat oder Kleidungsstücke, immer sprach die Maschine: der Alte macht gräßlich langsam. Er bringt so wenig fertig. Ich will viel schneller arbeiten! Und sie lernte ihm die einfachsten

Handgriffe ab. Die metallenen Hände waren im Anfang noch sehr ungeschickt. Man konnte nur einfachste Formen von ihnen erwarten, und es wäre falsch gewesen, ihnen das feinste Garn oder Leder oder Papier anzuvertrauen. Alle Industrie fängt auf ihrer ersten Stufe mit geringwertiger Massenware an. Bei schlechtem Lohn wird mit billigen Maschinen etwas hergestellt, was weder die Sonne noch den Sturm aushalten kann. Wir erinnern uns, mit welcher Geringschätzung noch oft in den siebziger Jahren von „Fabrikware" geredet wurde. Das klang wie Ausverkauf und Schund. So ist die Zeit, in der die Maschine direkt als Kunstzerstörerin auftritt. Sie schiebt die alte Handwerkskunst vom Stuhl und füllt die Räume mit Plunder. Auch wenn man nicht übertreibt, was die alte Durchschnittsmeisterschaft wert war, sie hatte ihr persönliches Element. Mindestens zwei Menschen dachten wirklich über einen neuen Schrank nach, der Vater der Braut und der Tischler, und sie überlegten: wie muß gerade für diese Kammer der Schrank sein? Später dacht niemand mehr nach, denn das Geschäft stellte 250 gleiche Exemplare her, und Emma und Meta und Frieda bekamen genau dieselben Schränke, Bänke und Gardinen. Aus dieser ersten Maschinenperiode sind wir noch keineswegs ganz heraus, aber sie ist im Zurückweichen nach halbkultivierten Ländern. Wir kamen inzwischen auf die zweite Stufe.

Als die Maschine sah, daß sie nur geringe Arbeit machte, setzte sie sich wieder hinter den Handwerker und sah ihm, nun selber geduldiger werdend, seine Kunst ab. Ganz langsam im Laufe von Jahrzehnten steigerte sie ihre Tüchtigkeit, Griff um Griff, Zug um Zug, Stoß um Stoß. Jede Ecke, jede Rundung, jeder Glanz und jede Prägung ward nun besser herausgebracht. Man müßte die Geschichte jeder einzelnen Maschine beschreiben, wenn man diesen Selbsterziehungsvorgang in der Industrie recht verdeutlichen wollte. Und der Erfolg dieser Mühen war, daß das Wort Fabrikware heute etwas ganz anderes bedeutet, als vor dreißig Jahren. Die Fabrikware ist zur Garantie für durchschnittliche Güte geworden. Jetzt kann man der Maschine wertvolles Material anvertrauen und von ihr verlangen, daß sie tüchtigen haltbaren Mittelbedarf herstellt. Das Gebiet dessen, was die Maschine nicht leisten kann, wird zusehends kleiner. Freilich, je höher eine Arbeit steht, desto weniger kann die Maschine allein ohne Zwischenhilfe von Menschenhand fertig werden. In aller besseren Ware ist irgendwo Seele. Man nehme Eisen, Ton, Porzellan, Geflecht, immer findet sich auf dem Wege zur Vollkommenheit etwas, was einen kleinen Zuguß von Persönlichkeit braucht. Die Setzmaschine arbeitet gut und sauber, aber feiner gemischter Druck will doch noch von den Fingern gesetzt sein. Man sehe

die Inseratenseite von Blättern, die nur Maschinenarbeit sind! Das ist es, was uns zum Verständnis der dritten Stufe hinüberführt.
Nochmals sehen wir die Maschine neben dem Handgewerbe sitzen. Sie grübelt, wie es kommt, daß noch immer der, der etwas ganz Gutes haben will, an ihr vorübergeht. Wer ganz gute Teppiche sucht, geht in die Länder, wo mit Händen geknüpft wird. Wer beste Spitzen zahlen kann, wendet sich noch immer an die armen Frauen von Gent und Brügge. Wer Geld und Geist genug hat, um sich ein eigenes, persönliches Dasein zu leisten, der will an einem Tisch sitzen, der für ihn geworden ist. Und die Maschine muß sich demütigen und sagen: je besser die Ware, desto mehr bin ich nur Dienerin! Bei geringer Produktion ist sie Herrin und erniedrigt den Menschen zur Sklaverei, auch bei guter Massenware ist sie noch das Maßgebende, sie gibt das Tempo an und verlangt nur klug geleitet zu werden, aber je höher der Formwert der Herstellung steigt, desto mehr steigt der schaffende Mensch wieder in die Höhe, und das Ziel ist der Mensch, den die Maschinen umgeben wie willige Tiere, der aber über ihnen steht, ihr Herr und Meister. Man denke, wer es kennt, an die Herstellung seiner Maßarbeit im Schuhfach mit Hilfe höchst sinnreicher Hilfsmaschinen! Oder an den Hilfsdienst der mechanischen Sägen bei der künstlerischen Möbelfabrikation! Oder an das Zusammenwirken von Mechanik und Geist in der Gold- und Silberindustrie!
Erst in diesen künstlerisch vorgeschrittenen Gewerben wird der Mensch zum Menschen trotz aller Maschinen. Nun ist ja klar, daß nie ein ganzes Volk nur beste Waren herstellen kann, denn auch diese Waren fordern Hilfsdienste äußerlicher Art, und wo ist ein Volk reich und gebildet genug, um sich mit lauter wertvollen und persönlich geschaffenen Dingen umgeben zu können? Aber mit ihren Erzeugnissen steigen die Völker. Je mehr wir uns der Qualitätserzeugung zuwenden, desto besser wird es um die Durchschnittshöhe der deutschen Menschen stehen. Hier ist der Punkt, wo Kunst und Handelspolitik und Sozialpolitik sich berühren.
Natürlich kann ich jetzt nicht mitten in der ästhetischen Erörterung alle Gründe darlegen, warum für uns Deutsche in der gegenwärtigen Geschichtsperiode alles auf Gewinnung auswärtiger Märkte ankommt. Ich kann nicht von der Zunahme der Bevölkerung reden und davon, daß schon heute ungeheure Mengen von Rohstoff vom Ausland gekauft werden müssen. Wir kaufen Stoffe und verkaufen Arbeit dafür, und die Menge der Stoffe, die wir erlangen, hängt davon ab, wie hoch man draußen, in der übrigen Welt unsere Arbeit bezahlt. Die Menge der Stoffe, die wir einführen, das ist aber der Ausgangspunkt jeder Hebung der Lebenslage

der Massen. Die Vorbedingung aller sozialen Fortschritte ist ein noch viel stärkerer Import. Um diesen zu kaufen, müssen wir Arbeit liefern, bei der nicht bloß die nackte Arbeit an sich bezahlt wird. An billiger Massenarbeit ist nichts zu verdienen. Sie muß auch gemacht werden, aber mit deutschen Kräften kann man auch besseres leisten. Die geringen Arbeiten nehmen früher oder später halbgebildete Völker an sich. Was tun wir dann? Dann sind wir entweder ein Volk, dessen Stil und Geschmack sich in der Welt durchgesetzt hat, oder wir hungern mit den Orientalen um die Wette, nur um zu sehen, wer die billigsten Massenartikel aus Fleisch und Blut und Eisen herauspressen kann. Den Spielraum des Lebens, den wir unserem Volke von Herzen wünschen, können wir ohne Erhöhung seiner künstlerischen Leistungen gar nicht erlangen. Und zwar handelt es sich dabei gar nicht bloß um Erziehung von Ingenieuren und Zeichnern, nein, es handelt sich um eine ganz in sich einheitliche Kultur, die sich den anderen Völkern einprägt und aufprägt, um deutschen Volksstil im Maschinenzeitalter.

Diese meine Auffassung mag etlichen, die den wirtschaftspolitischen Kämpfen ferner stehen, als etwas Selbstverständliches erscheinen, sie ist es aber keineswegs. Die Sache liegt vielmehr so, daß starke Kräfte in entgegengesetzter Richtung wirken. Die sogenannte schwere Industrie hat den Grundsatz, die Herstellung von Halbfabrikaten zum Kern des deutschen Wirtschaftslebens zu machen, und die Syndikate dieser Industriearten verkaufen billiger an das Ausland als an das Inland, drängen also gerade die leichtere Fertigfabrikation, in der sich Kunst und Geschmack am meisten auswirken können, über unsere Grenzen hinaus. Das ist die heute herrschende Richtung, die ihren Sieg über die Fertigfabrikation im Kampf um die Zölle befestigte. Doch damit genug des Politischen in diesem Zusammenhang. Sie sehen nun, daß der Kampf um die Kunst im Reichstag nicht nur dann auf der Tagesordnung steht, wenn gerade über sezessionistische Maler debattiert wird. Er wird bei ganz anders gearteten Fragen in aller Stille mitgekämpft. Wir aber kehren zu dem deutschen Zukunftsideal zurück, ein künstlerisch durchgebildetes Maschinenvolk zu werden, und besprechen es von seiner technisch-ästhetischen Seite aus.

Unser ganzes gewerbliches Schaffen braucht einen neuen deutschen Stil, um sich in seiner Eigenart in der Menschheit durchzusetzen. Was aber ist das: ein Stil? Jeder von uns weiß, daß alle Handbücher der Kunstgeschichte von gotischem Stil, Renaissancestil, Barock, Empire usw. reden. Das sind die gewesenen Stile. Alles was gewesen ist, kann man gut beschreiben und auf allgemeine Formeln bringen, aber das Lebendige und Werdende entzieht sich der buchmäßigen Abgeklärtheit. Das Werdende ist erst in

Anfängen und Ansätzen vorhanden. Wer will genau sagen, welche Ansätze und Anfänge maßgebend für die kommende Zeit werden? Alles Urteil auf diesem Gebiet behält darum etwas Persönliches und Subjektives. Nur in diesem Sinne trage ich das Folgende vor.

Der Ausgangspunkt des Maschinenzeitalters überhaupt ist die Eisenindustrie. Unser Glück und Werden hängt von der Fähigkeit ab, Herren des Eisens zu werden. Hier sind die Aufgaben, in denen um unsere geschichtliche Größe gerungen wird. Die Eisenindustrie bestimmt das zukünftige Dasein des Deutschtums. Alle anderen Tätigkeiten gruppieren sich um sie herum. Unsere Menschen sind die ersten und tiefst wirkenden Erzeugnisse des neuen deutschen Geistes. Nur diese Seite der Sache beschäftigt uns heute. Der Geist bekommt seine ersten Formen nicht mehr aus Holz und Stein, sondern aus Eisen. Nicht als ob wir die alten Hauptelemente des sichtbaren Menschenwerkes verachten wollten. Keineswegs! Aber der Charakter der Periode wird in der Metalltechnik gefunden.

Was für Stil hat nun die Eisenzeit? Auch das Eisen begann seinen neuen Siegesgang formlos und geschmacklos, und noch heute sind wir von zahllosen unförmlichen oder mißgeformten Eisenprodukten umgeben. Ich denke an eiserne Schuppen, Wellblechdächer, eiserne Treppengeländer und eiserne Öfen, deren Äußeres oft noch weniger wert war als ihre Wärmeerzeugung. Auch das Eisen macht die drei Stufen durch, von denen wir vorhin sprachen. Es fängt stammelnd an zu reden wie ein großes unbeholfenes Kind. Erst allmählich bekommt es Geschick. Erst langsam werden die Maschinen selbst zu Wesen, die eine Gestalt haben. Man muß viel Maschinen gesehen haben, um den Fortschritt der Linien zu finden. Eine Fülle ganz neuer Gestaltungen umgibt uns, wenn wir im Maschinensaale einer großen Ausstellung weilen. Erst ist das Auge an der Bewegung hingenommen und von dem Gewirr der Konturen erdrückt. Es muß Ruhe haben, bis es eine Maschine sehen lernt wie man einen Baum sieht, dessen verwickeltes Wachstum man als innere Bereicherung empfindet. Es scheint unmöglich, hier, wo wir weder Maschinen noch Maschinenbilder vor uns haben, diesen Gedanken genauer zu verfolgen. Jeder Techniker aber weiß, wie viel Ästhetik in seinen vollkommenen Instrumenten liegt, und wie die Linien seiner Apparate zu Grundlinien seiner Seele werden.

Leichter ist es hier, von dem Teil der Eisentechnik zu sprechen, der vor aller Augen ist. Und zwar scheint es mir praktisch, mit etwas zu beginnen, was nicht selbst aus Eisen hergestellt wird, was aber zum Eisengetriebe gehört. Die hohe Fabrikesse, der Fabrikschlot war vor dreißig Jahre geradezu ein Sinnbild für die Verunzierung der Gegend. Und heute? Die Maler greifen eifrig nach den hohen Essen und malen sie in alle ihre Stadtbilder hinein. Die Esse selbst ist aber auch inzwischen eine andere geworden als sie früher war. Einst war sie eine geradlinige Aufeinanderschichtung von Backsteinen, Stein auf Stein, tot und hohl. Es fehlte die innere Elastizität im Linienbau der Esse. Ohne daß das weitere Publikum viel davon gemerkt hat, sie ist gekommen. Was für kleine Abweichungen schaffen hier Schönheiten! Ich ging neulich durch brandenburgische Landschaft und sah Kiefernwald, Seen und Essen von Ziegeleien. Diese schlanken Türme der Neuzeit, diese Minarets des Abendlandes gewinnen mit jedem Jahrzehnt an Charakter. Schon heute ist alle Art von Rhythmus in ihrem Aufstieg, bis hin zu dem jubelnden Stolze der schönsten Esse, die ich gesehen habe, die in Paris auf der Ausstellung neben der großen Maschinenhalle stand. Und die Esse ist nur eine der neuen Formen. Oft taucht im Bergwerksgebiet mitten aus Kohlenschutt und Kahlheit irgend eine Art von Turm oder Gerüst oder Kran auf, der uns nicht losläßt. Ein Abend über Dortmund und Bochum kann gerade so schön sein wie ein Abend hinter Agaven und Zypressen, wenigstens für das Auge, nicht immer für die Lunge. Nur ist die Schönheit eine andere, sie enthält viel gebrochene Steifheit in sich, viel eckige Unmittelbarkeit, viel harte Mystik, wenn es erlaubt ist, vom Bilde der Eisenlandschaft in derartigen Tönen zu reden.

Am unmittelbarsten wirkt der neue Stil in der Architektur. Unsere neuen Bauten sind die Schiffe, Brücken, Gasanstalten, Bahnhöfe, Markthallen, Ausstellungssäle usw. Sie sind das Neue, das unsere Zeit hat. Um sie als neu zu empfinden, muß man alte Städtebilder hernehmen. Überhaupt lernt man beim Vergleich alter und neuer Bilder den Einfluß des eisernen Trägers und der eisernen Schienen kennen. Der neue Eisenbau ist das Größte, was unsere Zeit künstlerisch erlebt. Auf jedem anderen Gebiet suchen wir Ähren auf Feldern alter Ernte, hier aber wird Neuland in Angriff genommen. Hier gibt es keinen alten Zwang, keine Hofkunst, keine Schulweisheit. Hier wird nicht Kunst neben Konstruktion getrieben, keine angeklebte Dekoration, keine bloße Schnörkelei, hier wird für den Zweck geschaffen, und die Form wird geboren wie ein Kind, an das seine Eltern kaum dachten. In allerlei Mühsal dieser Tage ist es etwas Hohes, daß wir die erste Generation der Eisenarchitektur sind. So wie wir waren etwa jene Leute daran, die einst den Übergang vom romanischen Bau zur gotischen Freiheit erlebten, zur ersten keuschen, zaghaften, unendlich zarten Gotik. Es liegt in allen unserem Eisenbau so viel Einfaches und bei aller Weite Rührendes. Man wird in fünfzig Jahren noch viel vollkommener bauen, aber es wird dann schon Leute geben, die die Zeit vom Münchener

Bahnhof, der kaum ein erstes Ahnen des Eisenbaues hat, bis zum Frankfurter Bahnhof, diesem wunderbar aus Morgenfrühe des Eisenbaues herausentstandenen besten Werke unserer Tage, mit einer Art von Heimweh sich wünschen werden. Ich habe infolge meines an allerlei Wanderungen reichen Lebens viel vom steinernen Bau gesehen, deutsche Dome und französische Kirchen und Schlösser, Sankt Peter in Rom und die Hagia Sophia in Konstantinopel, auch die unvergeßlichen Ruinen von Balbeck und die Burg von Athen. Alles das steht ehrfurchtgebietend vor meinem Geiste, aber das Gefühl innerer mitschaffender Freude entsteht doch erst bei Werken, die unserer Zeit angehören, bei der Müngstener Brücke oder der Rheinbrücke von Düsseldorf, beim Eiffelturm. Aller Steinbau ist in gewisser Weise fertig. Man hat in der Peterskirche das doppelte Gefühl: das ist wunderbar groß! und: das ist das Äußerste was erreicht werden konnte! Und diesen zweiten Satz sagt man vor keinem Eisenbau. Hier leben noch unaussprechliche Möglichkeiten. Alle alten Raumbegriffe verschieben sich. Alle Gefühle für Träger und Belastungsverhältnisse werden anders. Große Gewölbe fast auf Punkte zu legen, ist so neu, daß oft der Architekt noch falsche Pfeiler für nötig hält, als schäme er sich selbst seiner jungen Kraft. Noch gibt man dem Eisenbau aus einer Art von Schüchternheit steinerne Vorhallen. Gerade aber dieses leise und doch so frohe Herauskommen aus dem Wald der Vergangenheit gehört mit zum Zauber der neuen Kunst.

Nicht jeder Eisenbau an sich ist schön. Keineswegs! Es entstehen auch hier täglich Halbheiten und Geschmacklosigkeiten: Mannesmannröhren mit korinthischen Kapitälen und dergl. Man muß aber aus dem Allerlei den Zug nach neuen Formen zu erkennen wissen. Und niemand wird auf diesem Gebiete ohne inneren Gewinn suchen. Nicht alles was Kunst heißt, stärkt den Menschen, diese Kunst aber hat etwas absolut Charaktervolles. Es gibt Stücke am Unterbau der Berliner Hochbahn, die in ihrer freien Wuchtigkeit besser wirken als Salomonis Sprüche. Der Mensch besinnt sich auf das Wesenhafte, auf den Aufbau der Dinge selber, er lernt die Arbeit der Materie nachempfinden und hebt sich selbst an einem Material, dem diese Arbeit Lust ist. Das alles wirkt auch auf Menschen, die darüber nie verstandesmäßige Auskunft geben könnten. Es lehrt uns Linien erfassen, die wir dann in uns selbst wiederholen. So wird auf eine schwer zu beschreibende Weise das Eisen zum Erzieher seines Zeitalters und hilft mit, den Stil der Neuzeit zu schaffen, den wir suchen.

Das Eisen ist es nicht allein, aber es ist das erste. Nach ihm müßte von Glas geredet werden, vom Papier, von der Farbe. Man stelle sich vor, wie viel oder wie wenig diese drei Dinge vor der Maschinenzeit bedeuteten und was sie heute für unseren Gestaltungssinn bieten. Sie waren früher auch, aber nur in schmalen Mengen. Um von der Farbe ein Wort zu sprechen, so waren die Maler von Venedig mindestens so gut gestellt, wie die Künstler, die heute Düsseldorfer Farbe kaufen, aber das Leben außerhalb der Malerei und des Kunstbaues war arm an Farbigkeit. Erst durch die neuere Chemie ist Farbe bis auf den zerreißbarsten Blusenstoff gekommen. Jetzt sind die Wände voll von farbigem Papier. Mag das Muster veraltet oder öde sein, die Tatsache selbst, daß Farbe kein Luxus ist, stellt uns anders als frühere Zeiten. Wie eintönig ist in Farbe der so oft als bunt gepriesene Orient gegenüber unseren Buntheiten! Er war einst bunter als das Abendland, weil er Teppiche hat. Jetzt aber quillt der Brunnen der Farben für uns, und wir müssen nur lernen, seine Fülle zu verwerten. Noch fehlt es dazu, gerade bei uns Deutschen, vielfach an Gefühl und Gabe, der Franzose ist in dieser Sache weiter. Aber was ich hier zu sagen habe, ist ja auch nur, daß es die Technik der Maschinenzeit war, die neue Tore öffnete. Wie wir die Farben verwenden, hängt davon ab, wie es unser Geist überhaupt lernen wird, mit kleinen und feinen Elementen wirksam zu arbeiten.

Und damit kommen wir an die Grenze eines weiteren Hauptpunkts, über den ich reden möchte, zur Gestaltung des Empfindungslebens im Zeitalter der Maschine und zwar des Empfindungslebens in Hinsicht auf Kunstleistungen. Wir beginnen mit den Künsten im engeren Sinn des Wortes. An der Malerei, Musik und Dichtkunst hat die Maschine direkt noch wenig geändert. Hier liegt die Sache völlig anders als bei der Architektur. Der Maler Thoma steht in Karlsruhe noch ebenso vor seiner Leinwand wie einst irgend ein Niederländer. Ob seine Leinwand mechanisch gewebt und sein Pinsel fabrikmäßig hergestellt ist, macht wenig aus. Die Arbeit selbst ist es, von der wir jetzt sprechen. Es kann ja sein, daß im Laufe der Zeit aus den Raffaelistiften sich auch Änderungen der Malweise ergeben, aber bis heute sind diese neuen Kinder der Technik noch nicht stark und fein genug, um etwas Grundsätzliches zu ändern. Der Betrieb ist der alte. Aller Einfluß der Maschine ist indirekt. Ähnlich liegt es bei der Musik. Worin aber besteht der indirekte Einfluß?

In aller Maschinentechnik liegt ein Zug der Präzision, zur formalen Akkuratesse. Die großen Erfolge dieser Technik werden durch Dezimalstellen und Millimeter gewonnen. Alle Arbeit wird peinlicher, vielleicht kann man sagen kleinlicher, mikroskopischer. Man erkennt die kleinen Werte als Bestandteile großer Wirkungen. Nun hat das ja der wahre Künstler immer von selbst ebenso gefühlt, auch Bach schätzte den halben Ton, und auch Rembrandt spielte mit den kleinsten Lichtern, aber das, was früher mehr Gefühl war, wird schulmäßiges Bewußtsein. Wir haben Künstler, die eine Art Anatomie der kleinen Werte treiben. Ob das für sie und für uns ein Vorteil ist, hängt ganz davon ab, was für Mark sie im übrigen in sich haben. Segantini ist nicht durch die kleinen Pinselstriche allein groß geworden. Die Kunst muß von der Technik nicht nur die verbesserte Optik übernehmen, sondern auch den Zug zur großen Fläche und Linie. Und sie hat ja auch die besten Absichten dies zu tun. Es ist aber sehr schwer zu sagen, inwieweit die Richtung auf weite Formen, wie sie in der Malerei der Ebene, der Wüste, des Hochgebirges zutage tritt, maschinell bedienst ist. Es wirkt hier sicher die Eisenbahn mit. Das Zeitalter der Postkutsche hatte andere Landschaftsideale als die Zeit der Schnellzüge. Man sieht das am deutlichsten, wenn man die Darstellungen kleiner älterer Gemäldesammlungen, die vor der Eisenbahn ihren Abschluß fanden, mit späteren Sammlungen vergleicht.

Wichtiger aber als alle anderen Maschinen ist für das Gebiet der bildlichen Darstellung der photographische Apparat geworden. Seine Eroberungszüge haben das Gebiet der Malerei eingeengt, und seine Methode hat sich zur Kontrolle des Malerauges gestaltet. Nicht als ob die Photographie die Malerei beiseite werfen könnte! Gerade jetzt wird mehr gemalt als jemals früher. Aber die Malerei verliert die Aufgabe der Darstellung von Vorgängen, die der Momentphotograph auf seine Weise besser in aller ihrer sichtbaren Wirklichkeit fassen kann. Welchen Zweck hat es, den Einzug des Kaisers in Jerusalem zu malen? Jeder eigenartigen Komposition wird man die Abbildung entgegenhalten, die keinen Widerspruch verträgt. Der Maler könnte mehr Geist und Kraft hineinlegen als der Apparat, aber er ist unsicher, ob er die Historie heute noch verinnerlichen darf. Selbst ein Bild wie Menzels Darstellung der Krönung König Wilhelms I. würde jetzt nicht mehr naiv aufgenommen werden können. Und andererseits schärft der Momentphotograph den Blick für Einzelbewegungen. Man photographiert die Welle, das Rennpferd, den Straßenauflauf, und niemand kann sich von dieser Augenblickserfassung mehr freimachen. Augenblickserfassung ist aber nur die andere Seite dessen, was wir vorhin die Achtung vor den kleinen Werten genannt haben.

Aller moderner Verkehr ist ein Schaffen des Augenblicks geworden. Die alten Völker hatten Zeit und Ruhe. Wer den Winter auf stillen Dörfern durchlebt, weiß heute noch etwas von der alten Ruhe. Wer sie aber kennen lernen will, der sehe den Türken, wie er in der Sonne sitzt! Seine Ruhe ist so groß, da er auch künstlerisch unproduktiv wird, aber daß seine Ruhe

etwas Künstlerisches in sich hat, ist nicht zu leugnen. Er läßt die Dinge auf sich wirken. Der Hintergrund eines ruhigen Volkes ist für die Kunst etwas anderes als der Hintergrund eines Volkes, das mit Minuten rechnet. Alles Leben ist jetzt nach dem Muster des Eisenbahnfahrplanes eingerichtet. Die Arbeit wird nach der Uhr gemessen. Der Geschäftsmann hat zehn Minuten Zeit, um sich über einen Mann ein Urteil zu bilden, der mit ihm einen Abschluß machen will. Dieser Geschäftsmann verlangt vom Porträt, daß es knapp und schnell die Hauptsachen sagt. Er will keine Arbeit, an der er tagelang studieren muß. Und er ist es, der Kunstaufträge gibt.
Die ganze Anschauungsweise der ruhigen Zeit ist anders als die der Maschinenzeit. In der Ruhe entstehen die inneren Bilder in der Seele durch langsames Addieren und Zusammenfügen von Merkmalen, die sich hintereinander abspielen. Was dann entsteht ist in keinem einzelnen Moment in Wirklichkeit vorhanden, es ist ein Begriff, ein Gesamtergebnis. Wir aber empfinden diese alten Additionen als zu umständlich und schwer. Wir wollen schnell Ergriffenes, schnell Verschwindendes fixieren, kleine Ausschnitte des stürmischen Daseins intensiv erleben!
Anders gesprochen, wir wollen nicht das „Ding an sich", sondern die Erscheinung, die Stimmung. Stimmung ist eine der landläufigsten Parolen geworden. Darin liegt Tiefe und Oberflächlichkeit zugleich. Teils ist Stimmung die Augenblickserfassung, von der wir redeten, und teils ist sie ein Zurückgehen auf die elementarsten Glücks-, Schmerz-, Bewegungsempfindungen der Seele. Auch das letztere hängt irgendwie weit mit dem Industrialismus zusammen, besonders dort, wo es sich um Natur- und Landschaftsdarstellung handelt. Der Industrialismus hat nämlich die moderne Stadtkultur erst auf ihren Gipfel gebracht. Diese Stadtkultur ist es, für die die Künstler arbeiten. Wie steht nun der Stadtmensch im Eisenbahnzeitalter zur Natur, wenn er oberhalb der Not des Lebens angelangt ist? Er arbeitet elf Monate oder zehn Monate in der Steinwüste und geht dann einen oder zwei Monate hinaus, um Natur zu genießen. Das Genießen der Natur und Beleuchtungsvorgänge wird bewußter Zweck. Man berechnet, ob sich der Genuß gegenüber den Kosten verlohnt. So hat die vorindustrielle Zeit der Natur nicht gegenübergestanden. Auch die alten Menschen genossen die Natur, aber nicht rationell, nicht kalkuliert, sondern einfach wie man Brot genießt. Sie konnten nicht ohne die Bäume und Sträucher leben, aber niemand war, der sie ihnen nehmen wollte. Wenn sie Bilder kauften, wollten sie Könige und Heilige sehen, aber nicht Apfelbäume und Spargelbeete, denn diese hatten sie selber. Das soll nicht das Aufkommen der Landschaftsmalerei überhaupt erklären, dazu würde es

nicht ausreichen, aber es soll uns die große Verschiebung im Inhalt der bildenden Kunst verständlicher machen helfen. Der Großstadtmensch hat in sich eine tiefe Sehnsucht nach dem Naturleben seiner Ahnen, eine Art Heimweh nach Sonne und Buchenlaub, ein hoffnungsloses Heimweh, das er bei seinen Künstlern wiederfinden will. Und ein ähnliches Heimweh hat er nach einer Zeit, wo noch nicht das ganze Leben auf glatten Schienen rollte, wo es noch Gefahren, Romantik, Räuber, Mord und tolle Liebe gab. Das Geordnete und Regelmäßige, das Brave und Moralische, das man fordert und gar nicht mehr entbehren kann, die Entpersönlichung der Großbetriebsmenschen, die endlose Sachlichkeit der Hauptbücher und Konferenzen, das tägliche Lavieren und Nivellieren, das Maschinengemäße eines höchst kompliziert gewordenen Lebenszustandes läßt im dunklen Untergrund der Seelen einen Raum, der gar nicht elektrisch beleuchtet sein will, der sich gar nicht regeln lassen will, den Raum der verlorenen Leidenschaften und Urgefühle. Aus diesem Raum steigen Seufzer, Gelächter, Heulen und Gekicher, wortlose und gedankenlose Laute verworrenster Art auf, ein Chor der gewesenen Jahrtausende drunten in der Nacht der Einzelseele. Diesen Untergrund hat keine Aufklärungskanalisierung trockenlegen können, und gerade das Industriezeitalter hat ihm etwas dumpfe Energie gegeben, indem es ihn unterdrücken wollte. Die Töne dieses Untergrundes sind es, die wir in unserer Musik und Lyrik oft selbst nicht verstehen. Es verbindet sich die Akkuratesse im Kleinen, von der wir erst sprachen, mit Gefühlsinhalt der unterdrückten Urseele, und aus beiden zusammen entsteht: Stimmungskunst.

Fast möchte ich noch einen Schritt weitergehen und über das Verhältnis von Industrie und Religion reden, um zu zeigen, daß es teilweise wortlos gewordener Pietismus ist, den wir in unseren Künsten finden, aber das ist etwas, was man nicht am Schlusse einer langen Rede beiläufig erledigen kann, und es wird auch bei näherem Eingehen auf diese Seite der Sache immer schwerer, das, was Folge der maschinellen Entwicklung ist, aus anderen Dingen auszusondern. Wir stehen also am Ende. Die Maschine zerstört und baut, sie ändert. Wir alle und unser ganzes Zeitalter sind unter dem Einfluß der werktätigen surrenden Räder. Die Wirkungen aber, die von der Maschine ausgehen, sind nicht in eine knappe Formel zusammenzufassen. Das ist es, was auch diesen meinen Vortrag in gewissem Sinne unkünstlerisch macht, obwohl er über Kunst spricht, daß viel verworrene werdende Wirklichkeit sich nicht in einheitlicher Abrundung darstellen läßt. Aber der Zweck unseres Zusammenseins ist ja auch nicht der, etwas Fertiges nach Hause zu tragen, sondern Anfänge für weiteres Denken zu bieten. Um dieses Zweckes willen verzeihen Sie auch, daß heute eine Kunst von mir mißachtet wurde, die Kunst, rechtzeitig aufzuhören!

# Kunst und Industrie

*Ein Vortrag in der Dresdener Kunstgewerbe-Ausstellung 1906*

Lassen Sie, verehrte Versammelte, das bunte Vielerlei, welches wir draußen in der Ausstellung erleben, ein wenig in uns zur Ruhe kommen, damit wir still und nachdenklich uns dessen bewußt werden, was die Ausstellung in ihrem Kern ist und bietet. Wir wollen unser gemeinsames Nachdenken anheften an die beiden Worte: Kunst und Industrie. Von beidem ist die Ausstellung voll. Sie ist eine große Zusammenhäufung von künstlerischen Formengestalten, von farbigen Lebendigkeiten, von kleinen Einfällen und großen die Seele erfassenden Schöpfungen, und sie ist anderseits eine Fülle von geschäftlichen Absichten und Versuchen und fast in allen ihren Teilen durchzogen von dem Willen, durch Kunst den Erwerb und die erwerbende Arbeit zu fördern.

Beginnen wir bei dem künstlerischen Eindruck der Ausstellung, so ist es, als ob wir auf einem jener großen Musikfeste uns befänden, auf dem ein Gesangverein nach dem andern auf die Bühne tritt, jeder mit einem andern Dirigenten, der eine mit einem Choral, der andere mit einem schwierigen Kunstgesang, und wieder ein anderer mit verfeinerter Herausarbeitung eines schlichten Volksliedes. Und neben den Gesangvereinen erklingen die verschlungenen gemischten Töne der verschiedenen Orchester und die Leistungen der Solisten. So erleben auch wir hier eine Art Sängerkrieg auf der Wartburg unter denen, die der modernen Welt eine praktisch angewendete Kunst übermitteln wollen. Lasset uns eine Weile auf einzelne besondere Stimmen hören!

Es ist, als ob der alte Goethe von Weimar mit dem westöstlichen Divan eine feine und kluge Übersetzung in Holz, Metall, Keramik und Leder gefunden hätte durch van de Velde; Formen, die wie Höhenrauch des Orients über Frankreich hingezogen sind, haben diesen Belgier beim Anschauen der englischen Möbelkunst zu einer neuen und besondern Eigenart geführt, die er uns nun vom deutschen Dichtersitze aus träumerisch, halb orientalisch, ein wenig müde und mit sehr feiner Klugheit vorträgt, eine Kunst für Aristokraten des Lebens.

Und nicht weit davon hören wir etwas ganz, ganz andres. Da wird gesungen nach der Melodie: als der Großvater die Großmutter nahm, und Schultze-Naumburg führt uns in Räume hinein, die für viele Besucher der Ausstellung die glücklichste Stelle bedeuten, die sie hier finden können. Es mag sein, daß die einzelnen Gestaltungen dieser Schränke und dieses Gestühls nicht völlig neu sind, ihr besonderer Reiz lieg ja gerade darin, daß sie die Traulichkeit des alten deutschen Familienlebens wieder hervorzurufen verstehen. Bisweilen ist es gar nicht die Form, die den wohltuenden Gesamteindruck hervorruft, sondern es ist ein wunderbares Geschick, mit dem Reichtum der neuen Farben die alten Linien zu umkleiden. Der rosengeblümte Kattun wirkt als Mittelstück einer malerischen Wohnungskunst für romantische Leute.

Und wie anders klingt das Lied von München her, wo Riemerschmid zeichnet. Es ist, als hörten wir von irgend woher aus dem Hintergrund das Echo der Töne: Wer hat dich, du schöner Wald, aufgebaut da hoch da droben? Riemerschmid ist nicht formalistischer Künstler wie van de Velde, auch nicht farbiger Dekorateur wie Schultze-Naumburg, sondern ein konstruktiv denkender Sohn der Natur. Er hat den Wald gesehen in seiner Gestaltenfülle. Er sah die Stämme, wie sie aus einem innern Zwange heraus sich bilden, er sah, wie die Äste und Zweige sich ansetzen und wie in jedem Baum und in jedem Holz seine eigne Seele und sein eignes System ist. Und wenn er nun am Zeichentisch Gebilde aus Holz auf das Papier bringt, so vergißt er keinen Augenblick, daß er der Bildner einer lebendigen Materie sein will. Ihm ist das Holz nicht ein beliebiges Material, weder ein Metall, noch eine Porzellan-Erde, ihm ist Eichenholz etwas anderes als Birke oder Kiefer. Und mit bewundernswerter Unerschöpflichkeit holt er die Ausdrucksform der Natur aus dem vollen Hintergrund der wachsenden Materialbestände. Und auch in dem, was er nicht aus Holz gestaltet, ist er der Künstler der systematischen Materialempfindung an sich, ein Naturkundiger großen Stils, ein Kenner der unbewußten Logik, die in dem Stoffe selber lebt.

Natur ist auch, was aus den Arbeiten jenes Niederdeutschen herausschaut, der heute zum Kopfe der Stuttgarter Kunst geworden ist. Pankok hört die Töne der Dinge ähnlich wie Beethoven die unaussprechliche Musik der klagenden und jubelnden Wirklichkeiten nachempfand. Es scheint, daß der stärkste Eindruck seines Lebens die Welle des Meeres ist. Das Meer und die Muschel und die Koralle, das Hirschgeweih und die wunderbare Form merkwürdiger Tiere sind der Hintergrund einer Phantasie, die ebenso Natur-Phantasie ist, wie die von Riemerschmid, aber nicht Mate-

rial-Phantasie, sondern Form-Phantasie von Dingen, deren Seele durch Kunst in Elfenbein, Holz, Metall und Leder hineingeträumt wird.
Wie weit von dieser Natur-Mystik Pankoks liegt die hohe geometrische Kunst, die Peter Behrens vor uns ausbreitet! Er gestaltet gleichsam die Seele eines Hamburger Senators, dessen würdiges Ideal es ist, einem römischen Senator gleichen zu können. Man liest in den Abteilungen der Quadrate, Rechtecke und Kreise, aus denen feine Kunst besteht, die Einladung heraus: Der Herr Senator und die Frau Senator geben sich die Ehre, den Herrn Konsul und die Frau Konsul zu einem einfachen Austern-Essen ergebenst einzuladen. Hier ist alles unmittelbare Naturgefühl für Wald, Wiese und See ausgeschaltet, dafür aber ist die Tadellosigkeit der äußern Form und der seelischen Gradheit auf das höchste gesteigert. Und die Kunst seiner Richtung ist die ganz seltene Kunst, jede Linie des Daseins in ein korrektes und wohltuendes Verhältnis zu bringen.
Und was soll und kann ich weiter sagen von dem Glanz, der über den Arbeiten von Professor Olbrich in Darmstadt liegt! Möbel und Wände sind, wie Sie im Katalog lesen können, auf Grund eines neuen patentierten Emaille-Verfahrens behandelt und konstruiert worden. Das Holz als Holz ist für Olbrich nur der Untergrund einer Kunst, die sich ebenso gut in Gold würde ausleben können. Wenn es Käufer für Möbel geben könnte, die nur aus edlem Metall und Elfenbein zusammengesetzt sind, so würde Olbrich der Dichter dieser besondern Pracht werden können und würde ein Lied vom Luxus komponieren, welches nicht eine feierliche Belastung wäre, wie der Luxus den uns Grenander aus Berlin zu zeigen unternimmt. Im Luxus von Olbrich tanzt und spielt eine feine Seele, oder besser gesprochen: es sind viele Seelen vieler Frauen und Männer, die vieles erlebt haben, die aber von ihrem Schmerz nicht sprechen, sondern gesellschaftlich sich von der Philosophie des Daseins unterhalten.
Und so könnten wir noch fortfahren und den einen oder den andern dieser neuen Künstler in seiner Eigenart zu verstehen suchen. Das aber, worauf es uns heute ankommt, ist in erster Linie die Anerkennung der Tatsache, daß unser Volk eine nicht kleine Anzahl scharfgeschnittener persönlicher Charakterköpfe auf dem Gebiet der angewandten Kunst erhalten hat. Und neben diese großen Solisten treten die Orchesterwirkungen. Sie alle kennen das ergreifende Requiem drüben in der Friedhofsausstellung. Und hier innerhalb des religiösen Saales haben wir zwar leider noch nicht die Missa solemnis der neuen kirchlichen Kunst, aber doch immerhin ein Stimmen der Instrumente, das uns nicht ganz ohne Hoffnung läßt. Von lieblicher Einfachheit ist der Kinderchor, der aus der Schuleinrichtung

heraustönt, und für den Gedanken des künstlerischen Massengesangs sind Vorarbeiten vorhanden in den Ausstattungen der Arbeiter-Häuser, die um die Schule herumstehen.

Die Zahl der Materialien, mit denen sich die neue Kunst beschäftigt, wächst dabei ebensosehr, wie die Menge neuer Formen. In Holz und Glas, in Porzellan und Ton, in Eisen und Messing, in Leinwand und Wolle, in Linoleum und Tapete regt sich gleichzeitig und vielfach einheitlich eine neue Schaffenskraft. Alle Seelenstimmungen von der dezidierten Weltfreude, die im grellen Gelb sich ausdrückt, bis hin zum Grau-Purpur, der die Pforte der Ewigkeiten umschattet, werden mit Bewußtsein herausgesucht und harmonisiert. Einige sind dabei Meister des Ausdrucks und beherrschen das weite Gebiet aller Materialien und farbigen Töne, andre sind Kenner und Künstler innerhalb einzelner Abteilungen, noch andre sind Nachahmer der Meister ohne Verstand. Einige können sprechen, andre nur stammeln, einige suchen sich durch Übertreibenden dem Gedächtnis der Schauenden und Kaufenden einzuprägen, während wieder andre durch Schlichtheit sich dem einfachen Gemüt besonders nachdrücklich empfehlen. Das alles zusammen aber ergibt die eine hocherfreuliche Tatsache, die noch niemals so deutlich und einheitlich zutage getreten ist, wie hier in Dresden: daß es sich bei uns jetzt in Deutschland um das wirkliche Aufkommen einer breitflutenden neuen Kunstbewegung handelt. Man kann heute nicht mehr sagen, wie man es noch vor fünf oder acht Jahren tun konnte, daß es sich hier um Merkwürdigkeiten oder Exzentrizitäten handle. Sie alle, die Sie durch die Ausstellung hindurch gegangen sind, werden mir darin recht geben, daß wir im Grunde weniger Absonderlichkeiten gefunden haben, als wir erwarten mußten, zu finden. Die allererste Epoche der Stürmer und Dränger scheint ihrem Ende entgegenzugehen, und es ist nicht unmöglich, daß das, was wir vor uns haben, bereits die Ankündigung einer klassischen Epoche für deutsche Haus- und Lebenskunst ist.

Und nun die zweite Seite derselben Sache! Die Ausstellung ist ein großes Geschäft, der Zweck der Ausstellenden ist, daß sie Aufträge in Empfang nehmen wollen. Es mag das nicht für jeden einzelnen zutreffend sein, denn hin und wieder findet sich auch jetzt noch ein einzelner Tischler, der Jahre lang mit ganzer Liebe und Hingebung an einem Schrank gearbeitet hat und der nun diesen seinen Schrank sozusagen auf die Schultern nimmt und hierher trägt, damit er hier gesehen werde, ganz gleich, ob an diesem Lebensstück handwerklicher Kunstübung Geld verdient wird oder nicht. Die Mehrzahl der Aussteller steht anders und muß anders stehen. Durch alle Räume begleitet uns das Wort, daß die Preise der ausgestellten Dinge im Sekretariat zu erfragen sind, und dort, wo es sich um bescheidnere Preise handelt, pflegen kleine Blätter an den Türpfosten dem Besucher die Frage vorzulegen, ob er nicht imstande sei, sich dieses oder jenes Stück für seinen Hausbedarf zu bestellen. Und hört man die Gespräche der Männer und Frauen, die sich von Zimmer zu Zimmer durch die Ausstellung schieben, so sind die zwei wiederkehrenden Worte, erstens, sieh einmal, wie schön das ist! Und zweitens, was mag das wohl kosten? Die Ausstellung trägt die Namen der Künstler, ist aber im Grunde gemacht von den Unternehmen, und der eigentliche Kern dessen, was die Ausstellung uns geschäftlich und volkswirtschaftlich zeigt, ist eben das Aufkommen eines kaufmännischen und industriellen Unternehmertums auf dem Gebiet der Handwerkskunst. Fast könnte man versucht sein, schon heute die Überschrift Handwerkskunst nicht mehr für richtig zu halten. Sie wissen, daß von der Ausstellungsleitung ein Unterschied gemacht wurde zwischen den Räumen für Kunsthandwerk und für Kunstindustrie. Wer aber von uns ist imstande gewesen, bei der Vergleichung der Industriehalle mit den übrigen Räumen ein scharfes Prinzip der Unterscheidung zu entdecken? Es mag sein, daß auf der einen Seite fast nur Dinge ausgestellt sind, die mechanisch hergestellt werden können, und auf der andren Seite Dinge, bei denen das Mechanische durch gewisse kunstvolle Handwerksgriffe ergänzt werden muß. Aber jedenfalls ist die Grenze äußerst fließend, und der Bereich der mechanischen Herstellungsweise erweitert sich zusehends. Er erweitert sich dadurch, daß aus der alten einheitlichen Person des Kunsthandwerkers heute die Zweiheit von Künstler und Unternehmer geworden ist. Wie der Dichter dem Verlagsbuchhändler gegenübersteht, ein Verhältnis, auf das wir später noch zurückkommen, und wie der Dramatiker dem Theaterdirektor gegenübersteht, so steht auf diesem Gebiet der Erfinder des neuen Hausgefühls und der neuen Hausausstattung neben dem Unternehmer, der die Vervielfältigung und den kaufmännischen Vertrieb der Erfindungen in seine Hand nimmt. Dieser Unternehmer braucht nicht mehr Künstler zu sein, sondern muß nur einen sicheren Verstand zur Auswahl der angebotenen Kunstleistungen in Anwendung bringen. Er übernimmt die Entwürfe der Künstler als Halbfabrikat und macht aus ihnen das Fertigfabrikat mit derselben Methode, mit der die übrige Industrie zu arbeiten pflegt. Der Inhalt dieser Methode aber läßt sich in den zwei Sätzen aussprechen: daß einesteils eine zehnmalige Wiederholung des künstlerischen Gedankens kaufmännisch mehr wert ist, als eine einmalige Ausführung, und zweitens: daß es vorteilhaft ist, die Hand der Maschine einzusetzen, wo diese Hand überhaupt nur in Anwendung kommen kann.

Am deutlichsten wird diese neue Entwicklung in dem besondern Gebiete, welches die „Dresdner Handwerkskunst" in der Ausstellung ausgerichtet hat. Dort haben Sie den entwerfenden Künstler, den organisierenden Unternehmer, den Wunsch nach Massenabsatz und die Art der mechanischen Herstellung in einfachster und starker Weise nebeneinander. Das Meiste aber, was uns aus München oder Düsseldorf, aus Stuttgart oder Magdeburg vor Augen tritt, ist nach demselben Grundsatze der Arbeitsteilung und des kaufmännischen Industrialismus entstanden. Überall drängt sich als neue Normalform der angewendeten Kunst dieses System auf: daß ein Unternehmer bestimmte charakteristische Typen oder Marken herstellt, für diese Typen dann Reklame macht und auf diese Weise eine Zentralisierung des Geschmacks und des Absatzes auf seinem besondern Gebiet herbeizuführen sucht. Es entstehen Unternehmer, deren Spezialität es sein wird, Arbeiterwohnungen, oder Volksschulen, oder Wartesäle für Bahnhöfe auszustatten, andre Unternehmer, die sich der kleinen Mietwohnung annehmen, wieder andre, die dem gebildeten Mittelstand ihre besondere Fürsorge angedeihen lassen, oder noch andre, die entweder für romantische oder für moderne Aristokratie zu arbeiten bemüht sind. Es gibt Unternehmer für den Gerichtssaal und Unternehmer für das Musikzimmer. Der alte Kunsthandwerker machte alles, was im Bereich seiner Kundschaft vorkam. Die größten neueren Geschäfte werden schließlich auch wieder alles machen. Dazwischen aber entstehen die Spezialitäten, und diese Spezialitäten sind es, die zunächst den Lebenskreis des alten Handwerks einengen. Man denke an die Herstellung fertiger Schafstubeneinrichtungen!
Dieses neue System bietet sich unsrer volkswirtschaftlichen und ästhetischen Beurteilung dar, und die Gefühle der sachkundigen Beurteiler sind keineswegs einheitlich. Bei aller Freude über den geschäftlichen Aufschwung und die künstlerische Regsamkeit bleibt eine lebhafte Sorge, ob nicht Kunst und Kunstfertigkeit auf diese Weise zu Grabe getragen wird. Lassen Sie uns versuchen, die Vorteile und Nachteile des neuen Systems ruhig zu bedenken.
Als Vorteil ist zweifellos anzusehen, wenn an Stelle einer industriellen Massenware, die keine künstlerischen Gedanken in sich enthält, eine Massenware tritt, deren Entwurf von einem Entwerfer ersten Grades herrührt. Mag dieser Entwurf bei seiner Umsetzung in Massenware auch noch soviel von seiner ursprünglich künstlerischen Unmittelbarkeit verlieren, so bleibt immerhin von ihm noch so viel übrig, daß die Kunstindustrie, wie wir sie jetzt entstehen sehen, einen ungeheuren Vorzug gegenüber den

Leistungen der gewöhnlichen industriellen Möbelmagazine darstellt. Wir müssen es als Tatsache hinnehmen, daß für die Mehrzahl der Menschen besondere Extraformen nicht mehr hergestellt werden, eine Tatsache, die wir auf allen alten Handwerksgebieten erleben. Für die Menge von Volk, deren Lebenslage ungefähr die gleiche ist, läßt sich das industrielle System auf keine Weise aus der Welt schaffen. Es kann sich also für diese Menge nur darum handeln, die Massenherstellung künstlerisch zu durchgeistigen. In dem Worte „die Kunst dem Volk" liegt hier wie sonst der Gedanke, die Reproduktion der Kunst der Masse zugänglich zu machen Die Vervielfältigung klargedachter guter Formen ist eines der wertvollsten Mittel, die Lebensumgebung aller derer zu steigern, die nicht in der Lage sind, sich ihre besondren Künstler für sich zu halten.

Neben diesem einen großen Vorteil der neuen Methode stellt sich der nicht geringere zweite, daß nun erst, wo die Tätigkeiten des Künstlers und des Unternehmers sich voneinander getrennt haben, ein Künstlertum entstehen kann, das in seiner Kunst das Höchste leistet. Der Handwerkskünstler kann nur einen gewissen Teil seiner Zeit und seiner Kraft und seiner Seele in die Erfindung hineinlegen. Die Künstler aber, von denen wir vorhin gesprochen haben, sind freischaffende Herren auf dem Gebiet der Gestaltung. Sie sind auch nicht wie die alten Kunsthandwerker an die Tischlerei allein gebunden, sondern umspannen den ganzen Bereich der Künste, die das praktische Leben sichtbar verschönern. Man sieht es ja, wenn man den Lebenslauf dieser Künstler sich vergegenwärtigt, wie sie von den verschiedensten Seiten her in die Hauskunst eintreten. Der Architekt, der Tischler, der Tapezierer, der Kunstmaler und der Dekorationsmaler treten zusammen, und es entsteht ein neuer Künstlertypus, der aus allen diesen Elementen gemischt ist. Damit erst wird die Bahn frei für die Entstehung starker, schaffender Individualität. Nicht die Handwerkerform ist es, die uns die neue Kunstblüte schafft, sondern gerade der Übergang zum Industrialismus ist die Voraussetzung des künstlerischen Aufschwungs. Wir haben im letzten Jahrzehnt an ideellen Werken deshalb sehr Großes gewonnen, weil wir eine gewisse technische und kaufmännische Umwandlung in der Betriebsform erlebt haben.

Wenn dieses die Vorteile der neuen Entwicklung sind, so dürfen die Nachteile nicht verschwiegen werden. Sie liegen ebenso sehr in der quantitativen Vervielfältigung, wie in der qualitativen Mechanisierung. Auch hier begegnet uns die Grundformel der neuen Zeit überhaupt, nämlich die Formel: Masse und Maschine. Daß man ein Kunstwerk in Massen herstellt, ist in gewissem Sinn ein Widerspruch zum alten Begriff Kunst. Die

Kunst dachte im letzten Grund immer nur an den einen oder an die eine, für die gearbeitet wurde. Ein Künstler, der ganz im allgemeinen für den Markt, für das Publikum oder für den allgemeinen Bedarf arbeitet, verliert damit etwas an persönlicher Absicht, und ein Kunstwerk, welches für hundert Menschen gleichzeitig hergestellt wird, ist auch in der Wertschätzung derer, die es besitzen, nicht mehr dasselbe, wie ein Kunstwerk, welches eine Rarität, eine Einzelheit ist. Ich will lieber, wenn ich es mir leisten kann, einen Schrank haben, der Fehler und Mängel hat, aber für mich gedacht worden ist, als einen andern, der glatt und tadellos in der Nachbarwohnung ebenso steht. Auch diejenigen, die die Arbeit ausführen, die Tischler, Eisenzieher, Ziselöre, arbeiten anders an einem bestimmten Auftrag, als an einer gleichmäßig wiederkehrenden Verkaufsleistung. Sie können an der Massenware, auch wenn sie gut ist, nicht diejenige persönliche Freude empfinden, die gerade im alten Kunsthandwerk eine Lebenserhöhung nicht nur für die späteren Besitzer, sondern auch vorher für die Hersteller gewesen ist.

Und was die Mechanisierung betrifft, so habe ich schon früher in einem Vortrag über Kunst im Zeitalter der Maschine darzustellen gesucht, daß sehr häufig das Eintreten der Maschine zunächst eine Verminderung der tatsächlichen Qualität bedeutet und daß nur langsam und allmählich im Laufe von Jahrzehnten die Maschine dazu gelangt, mit derselben Sauberkeit und Tüchtigkeit zu arbeiten, wie es vorher gut geübte Menschenhände getan haben. Ich lasse aber absichtlich diesen bereits von mir ausgeführten Gedankengang heute beiseite und weise nur darauf hin, daß in aller maschinellen Herstellung ein gewisser Zug zur gleichmäßigen Glätte und Ebenmäßigkeit liegt. Es fehlen die Merkmale sowohl der allgemeinen Tüchtigkeit, wie auch die Merkmale besondrer persönlicher Unterlassungen und Schwächen. Vor kurzem sah ich einen großen alten Schrank, der wie ein Held im Vorraum eines alten Gasthofes stand. In diesem Schrank war beides zu sehen; die fabelhafte Tüchtigkeit der Männer, die ihn gearbeitet haben, aber gleichzeitig auch die Verschiedenheiten ihre Fleißes und ihrer Aufmerksamkeit. Dieser Schrank war wie ein Mensch, der Licht und Schatten gemischt in seiner Seele herumträgt. Das ist es ja, was wir von den Helden unserer Schauspiele verlangen, daß sie keine reinen Engel sind, sondern daß Haken übrig bleiben, in die wir mit dem Finger hineingreifen können, um sie festzuhalten: Du bist und bleibst Mensch!

Es ist nun aber so, daß die Ausschaltung der persönlichen Handgriffe im Hausgestühl ebenso wenig aufgehalten werden kann, wie die Ausschaltung der persönlichen Linien bei der Schreibmaschine. Selbst die Herausgeber von Kunstblättern, welche für individuelle Kunst eintreten, arbeiten mit der Schreibmaschine. Es ist ein notwendiger Charakterzug in der Massenhaftigkeit des modernen Betriebes, daß das Individuelle und Persönliche sich rückwärts verkriecht und daß gleichmäßige und normale Formen das Leben beherrschen. Diese Umwandlung können wir nicht ohne ein Gefühl der Wehmut konstatieren, aber aufzuhalten ist sie nicht. In diesem Sinne bezeichnen wir die neue Umwandlung des Kunstgewerbes einfach als eine geschichtliche Notwendigkeit und gewinnen den vorhin ausgesprochenen Sorgen gegenüber eine gewisse Freudigkeit und Zuversicht, wenn wir uns vergegenwärtigen, daß der Prozeß der Industrialisierung auf andern Kunstgebieten sich schon längst vollzogen hat, ohne daß die Kunst dadurch erniedrigt worden ist.

Es sind in dieser Hinsicht einige der Spezialgebiete des Kunstgewerbes besonders lehrreich, und zwar denken wir da an Dinge wie an die berühmte venezianische Glasindustrie und an die Porzellan-Fabrikation der alten und berühmten Großbetriebe, von denen Meißen der älteste ist. Die venezianische Glaskunst ist schon im Mittelalter als kaufmännischer Betrieb aufgefaßt worden und enthält ziemlich genau alle die Merkzeichen, die wir bisher für die Industrialisierung der Kunst hervorgehoben haben. Und auf welcher stolzen Höhe hat sich durch Jahrhunderte hindurch diese zarte und feine Kunst der Venezianer halten können! Das Porzellan aber ist von vornherein überhaupt niemals zur Handwerkskunst geworden. Es wurde vom ersten Tage an im europäischen Abendland von einem Verwaltungskörper bearbeitet, in dem der Künstler, der Kaufmann, der Arbeitsleiter und der Arbeiter als gesonderte Größen nebeneinander stehen. Sicher ist es richtig, daß auch die berühmte Meißner Porzellan-Manufaktur nicht zu allen Zeiten die gleiche Höhe ihrer Leistungen erreicht hat. In solchen Zeiten aber hat die Konkurrenz der verschiedenen Großbetriebe stets sehr wirksam dazu geholfen, daß der künstlerische Trieb und Geschmack von neuem erwacht ist. Die Anregungen, welche von der Kopenhagener Porzellanindustrie ausgegangen sind, lassen sich sowohl in Dresden wie in Berlin, wie auch in Sèvres verfolgen, und zeigen uns einen Übergang zur zentralistischen Großindustrie, wie er heute im Tischlereigewerbe noch keineswegs in Aussicht steht oder erwartet werden kann, und der immer noch nicht das Ende der Kunst zu sein braucht.

Es ist aber interessant und nicht ohne Nutzen, auch außerhalb der gewerblichen Künste denselben Vorgang sich zu vergegenwärtigen. In diesem Sinne spreche ich zu Ihnen über die Industrialisierung der Dichtkunst. Sie werden von der Industrialisierung der Dichtkunst in keiner Literaturgeschichte etwas lesen, und doch bezeichnete es sachlich eine der größten Veränderungen im Wesen der Dichtkunst, als der Poet, welcher vorher ein Volksdichter, Handwerksdichter oder Fürstendichter gewesen war, sich in den Dienst buchhändlerischer Verlagsunternehmungen stellte. Die große Blüteperiode der deutschen Dichtung fällt ungefähr zusammen mit der Entstehung ausgedehnter buchhändlerischer Verlagsgeschäfte.

Denken wir uns eines Morgens Goethe in seinem Garten. Er summt beim Gehen etwas vor sich hin, denkt an die Freundin, und, was er denkt, wird von selber zum Vers. Dann steigt er die kleine Treppe hinauf zum Gartenzimmer, das noch jetzt besteht, und schreibt da den eben entstandenen Vers mit seiner eigentümlichen, weichen und klaren Handschrift. Mitten im Schreiben korrigiert er, und schließlich ist das Gedicht fertig und findet seinen Weg zur Freundin. Goethe aber schreibt das Gedicht ein zweites Mal auf, und dieses Mal braucht er schon nicht mehr zu korrigieren. Diese Abschrift des Gedichtes wird in den Kasten gelegt, bis sie mit andern ähnlichen Abschriften zusammen an den Cottaschen Verlag abgesandt wird. Bei Cotta aber heißt es eines Tages: es ist Manuskript vom Herrn Geheimrat eingetroffen. Das was im Garten von Weimar ein Gedicht war, ist hier das Halbfabrikat einer buchhändlerischen Produktion geworden. Das Manuskript wird an die Arbeiter, die für gewissen Lohn gewisse Stunden arbeiten, zur Vervollständigung der buchhändlerischen Produktion weitergegeben. Welche Empfindungen diese Arbeiter, die die Gedichte Goethes gesetzt haben, während dieser Arbeit in sich trugen, ist für den schließlichen Erfolg der Vervielfältigung dieser Gedichte so gut wie gleichgiltig. Das Gedicht verliert auf seinem Weg zur Vervielfältigung seinen dichterischen Empfindungswert und erscheint nur als eine Reihenfolge richtig zu wiederholender Buchstaben. Ich könnte nun in dieser Weise die Entstehung des ganzen Buches vor Ihnen lebendig werden lassen und könnte die Menge kaufmännischer und mechanischer Handgriffe in Ihr Gedächtnis rufen, die nötig waren, bis auf dem Wege der Subskription (so hieß nämlich damals das, was wir heute Reklame nennen) die Gedichte in die Hände der Käufer kamen. Erst hier beginnt der künstlerische Magnetismus wieder zutage zu treten. Und endlich findet in irgend welchem Garten dieses Gedicht wieder jemanden, der dort an seine Freundin denkt und in dem eine Art von Induktionsstrom Goethischer Elektrizität erzeugt wird. Alles das, was zwischen Goethe in seinem Garten und diesem Mann im anderen Garten liegt, ist kaufmännisch und mechanisch und entspricht in jeder Weise dem Verfahren, durch das heute das Hausgestühl der neuen Gewerbekünstler hindurchgehen muß.

Ja, oft ist der Umweg, den der Gedanke vom Erfinder bis zum Wiederfinder machen muß, ein noch größerer, denn es findet sich irgendwo ein Verleger, dem es einleuchtet, daß Cotta mit den Gedichten Goethes ein Geschäft macht, und es findet sich ebenfalls irgendwo ein Dichter, der von Goethe lernen möchte, wie man wertvolle Manuskripte herstellt. Diese beiden nachahmenden Geister finden sich und stellen gemeinsam etwas her, was in allen Äußerlichkeiten dem Cottaschen Band Goethischer Gedichte sehr ähnlich sieht, so ähnlich, daß vielfach das Publikum einen Qualitäts-Unterschied nicht merkt. Mit der Zeit freilich stellt sich heraus, daß das eine Marmor ist und das andre marmorierter Ziegelstein. Aber für die erste Generation leistet selbst der marmorierte Ziegelstein einen gewissen Nutzen. Er ist nämlich die verdünnte Vermittlung des künstlerischen Gedankens an die Menge derjenigen, die den vollen und reinen Künstlergedanken zu verbrauchen außerstande sind. Auch die Nachahmer sind nötig in der Welt, und deshalb wollen wir auch hier in der Dresdner Ausstellung keineswegs bloß die großen Führer und Originale preisen, sondern wollen auch derer dankbar gedenken, die die Kunstindustrie nachahmend verdoppeln. Sie sind die Unteroffiziere der künstlerischen Nationalbewegung, und ohne Unteroffiziere der künstlerischen Nationalbewegung, und ohne Unteroffiziere gibt es keine siegreiche Truppe, weder im Staatswesen noch in der Kunst.
Gerade daß wir neben den hohen Künstlern ein ziemliches Heer von Nachahmern haben, ist eine Stärkung unserer Zuversicht in den Bestand der neuen ästhetischen Bewegung. Sie wird als nationale Gesamtbewegung noch keineswegs allseitig begriffen, weil sie selbst sich vielfach der Parole Heimatkunst anbequemt und einen gewissen landschaftlichen Charakter in ähnlicher Weise behält, wie etwa Schiller seinen schwäbischen Dialekt lebenslänglich nicht losgeworden ist. Diese durchaus berechtigten Züge einer mehr lokalen und partikularischen Neigung dürfen uns aber darüber nicht hinwegtäuschen, daß heute allein schon durch den Austausch der bildlichen Wiedergabe, durch die Gemeinsamkeit der gewerblichen Literatur und durch den sehr häufigen Ortswechsel der namhaften Künstlerpersönlichkeiten ein allgemein deutscher Austausch auf dem Gebiet des künstlerischen Hausgestühls besteht. Diese Dresdner Ausstellung selbst bringt Arbeiten von Königsberg bis Straßburg und ist auf ihre Weise eine gewisse kleine Siegesfeier des deutschen Nationalgedankens auf gewerblichem Gebiet. In der alten Zeit hatten wir voneinander gesonderte Gewerbeprovinzen, dieser Zustand hört jetzt auf. Wir bekommen ein vaterländisches Gewerbe, wie wir vorher eine vaterländische Literatur, eine deutsche

Volkswirtschaft und ein deutsches Staats- und Rechtsleben bekommen haben. Wie die künstlerisch große Periode der deutschen Dichtkunst eine Vorbereitung der deutschen Einigung war, so ist die jetzt beginnende Periode der deutschen Gewerbekunst eine Folge und Fortsetzung eben desselben geschichtlichen Vorgangs. Die Nationalenergie wendet sich in sichtbarer Weise den Qualitätsindustrien zu. Das aber hat volkswirtschaftlich die höchst erfreuliche Folge, daß wir die Güte unsrer Erzeugnisse so sehr steigern können, um einen erfolgreichen Export in den Dingen des praktischen häuslichen Lebens ins Werk setzen zu können. Die Erfolge des deutschen Kunstgewerbes auf der Weltausstellung von St. Louis sind ein erster glücklicher Schritt auf diesem Wege gewesen. Ehe man aber Kunst exportieren kann, muß man Kunst bei sich selbst haben und besitzen. Die Deutschen müssen lernen, in ihrer eigenen Einrichtung sich künstlerisch zu steigern, damit sie einesteils den Wert ihrer eigenen Lebensführung erhöhen und andernteils die Führer andrer Nationen gerade auf diesem Gebiete werden können. Es scheint der deutschen Begabung angemessen, das Hausgefühl und Hausgerät der Zukunft in würdiger Weise zu gestalten. Wir sitzen gewerblich betrachtet in der Mitte zwischen Konstantinopel und Amerika. In Konstantinopel ist die alte individuelle Handwerkskunst seit mehr als tausend Jahren zu Hause. In Amerika arbeitet sich die neue, rein maschinelle und technische Kunst am schnellsten in die Höhe. In der Mitte von beiden Plätzen kann Deutschland der Standort einer Kulturbereicherung werden, deren noch etwas bunt gemischte Weissagungen rechts und links in den zahllosen Räumen dieser Ausstellung uns begrüßen.

# Deutsche Gewerbekunst

Am 5. und 6. Oktober 1907 wurde in München der „Deutsche Werkbund" begründet. Er besteht aus Künstlern, Unternehmern der Industrie und des Handwerks und sachverständigen Kunstfreunden und ist als eine geschlossene Gesellschaft gedacht, der man nicht beliebig beitreten kann, sondern von deren Leitung man aufgefordert sein muß, um dazu gehören zu dürfen. Vorsitzende des Ausschusses sind Professor Theodor Fischer in Stuttgart und Hofrat Peter Bruckmann in Heilbronn. Unter den Ausschußmitgliedern befinden sich Professor Behrens – Berlin, Dr. Dohrn – Dresden, Professor Kautzsch – Darmstadt, Karl Klingspor – Offenbach, Professor Pankok – Stuttgart, Professor Läuger – Karlsruhe, Professor Br. Paul – Berlin, Ernst Pöschel – Leipzig, Professor Riemerschmid – München, Professor Scharvogel – Darmstadt, Dr. Pantenius – Leipzig, Professor Schumacher – Dresden, Gottl. Wilhelm – München, Professor Hoffmann – Wien und Professor de Praetere – Zürich. Da bis heute noch keine Statuten fertiggestellt worden sind, so müssen diese Namen als Grundlage für die Erkenntnis der Bundeszwecke dienen. Aus ihnen ergibt sich, daß der Werkbund innerhalb des deutschen Sprachgebietes arbeiten und somit eine nationale Kunstorganisation sein will, ein Punkt, auf den wir später noch ausführlicher zurückkommen, ferner, daß der Werkbund alle räumlich gestaltenden Kräfte zu umfassen sucht außer der Bildnismalerei im engeren Sinne des Wortes, und daß er von vornherein hervorragende Künstler und Unternehmer in sich schließt, die für die Güte und geistige Höhe der neuen Gemeinschaft eine persönliche Garantie zu übernehmen wohl in der Lage sind. Der Werkbund will ein Bund der Schaffenden sein, und die Gestaltungskräftigen sollen und wollen in ihm die Führung haben. Wenn er im Laufe der Zeit auch Männer und Frauen aufnehmen wird, die nicht selbst Künstler oder Gewerbetreibende oder Angestellte und Arbeiter an Kunstindustrien sind, so müssen diese anderen, zu denen sich auch der Schreiber dieser Zeilen rechnet, von vornherein wissen, daß wir nur Hilfskräfte einer Bewegung sein können, die von den künstlerisch Gestaltenden und gewerblich Schaffenden getragen wird. Wir können nur gelegentlich mithelfen, daß der Bundesgedanke auch von den übrigen Teilen des Volkes verstanden wird. Das aber ist wünschenswert, denn keine Kunstbewegung kann ohne die Teilnahme derer bestehen, für die die Arbeit geleistet wird. In diesem Sinne versuche ich, Zweck und Sinn des Werkbundes in Worte zu fassen.

Es heißt im ersten Aufruf zum Werkbunde: „Die Bewegung, die wir bisher die kunstgewerbliche nannten, hat heute den Rahmen des Kunstgewerbes längst überschritten. Wir erkennen, daß es sich um weit größere als kunstgewerbliche Probleme handelt, daß vielmehr eine gleichmäßig gute und edle Gestaltung und Durchbildung jedweden Erzeugnisses der Hand und der Maschine das Ziel der Zeit sein muß." Es handelt sich also nicht um einen Kunstgewerbeverein, sondern um etwas, was über ihn hinausgewachsen ist. Dieses neue muß zunächst erkannt werden.

Unter dem Worte Kunstgewerbe verstehen wir einesteils etwas Handwerkerliches und andernteils etwas Geschichtliches. Beides soll weitergebildet werden, das Handwerkliche durch die künstlerische Durcharbeitung auch der industriellen Herstellungsweise und das Geschichtliche durch neue aus der Seele unserer Zeit herausquellende Formen. Wenn man will, kann man sagen: Es sollen die Formen des Maschinenzeitalters künstlerisch durchsättigt werden, sowohl die Formen des besten modernen Betriebes, wie die Formen der besten Gestaltung unserer Gebäude und ihres Inhaltes.

Das Kunstgewerbe, wie wir es bisher kannten, war ferner nichts Einheitliches in sich selber. Wir besaßen vielerlei Kunstgewerbe, Kunsttischlerei, Kunstschlosserei, Architektur, Keramik, graphische Künste, Kunstweberei, aber diese und andere Kunstgewerbe gingen ein jedes seinen eigenen Weg. Auf diese Weise entstanden kunstvolle Einzelgegenstände, aber kein harmonisches Kunstleben. Wenn wir uns das Wort Kunstgewerbe im alten Sinne vorstellen wollen, so denken wir an einen Raum, dessen Wand mit pompejanischen Farben und Linien geschmückt war, dessen Fußboden einen guten Brüsseler Teppich hatte, dessen Möbel der Zeit Napoleons I. entsprach und auf dessen Tischplatten eine Mischung von Meißner Porzellan und japanischem Kleinkram stand. Das Kunstgewerbe machte die Räume zu einer Art von Museen, die neue Kunst will diesen Sammlungs- und Raritätencharakter überwinden und eine Lebensumgebung bieten, die mehr aus einem Guß ist, von der Architektur an bis zur Fruchtschale und vom Dienstmädchenzimmer bis in den Empfangsraum.

Und noch etwas anderes liegt im Wort Kunstgewerbe, was jetzt abgestreift werden soll. Das Kunstgewerbe wollte etwas anderes sein als das andere Gewerbe, nicht nur deshalb, weil es besser arbeitet, sondern auch deshalb, weil in seinem Sinne „Kunst" etwas ganz Besonderes war, das nur

zu besonderen dekorativen Zwecken hervorgeholt wurde. Es ist ein falscher Kunstbegriff, den wir ablehnen, indem wir vom Kunstgewerbe zum Werkbund voranschreiten, wir verlassen die Kunst der Feierlichkeiten und Künstlichkeiten und strecken unsere Hände aus nach einer Kunst, die für uns keine Fremdsprache ist, sondern eine Muttersprache, eine einfache, überall und immer verwendbare Sprache. Diese Sprache ist erst in der Entstehung, der Werkbund aber will für sie ein deutscher Sprachverein sein.
Was ist ein Kunsthandwerker? Was ist ein Unternehmer? Was ist ein Künstler?
Ein Kunsthandwerker ist ein Handwerker, der nach guten Vorbildern eine gute Arbeit macht. Er kann mehr Handwerker oder mehr Künstler und kann im besten Falle beides in hoher Vollkommenheit sein, aber der gewöhnliche Gang der Dinge ist, daß er mit seiner Werkstatt oder Bauunternehmung, mit Lehrlingsausbildung, Gesellenleistung, Materialeinkauf, Buchführung, Verkehr mit Kunden so viel zu tun hat, daß er für eigene künstlerische Vertiefung nur wenig Zeit übrig behält. An die Stelle dieser Vertiefung tritt dann das Musterbuch oder der gekaufte Entwurf. Falls das Musterbuch gut ist und die Arbeit im übrigen tüchtig, kann das Ergebnis ein recht beachtenswertes sein und weit besser als gewöhnliche ungeschulte Leistung, aber es fehlt ihr jene Sicherheit des eigenen Geschmackes, jene freudige und erfreuende Unbefangenheit, die den Handwerkern im gotischen Mittelalter und in der Rokokozeit ohne viele Skrupel und Sorgen von selber aus der Schule ihrer Meister zufloß. Der Kunsthandwerker, sei er Architekt oder Tischler oder sonst etwas, wird eine gewisse Nervosität nicht los, ob es denn auch wirklich Kunst ist, was er macht, und diese Nervosität steigert sich durch die Vorträge der Kunstschulen über reine und unreine Stile. Wie schwer ist es einem Kunsthandwerker, eine eigene Originalleistung zu wagen! Man denke an die Goldschmiede oder an die kleineren Schriftgießer! Auch der Handwerker will ja und muß verkaufen, und als einzelner ist er viel zu schwach, sich seine eigene Kundschaft zu erziehen. Er wird also zum Wiederholer alter Stilformen, oder er läßt sich von der Mode der Fachblätter mitschleppen.
Ein industrieller Unternehmer aber verzichtet als solcher von vornherein auf eigenes Kunstschaffen. Er ist im Grunde nur Kaufmann und Organisator eines Betriebes, das heißt, er macht Kontrakte mit den ausführenden Arbeitskräften einerseits und mit den zeichnenden, entwerfenden Künstlern andererseits. Dazu gehört natürlich, daß er von beidem etwas versteht, und wenn er viel versteht, so wird er tüchtige Künstler und tüchtige Arbeitsleiter und Arbeiter mit sich zu verbinden wissen, aber der Kern

seiner Geschäftsführung ist kaufmännisch und muß es sein. Darin liegt eine doppelte Gefahr für den fachlichen Wert seiner Erzeugnisse. Er will, wie jeder kaufmännische Geschäftsleiter, billig herstellen und teuer verkaufen. Darin jedoch eben ruht die Gefahr, daß er mehr den Schein der Kunst wahren will als die Kunst. Er macht Künstler zu Arbeitsmaschinen und Arbeitskräfte zu Proletariern. Der Erfolg aber ist: die Mietskaserne, das Salonmöbel, die Blumentapete, der Plunder, der sich als schön ausgibt. Die Kunst des Möbelmagazins ist ein seelenloses, nur geschäftliches Zusammenpressen von Materialien und Formen und Farben, schlechter in seiner Wirkung, viel schlechter als das Kunsthandwerk.

Mit dem Unternehmertum wächst nun auf der einen Seite eine Schicht von Angestellten und Arbeitern und auf der anderen Seite eine Schicht von berufsmäßigen Zeichnern und Erfindern. Über die Angestellten und Arbeiter wollen wir später reden, hier beschäftigt uns der Kunstzeichner in seinen verschiedenen Gestalten und Arten. Die Unterstufe dieser Zeichner ist der gewöhnlichen Bureauarbeit sehr verwandt. Was von ihnen verlangt wird, ist korrekte, schulmäßige Wiedergabe und Ausarbeitung von Ideen, die ihnen vorgelegt werden. Von ihnen gilt, was wir von den Arbeitern sagen werden. Über ihnen aber steht der durchschnittliche Geistesarbeiter, Architekt, Entwerfer, Musterzeichner, der auf Grund schulmäßig erworbener Fertigkeiten seine Arbeit pflichtmäßig fertigstellt, sowie man sie als Geistesarbeiter fertigstellen kann, das heißt ohne eigene tägliche Berührung mit der Arbeit und mit der Materie. Er lebt in der Welt der Kunstgeschichte, der akademischen Formen und vertritt die Kunst des Buches. Natürlich hat er eine gewisse beständige Berührung mit der Praxis, denn seine Entwürfe werden ja ausgeführt, kritisiert und von den Ausführenden korrigiert, aber er kauft keine Steine, hämmert kein Messing, kommandiert keine Bauarbeiter, er ist mit aller seiner Kunst fern von dem freien Schaffensgefühl derer, die in die volle Orgel des Lebens hineingreifen können. Das Ergebnis ist eine gewisse Blutarmut dieser Kunst, denn Kunst wächst im Material. Auch werden sehr viele dieser Geschäftskünstler zum Spezialistentum gedrängt. Da macht der eine ewig nur Beleuchtungskörper und ein anderer Muster für Kattundrucke. Ist es ein Wunder, wenn sie auf Absonderlichkeiten geraten, um sich vor ihrer Eintönigkeit zu retten?

Es kann also die Industrialisierung des Kunsthandwerks leicht zur Kunstentseelung führen und hat dazu geführt, und zwar so sehr, daß viele ernste Rufer gerufen haben: Zurück zum Handwerk, nicht zum modernen Kunsthandwerk, das eine Art Kunstpflanze ist, sondern zum Handwerk

der alten Bauhütten und Kunstbruderschaften, zum guten, trotzigen, nahrhaften und ehrenhaften Handwerk! Die ganze englische Kunstentwicklung, die von Morris getragen und von Ruskin verkündigt wurde, war voll von Handwerkssehnsucht, und auch bei uns schrieb man „Handwerkskunst" über die Pforten der Werkstätten, nur um damit zu sagen, daß man mit dem geistlosen Industrieplunder nichts zu tun haben wolle. Die Form dieser Sehnsucht war falsch, aber ihr innerer Gehalt war richtig. Eine äußerliche Rückkehr zum Handwerk gibt es nicht mehr. Man sehe doch die Betriebe gerade der Männer, die sich mit Vorliebe Handwerker nennen und die in den Handwerkervereinen den Vorsitz haben; ist das, was sie betreiben, Handwerk im alten Sinne! Sicherlich nicht! Auch bei Ihnen ist die Maschine eingezogen, und aus dem Gesellen ist der Lohnarbeiter geworden, und der „Meister" arbeitet für den Laden und geht auf Ausstellungen. Er hat alle Neigung, Unternehmer zu werden und, wenn es ihm glückt, dann wird er es auch. Es gibt heute kein selbstgewolltes Verharren im Kleinbetriebe mehr. Wer darin bleibt, tut es, weil bei ihm die Mittel oder das Können nicht weiter reichen. Es gibt fast nirgends eine reine Handtechnik mehr. Am meisten ist sie noch im Baufach vorhanden, aber alle Hilfs- und Nebenarbeiten des Baues sind längst industrialisiert, und der Baumeister selbst denkt gar nicht daran Kleinmeister bleiben zu wollen. Er wird Baufirma. Man mag hinsehen, wo man will, das alte Handwerk kommt so wenig wieder wie die alte Stille oder der alte Glaube. Ist nun aber damit auch über das alte Können das Todesurteil gesprochen? Hier beginnt die Kernfrage des neuen Werkbundes. Sie lautet: Ist wahre Kunst im modernen Betriebswesen möglich? Wer diese Frage bejaht, der steht auf der ersten Stufe zur Tür des Werkbundes.
Es handelt sich nicht um eine einseitige Bevorzugung der großen Betriebe. Kein Mensch wird verkennen, welchen bleibenden Wert im kunstvollen Gewerbe gerade kleine und übersehbare Betriebe haben und behalten werden. Wir brauchen die Leute, die wenige, aber tadellose Dinge herstellen, aber der Zeitgeschmack im ganzen wird nicht von diesen einzelnen gemacht. Er hängt von den Geschäften ab, die sich das Auge und Ohr der Käufer erzwingen können. Diese Geschäfte stehen vor der Frage, ob sie bei aller kaufmännischen Weite den guten Geist, Gutes Schaffen zu wollen, bei sich pflegen können. Gelingt es ihnen, so werden sie ganz von selbst die allgemeine Temperatur mit herstellen, in der auch der innerlich tüchtige Kleinmeister existieren kann. Das ist eine Umgestaltung der bisherigen Auffassungen über das Kunsthandwerk. Bisher galt es als richtig, dem Handwerker zu sagen: Du mußt Kunsthandwerker werden, weil dir

das die Industrie nicht nachmachen kann! Im Baufach hat zwar dieser Satz nie recht gegolten, denn da hatte das größere Baugeschäft immer den Vorzug, die größeren künstlerischen Aufträge für sich in Anspruch nehmen zu können, aber in allem, was Innenausstattung oder Dekoration war, galt dieser Rat als unbestreitbar. Das neue ist nun, daß man eingesehen hat, daß auch die besten Kleinen nicht stark genug sind, die Richtung des Marktes zu bestimmen, und daß es wirklich möglich ist, kunstvolle Großbetriebe zu versuchen.

Nicht als ob irgendein Großbetrieb nur ganz gute Sachen herstellen könnte! Das geht nicht, denn bei ihm verteilt sich die Arbeit auf viel zu viele Menschen, um für absolute Höhe alles Geschaffenen garantieren zu können, und bei ihm fordert das Geschäft einen Grundbestand an Artikeln, mit denen ohne viele besondere Geistes- und Nervenanspannung Geld verdient werden kann. Erreichbar aber ist die bewußte Ausscheidung von offenbarem Schund und die feste Richtung auf beständige Hebung des Materials und seiner Verarbeitung und vor allem der gestaltenden Kräfte. Das Problem des künstlerischen Großbetriebs ist aber in erster Linie ein Problem der Stellung der Gewerbekünstler zu den Betrieben, und hier treten auch die ersten praktischen Aufgaben des Werkbundes zutage. Es ist kein Zufall, daß die erste Aussprache in München sich in verschiedenster Weise um die Frage Künstler und Betriebe gedreht hat. Selbst in der Debatte, ob geschäftliche Firmen als Mitglieder dem Werkbunde beitreten dürfen oder nur Einzelpersonen, spielte diese Frage. Man hat sich für den Beitritt der Firmen entschieden und völlig mit Recht, denn in diesem Lebensproblem der modernen Kunst ist es nicht der in dem Geschäft sitzende Einzelmensch, der das letzte Wort zu sprechen hat, sondern die Geschäftsleitung als solche. Sie muß den Willen haben, künstlerisch gut arbeiten zu wollen. Dann wird sie den Weg finden, dem Künstler zur richtigen Stellung im neuen Erwerbsleben zu verhelfen.

Das neue, von dem wir sprechen, ist, daß es jetzt Gestaltungskünstler gibt, die sich über den von uns vorhin beschriebenen Zustand des abhängigen akademischen Zeichners und Erfinders weit emporheben. Das Aufkommen solcher Künstler ist ein kulturgeschichtliches Erlebnis ersten Ranges. Davon, wie es mit unserer sonstigen Kunstentwicklung zusammenhängt, sprechen wir an anderer Stelle, hier genügt die Feststellung der Tatsache, daß wir heute eine Zahl von schöpferischen Talenten sich der gewerblichen Lebensausstattung zuwenden sehen wir nie zuvor. Schon die Namen der Ausschußmitglieder des Werkbundes sind vielfach leuchtende Beispiele. Der künstlerische Schaffensgeist ist bei der Raumgestaltung angelangt.

Einzelne starke Baumeister und Tischler haben wir immer gehabt, aber die meisten von ihnen gehören noch der Zeit der Hof- und Fürstenkunst an. Jetzt sind es „freie Künstler", das heißt Verkäufer von Ideen und Entwürfen, die in Fülle auftreten und die das berechtigte Bestreben haben, nicht nur dienende Glieder innerhalb der großen Betriebe zu sein, sondern mit ihrem Können das gewerbliche Schaffen zu leiten. Innerhalb der Architektur zwar ist es schon eine geläufige Erscheinung, daß die Künstler von vornherein als Mitinhaber oder Begründer von entwerfenden Betrieben auftreten oder Baufirmen von sich abhängig machen, im übrigen Raumgewerbe aber sind die Herrenmenschen unter den Künstlern etwas Neues. Sie verlangen, daß ihre Werke ihren Namen tragen, daß sie mit ihrem Namen ausgestellt wird, kurz, sie stehen den ausführenden Betrieben etwa so frei und souverän gegenüber wie große Schriftsteller den buchhändlerischen Unternehmungen. Um sie herum entwickelt sich eine ganze Literatur, und schon heute strahlt der Ruhm einzelner von ihnen über Deutschlands Grenzen hinaus.

Diese fast vulkanische Erhebung einer Oberschicht gewerblicher Künstler bringt das ganze bisherige Kunstgewerbe in Gärung. Erst durch sie wird die Gewerbekunst zur nationalen Angelegenheit, durch sie wird die Aufmerksamkeit der ganzen gebildeten Jugend den Raumgestaltungsfragen zugewendet, und eben damit entsteht durch die Künstler die Möglichkeit von Großgeschäften, die an keinen einzelnen Ort mehr gebunden sind. Künstler und Großbetrieb arbeiten in Tischlerei, Kunstschlosserei, Tapeten-, Linoleum-, Teppichfabrikation, Goldarbeit, Buchschmuck und vielen anderen Gebieten zusammen. Ihr gemeinsames Interesse ist die Stärkung der künstlerischen Strömung, von der sie beide getragen und gehoben werden, aber dabei sind sie in beständigem Ringen miteinander teils um den materiellen Gewinn, teils um den sachlichen Einfluß. Es muß ein Platz geschaffen werden, wo sowohl die Gemeinsamkeit als auch dieses gegenseitige Ringen sich ausleben kann, eine Gemeinschaft der Schaffenden, die als Gemeinschaft die Anschauungen, Sitten und Rechte bildet, nach denen in der Zukunft Künstler und Betriebe miteinander arbeiten.

Alle Welt weiß, daß wir schon genug Vereine zur Pflege der Kunst haben, und viele Künstler wollen von diesen Vereinen gar nichts wissen, obwohl die Gesamtwirkung dieser Vereine sicher eine gute ist. Es ist aber ein großer Unterschied zwischen einem Vereine, der, wie etwa der Dürerbund, Kunstverständnis in die Bevölkerung hinaustragen will, also literarisch für Kunstgeschmack wirkt, und einer Vereinigung, die die Kunst fördert, indem sie Künstler und gute Gewerbetreibende vereinigt. Der Werkbund will, soweit wir ihn verstehen, kein Bildungsverein sein. Er nimmt an, daß seine Mitglieder gebildet sind und alle Hilfsmittel zur Förderung ihrer Bildung selbst in der Hand haben. Man kann den Werkbund vielmehr mit einer Gewerkschaft einerseits und einem industriellen Syndikate andererseits vergleichen.

Der Werkbund ist die Gewerkschaft der Kunstschaffenden gegenüber den Marktverderbern. Als Marktverderber sind anzusehen:

Die Hersteller und Verkäufer von Schund und Scheinkunst, die Scheinkünstler, welche ihren Kunstsinn verleugnen, um den Kunstverderbern zu dienen.

Beide Arten von Gegnern hängen eng unter sich zusammen, und es ist deshalb eine natürliche und sachlich gerechtfertigte Verbindung, wenn die künstlerisch ernsthaften Entwerfer und Hersteller sich ebenfalls zusammentun. Daraus aber ergibt sich die eigentümliche Verfassung des Werkbundes. Er kann seine Tore nicht für jeden Beliebigen öffnen, weil er dann sofort seine intimsten Gegner bei sich zu Gaste laden würde. Sie genießen sowieso schon von seinen Leistungen mit, denn sie machen die Formen der guten Künstler in Eile nach ohne selbst etwas anderes hinzuzufügen als ihre eigene Oberflächlichkeit, aber sie sollen wenigstens nicht die Möglichkeit haben, in den Verband selbst ihre eigene Halbheit und Grundsatzlosigkeit hineinzutragen. Der Werkbund ist ein geschäftlich-künstlerischer Verband für Qualitätsverbesserungen. Als solcher will er kämpfen und bekämpft werden, und erst die Zukunft wird das Urteil über den allgemeinen künstlerischen, sittlichen und volkswirtschaftlichen Nutzen seiner Bestrebungen abgeben können. Wenn dem Werkbunde gelingt, was wir von ihm erwarten und was wir auf diesen Blättern darzustellen versuchen, dann kann er sich getrost als Kunstpartei, Interessentengruppe oder sonst etwas Ähnliches schelten lassen.

Im Gespräch wurde gelegentlich der Werkbund der Raumgewerbe mit den Sezessionen der Maler verglichen. Das ist halb richtig. Auch bei den verschiedenen Sezessionen der Ölbildkünstler wirkten ganz ähnliche Beweggründe mit. Sie sind Ausstellungs- und Verkaufsverbände von Malern, die ihre Tüchtigkeit und Eigenart nicht in den Massenausstellungen wollen verloren gehen lassen und die meist eine gemeinsame moderne, das heißt suchende Richtung haben. Der Unterschied liegt aber zunächst darin, daß der Maler selbst der Bildhersteller ist, während der Raumkünstler nur der Entwerfer ist. Eine Sezessionsausstellung kann, wenn es sein muß, ohne Bilderhändler und gegen sie von den Malern gemacht werden. Der Raumkünstler aber existiert gar nicht für sich allein. Ferner aber ist der ganze

Zweck der Malersezession Ausstellung und Verkauf. Bei den Raumgewerben aber spielt vieles andere mit, ehe die Ausstellungs- und Verkaufsfrage an die Reihe kommt. Alle kunstvollen Gewerbetätigkeiten sind nämlich auf gegenseitige Ergänzung angewiesen, auf jene Vereinheitlichung in Gestaltung und Farbe, von der wir andeutungsweise schon sprachen und über die wir später noch genaueres sagen werden. Das aber bedeutet eine sehr vielfältige geschäftliche und geistige Verflochtenheit aller an diesen Gewerben Beteiligten. Kein einziger großer Bau kommt mit allem, was zu ihm gehört, aus einer einzigen Hand. Auch wenn ein Künstler alles ausdenkt, so braucht er die verschiedensten Handwerke oder Industrien, um seine Ideen zur Verwirklichung zu bringen. Ein großes Raumkunstwerk ist immer eine Gemeinschaftsleistung und wird um so besser gelingen, je besser von vornherein die Harmonie der Beteiligten ist, und zwar nicht bloß die menschlich-gesellschaftliche Harmonie, sondern vielmehr noch die Harmonie in künstlerischer Methode und in Treue und Echtheit der Durchführung. Es ist kein Ausstellungsverband, den wir vor uns haben, sondern ein Werkbund. Auch er wird voraussichtlich Ausstellungen machen; aber sie sind nicht Selbstzweck, sondern nur Hilfsmittel zur Organisation des Gewerbes.

Die Sezessionen der Maler haben mehr oder weniger eine bestimmte Kunstrichtung, die sich in Gegensatz zur Allerweltsmalerei stellt. Oft freilich geht es, wie bei der Berliner Sezession, so, daß die Schärfe der Richtung sich abschleift in dem Maße, als die Tüchtigkeit zunimmt und anerkannt wird. Das letztere muß man im Auge behalten, wenn man erkunden will, ob der Werkbund einen „neuen Stil" vertreten wird oder nicht. Schon die Namen der Ausschußmitglieder zeigen, daß es sich um keine Stilgemeinschaft im engeren Sinne des Wortes handeln kann; denn wir verschieden sind Theodor Fischer und van de Velde oder Behrens, Pankok und Riemerschmid! Es liegt aber ein noch tieferer Grund vor, weshalb von vornherein die Auffassung einer Stilgemeinschaft abgelehnt wird.

Jeder, der mit Künstlern verkehrt, weiß, wie wenig gerade die starken Künstler vom Stil reden und hören wollen. Sie haben ihren Stil, wie sie ihr Gesicht haben, aber sie machen sich nichts aus dieser für sie selbstverständlichen Tatsache, denn all ihr Sinnen und Trachten geht darauf aus, etwas Gutes, Eindrucksvolles, Zweckvolles zu schaffen, mag es im Stil so oder so sein. Eine Verbindung, die gewisse Stilparagraphen in ihre Statuten aufnehmen wollte, würde von Anfang an für viele der besseren Schaffenskräfte verdächtig sein. Es ist so viel Dummes über den Stil geredet und geschrieben worden und es läßt sich im Einzelfall so wenig etwas

Greifbares darunter vorstellen, daß gerade diesem Wort mit einer gewissen Müdigkeit begegnet wird. Der Werkbund wird also keinerlei formulierte Satzungen über Kunstrichtung haben, sondern nur Bestrebungen über Qualität. Wenn er trotzdem, woran wir nicht zweifeln, der Außenwelt und Nachwelt als Richtung erscheint, so ist gerade das keine bewußte Absichtlichkeit, sondern liegt in der Zeitströmung, von der auch dieser Bund getragen und umspült wird.
Der Bund als Bund verlangt nichts anderes, als daß in Form und Material gut gearbeitet wird. Wer das nicht leisten will oder kann, muß draußen bleiben. Was aber heißt gut? Hier beginnt das Gebiet des Gemeinschaftsgefühls, das der Bund erziehen will. Er will ein Areopag werden, wo die Praxis das Gute vom Minderwertigen scheidet, wo vor Augen gezeigt wird, was gegenwärtige deutsche Kunst ist. In gewissem Sinne knüpft das an an die verdienstvolle literarische Vorarbeit, die insbesondere der „Kunstwart" geleistet hat; aber hier ist alles Literarische nur Nebenwerk: die Mitglieder des Bundes sind mit ihren Arbeitern selbst eine lebendige Propaganda und sind, ohne daß sie es wollen oder formulieren, eine kunstgeschichtliche Richtung, die Richtung des neudeutschen Gewerbes, die mit ihnen kommt, deren Anfänge wir schon um uns sehen und auf der Ausstellung für Wohnungskunst in Dresden im Sommer 1906 zum erstenmal gesammelt vor Augen hatten. Voraussichtlich wird die Ausstellung in München das praktische Aufklärungswerk der Dresdner Ausstellung fortsetzen, und zwar eine Ausstellung, die noch schärfere Grenzen zieht gegenüber dem, was nicht zum Werkbunde paßt.
Will man versuchen, den künstlerischen Inhalt der neuen Richtung in Worten darzustellen, so wird man darauf verzichten müssen, alles aus einem Prinzip zu erklären. Ein solches Einheitsprinzip gibt es nicht und hat es auch bei früheren Umwandlungen im Kunstleben nicht gegeben. Ist etwa die Gotik aus einem einzigen Gedanken herausgewachsen oder hat man sie verstanden, wenn man einen Grundriß oder einen Spitzbogen zu Papier bringt? So klein ist nicht einmal eine einzelne Menschenseele, daß sie nur eine Grundidee hat. Wie sollte eine zeitgeschichtliche Wandlung von den Miterlebenden auf so knappe Formel gebracht werden können?
Die neue Richtung ist zunächst an folgenden äußeren Merkmalen erkennbar:
1. Der Sinn für Echtheit des Materials ist gegenüber allen falschen Ersatzmitteln bereits heute zum Siege gelangt. Man kann jedes dauerhafte Material brauchen, aber man soll es nicht für etwas anderes ausgeben, als was es ist. Auch Zement ist ein echtes Material und wahrscheinlich

ein sehr zukunftsreiches, aber Zement soll nicht als Marmor behandelt werden und Holz nicht als Gold. Jede Metallmischung kann berechtigt sein, aber sie soll nicht als Silber aufmarschieren.
2. Jedes Material, das wert gefunden wird, verwertet zu werden, darf auch gesehen werden; überhaupt ist es falsch, die Spuren der Arbeit zu verkleistern. Damit fällt jene künstliche Glättung weg, die der Leinwand ihren Gewebecharakter raubt und die alle Holzflächen nur als Grundlage für Lackierer- und Furniererkunststücke betrachtet. Man wird für Zwecke besonderer Eleganz und Haltbarkeit auch die Glättungstechniken nicht ganz außer Gebrauch stellen dürfen, aber man soll sie streng auf solche Zwecke beschränken.
3. Die Kunst besteht nicht in der Verdeckung der Gebrauchszwecke, sondern oft sogar in ihrer ausdrücklichen Hervorhebung. Diese Hervorhebung geschieht nicht durch Anbringung von Sinnbildern oder Inschriften, sondern in klarer Herausarbeitung der Raumgliederung oder des inneren Aufbaues. Das Gebäude wird von innen nach außen gebaut, soweit dieses durch Baufläche und Umgebung möglich ist; der Stuhl soll offensichtlich zum Sitzen da sein, und das Tintenfaß soll keine Miniatur einer Tempelruine darstellen.
4. Die Konstruktion wird im allgemeinen lieber gezeigt als verborgen. Es gilt nicht gerade als Sünde, die Konstruktion nicht sehen zu lassen, aber viele der neuen Architekten und Gewerbekünstler haben ein Vergnügen daran, ihre Eisenträger, ihre Röhrenpfeiler und selbst die Heizungsanlagen offen zur Schau zu stellen. Ein Geist schöner und fast brutaler Ehrlichkeit beginnt ein verlogenes Zeitalter abzulösen, in welchem man mit Eisen baute, aber Steinbau heuchelte. Besonders gern werden Holzkonstruktionen dem Auge ausgesetzt und bisweilen absichtlich übertrieben, damit sie empfunden werden müssen. Auch in der Metalltechnik steigt die konstruktive Schmiedearbeit wieder empor.
5. Der Raum wird als eine Einheit erfaßt, sobald dieses möglich ist, das soll heißen: die Schränke stehen nicht als Fremdkörper an den Wänden, der Tisch ist ein Verwandter vom Schrank, das Fenster ist ein Teil der Nische, die Lampe paßt zur Decke, und der Ofen ist kein wüstes Ungeheuer, die Polsterungen entsprechen den Holzformen, und die Bilder dürfen nicht die zarteren Eindrücke des Raumes totmachen. Es wird weniger auf eine akademische Stileinheit gesehen als auf tatsächliche Harmonie.
6. Sowohl an der Außenseite der Gebäude wie an ihren Innenräumen wird fast mit Ängstlichkeit alles ferngehalten, was entweder an den grie-

chisch-römischen Stil oder an den romanisch-gotischen Stil erinnern kann. In dieser Hinsicht freilich bestehen große Unterschiede. Messel ist zweifellos moderner Architekt und verwendet doch klassische und mittelalterliche Bau- und Schmuckformen mit bewundernswerter Freiheit. Viel häufiger als an die höchsten Stilformen der Vergangenheit knüpft man aber an Elemente an, die zwischen oder nach ihnen liegen, an Bauernkunst, deutsche Renaissance, Rokoko, Empire, Biedermeierzeit. Alle derartige Anknüpfung ist aber locker und unhistorisch. Sobald sie als Absicht und System auftritt, ist die schaffende Kunst zu Ende.

7. Die Formensprache des neudeutschen Gewerbes ist im allgemeinen mehr naturalistisch als geometrisch, aber es genügt, an van de Velde und Behrens zu erinnern, um zu sagen, daß auch die geometrischen oder linearen Formen kräftige Vertreter besitzen. Am ausgesprochensten ist unseres Erachtens der Naturalismus bei Riemerschmid und Pankok, bleibt aber immer scharf geschieden von bloßer Wiedergabe zufälliger Natureindrücke. Das Eigentümliche der bisherigen Entwicklung ist aber, daß uns die Naturalisten und die Linearkünstler nicht als zwei getrennte Gruppen erscheinen, weil im Naturalismus so viel Trieb zur Stilisierung und in der Linearkunst so viel Neigung zur phantastischen Vermehrung der Linien vorhanden ist, daß beide sich vielfach begegnen. Wir sind geradezu überschüttet mit neuen Formen, unbeschreiblich reicher geworden in wenigen Jahren. Wir wußten vorher gar nicht, welchen Reichtum der Gestaltung wir schlummernd in uns trugen. Dank denen, die diese Fälle wecken konnten! Daß dabei Vergängliches und Gewagtes mit unterläuft, ist selbstverständlich und erhöht das allgemeine Lebensgefühl.

8. Unser Raumgewerbe ist farbiger geworden als die Kunst irgendeines früheren Zeitalters. Selbst die Kultur Mesopotamiens und Ägyptens im Altertum hat bei all ihrer Starkfarbigkeit nicht die Farbenfülle unseres chemischen Zeitalters gehabt. Damit ergeben sich ungeahnte Aufgaben und Wirkungen für fast alle Gewerbearten der Raumkunst. Auch die Architektur sucht malerische Eindrücke zu erzeugen, bisweilen selbst auf Kosten der konstruktiven Klarheit. Die Musterbücher unserer besseren Textilindustrie sind zu Farbenkästen der Gewerbekünstler geworden. Überhaupt ist die neue Kunst vielfach von Malerbegabungen emporgetragen worden.

Die neue Kunst hat also verschiedene Bewegungsrichtungen, die von verschiedenen Personen gleichzeitig getragen werden; sie ist einesteils konstruktiv und andernteils empfindsam. Sie entspringt nicht dem Kopfe und

Herzen eines einzelnen Mannes und hat darum keinen König oder Diktator. Sie kann um ihrer Mannigfaltigkeit willen zerfließen und zerflattern, ehe sie ganz reif geworden ist, wenn nicht der Bund der Schaffenden geschlossen wird, in dem die Personen sich befreunden. Um ein großes Beispiel anzuführen: Schiller und Goethe gewannen beide, als sie sich zur Arbeitsgemeinschaft zusammenschlossen. So etwas kann nicht mit äußeren Veranstaltungen gemacht werden, aber die äußeren Veranstaltungen der gemeinsamen Tagungen können dem Geiste helfen, sich durch Gegenseitigkeiten zu bereichern. Schon von der ersten Münchener Tagung sind einige Beteiligte sehr glücklich heimgekehrt, denn sie hatten Personen kennen gelernt, die für ihr eigenes Arbeitsleben etwas bedeuten.

Als Richard Wagner die deutsche Theaterkunst reformierte, war seine Reformlosung, daß es nicht mehr vielerlei Künste geben dürfe, sondern eine Kunst. Er behandelte Orchester, Gesang, Schauspiel, Dichtung, Mimik, Tanz, Dekoration und Inszenierung als Einzelbestandteile des Bayreuther Einheitsgedankens. Etwas Ähnliches vollzieht sich jetzt in den bildenden Künsten. Da steht der Bildnismaler, da der Fassadenarchitekt, da der Tapezierer und dort der Möbelschreiner, da steht der Glasfabrikant und dort der Metallgießer. Jeder von ihnen hat für sich eine Kunst. Ihnen wird jetzt gesagt: Es gibt nicht zwanzig Künste, sondern eine harmonische Arbeit! Das sagt ihnen nicht ein einzelner Mensch, sondern eben der Entwicklungsgang, dessen Elemente wir jetzt dargestellt haben.

Wie aber entsteht die Einheit? Bei Richard Wagner entstand sie auf Grund königlicher Mittel in der Stille von Bayreuth und unter der Diktatur des einen Mannes. Sobald dieser Mann verschwand, begann die Gefahr der Zersplitterung von neuem, und wohin er nicht reichte, da fehlte die verbindende Genialität. Die Einheit der Raumkunst muß von vornherein anders angelegt sein. Sie entsteht jetzt ohne Vereinigungsstelle durch gegenseitige Erziehung und Anpassung. Das gute Großgeschäft erzieht nicht nur seine eigenen Leute und Lieferanten, es erzieht auch seine Konkurrenz. Der schaffende Künstler erzieht den Betrieb, in dem er arbeiten läßt. Es gibt ein vielverflochtenes gegenseitiges Heranziehen zur besseren Form und Arbeit. Amtliche Stellen können, wie die Beispiele des deutschen Reichskommissars Lewald und des Geheimen Rats Muthesius beweisen, dabei wesentlich mithelfen. Große Besteller, wie die beiden Schiffahrtsgesellschaften, oder große Hersteller, wie die Allg. Elektrizitätsgesellschaft, können diese Erziehung mit Bewußtsein fördern. Es würde aber diese Erziehung der Besten durch die Besten und der Schwächeren durch die Starken noch viel lebendiger gemacht werden können, wenn ein Gemeinschaftsgeist derer entsteht, die an dieser Kulturarbeit teilnehmen.

Aber wird denn ein Bund etwas schaffen können, wozu sonst persönliche Genialität gehört, dieses große Werk der einheitlichen neudeutschen Raumkunst?

Antwort: Ein Bund wird nie genau das hervorbringen können, was eine vielseitige und fast unerschöpfliche Einzelperson leistet, sobald sie ihren Platz im Dasein gefunden hat. Ein Bund ist und bleibt ein Mechanismus, der zwar Organismus werden möchte, aber doch mit vielen Reibungen und Mängeln behaftet ist. Der Bund als Bund kann nicht zaubern und ist nur so viel wert, als Personenkraft und Lust in ihn hineingesteckt wird. Gerade auf den höchsten Lebensgebieten läßt sich mit bloßen Statuten, Sekretariaten, Vertrauensmännern und Beiträgen, ja auch mit Versammlungen, Ausstellungen und Schriftwerken nichts Rechtes zuwege bringen, falls es nicht gelingt, die Seele des Bundes selbst zu schaffen, den Geist der Arbeitsgemeinschaft. Aber eine Einzelperson, auch wenn sie vorhanden wäre, kann das überhaupt nicht leisten, was hier nötig ist. Kein Einzelmensch verkörpert ins ich die neue Gewerbekunst, und kein Diktator kann die tausend Verbindungen überschauen, die hier angeknüpft und erhalten werden müssen. Es liegt von Haus aus etwas Demokratisches in dieser Gewerbekunst. Sie ist nicht Hofkunst, ist nicht von Autoritäten gerufen, sie hat nichts anderes als das demokratische Mittel der Vereinsbildung, wenn sie als Einheitssubjekt auftreten will. Der Verein selbst will und darf dabei nicht herrschen wollen, sondern nur dienen. Er ist das stille Herdfeuer, um das man sich sammelt, um von der Arbeit zu reden und voneinander zu lernen.

Daß Vereine auch auf geistigem Gebiet etwas Wirkliches leisten können, ist verschiedentlich durch die Praxis erwiesen. Es sei nur auf den Verein für Sozialpolitik hingewiesen, der durch mehrere Jahrzehnte hindurch der Mittelpunkt aller arbeitenden Kräfte in der deutschen Wirtschaftswissenschaft gewesen ist und den Gang des geistigen Lebens und der Gesetzgebung merkbar beeinflußt hat. An Vereine dieser Art muß man denken, wenn man jetzt zum deutschen Werkbund schreitet. Der Unterschied ist nur, daß der Werkbund kein wissenschaftlicher Debattenverband ist, sondern eine künstlerisch-geschäftliche Verbindung, ein Bund mit Zwecken gleichzeitig idealer und praktischer Natur.

Die ersten Wirkungen des Bundes sollen also innerliche sein und auf die Hebung der Gewerkschaft in ihrem Kern sich richten. Wie verschieden denken die Menschen über den rechten Weg zur Hebung der Kunst! Den

Wissenden jedoch ist klar, daß das A und O bei der Hebung der Kunst die Hebung der künstlerisch tätigen Personen ist, und zwar aller derartigen Personen. Damit kommen wir zur Stellung des Werkbundes zur Arbeiterfrage. Sie kündet sich damit an, daß man die Lehrlingsausbildung auf die Tagesordnung des Bundes gestellt hat. Bei der ersten Versammlung in München war die Lehrlingsfrage fast der Hauptpunkt der Besprechungen. Es gilt die Wege zu suchen, auf denen ein guter, ja sogar ein sehr guter Nachwuchs von Arbeitskräften für kunstvolle Gewerbe erreicht wird. Der heutige Zustand ist der, daß das ältere Kunsthandwerk die Erziehungsstube für die bessere Industrie ist. Ähnlich war es oder ist es überall dort, wo aus Handwerken Industrien werden. Auch die großen Werkstätten der Maschinenbauer oder die großen Druckereien stehen vor demselben Problem: Sie entnehmen ihre besten Arbeitskräfte den kleinen Werkstätten, wo der Lehrling noch wirklich etwas lernt. Aber das hört eines Tages auf, denn dem kleinen Gewerbe wird eben auf diesem Wege seine eigene Zukunft verbaut. Es bildet beständig Kräfte aus, die ihm entlaufen, und arbeitet dann selbst mit Gehilfen von geringerem Werte. Und wie soll die ganze Menge der für den Großbetrieb erforderlichen Arbeiter aus dem Kleingewerbe noch herauskommen? Wenn wir einmal künstlerischen Großbetrieb haben wollen, so brauchen wir auch eine Erziehung in und für diese Betriebsart.
Ein Versuch, hier zu helfen, sind die gewerblichen Fortbildungsschulen und Kunstgewerbeschulen, wie sie besonders Schulrat Kerschensteiner in München hervorgerufen hat, oder wie sie Muthesius in Preußen fördert. Diese Schulen können sehr gut sein, wenn sie zwei Vorbedingungen entsprechen. Sie müssen einerseits sich vor allem rein Theoretischen hüten und sich selbst nur als Ergänzungsveranstaltungen zur Lehrlingspraxis im Betriebe geben wollen, und sie müssen andererseits ihren Schülern praktische Herstellungsaufgaben zuführen und nicht nur Zeichenschulen sein. Über die Einzelfragen dieses Gebietes kann hier nicht geredet werden, und diejenigen, die selbst Erziehungsarbeit leisten, werden besser darüber reden als ich, aber es liegt auf der Hand, daß der Werkbund vom ersten Tage an die Zukunft seiner Gewerbe im Auge muß. Wenn er das nicht tut, so kann es leicht so kommen, daß der glänzende Aufstieg der deutschen Raumkunst, den wir jetzt erleben, nur von sehr kurzer Dauer sein wird, nämlich nur so lange, bis die letzten Reste von Handwerkserziehung aufgebraucht sind.
Das alte Kunsthandwerk besaß Tradition, das heißt es besaß ausführende Arbeitskräfte, die ihre Kunst in den Fingern und im Handgelenk und im

Auge hatten. Man konnte dem einzelnen Manne etwas zutrauen, denn er war keineswegs bloß eine Art menschliche Maschine, sondern hatte eine Seele für seine Arbeit. Diese Seele für die Arbeit fehlt heute vielfach, und man hört in allen künstlerischen Industrien die Klage darüber, daß es schwer ist, wahrhaft schöne Künstlergedanken in die rechten ausführenden Hände zu geben. Oft ist eine solche Klage mit einem Schelten über die Unbildung der Arbeiter verbunden, man sollte aber bedenken, daß man aus einer Arbeiterschaft nichts herausnehmen kann, was nicht vorher in sie hineingelegt worden ist. Wer den Arbeiter wie einen Proletarier behandelt, kann sich nicht wundern, wenn er ein Proletarier ist. Kunstgewerbe setzt Hebung der geistigen und materiellen Lage der Arbeiter voraus.
Der große Unterschied zwischen dem Unternehmertum in Rohstoffproduktion und Fertigfabrikation ist der, daß die Unternehmer der ersteren Art von ihren Arbeitern nur Durchschnittseigenschaften zu verlangen haben, die häufig vorkommen, daß aber die Unternehmer der zweiten Art Qualitätsarbeiter brauchen, die nicht auf jeder Gasse laufen. Ein Bergwerk kann sich aus Galizien oder sonstwoher Arbeitskräfte holen, eine Holzbildhauerei aber oder Glasmalerei ist auf die Arbeiter angewiesen, die ihr Fach mit Erfolg gelernt haben. Deshalb stellt sich die ganze soziale Frage bei jenen elementaren Industrien anders dar als bei den feineren Gewerben. In den Rohstoffindustrien ist sie ein Massenkampf um den Lohn und um das Recht der freien Koalition, ein Kampf, bei dem der einzelne Arbeiter nur eine Nummer ist. Je feiner aber das Gewerbe wird, desto größer wird die Qualitätsbedeutung des einzelnen Mannes. Manche Arbeit kann ohne diesen Mann überhaupt nicht ausgeführt werden. Daran ändert auch die Einführung neuer Maschinen nichts, denn auch Maschinen für feinere Arbeiten sind zarte Körper und wollen persönlich gepflegt und bedient sein. Die Qualitätsarbeiter können nicht beliebig durch eine unbegrenzte Reservearmee ersetzt werden. Deshalb hat bei ihnen die Gewerkschaftsorganisation einen viel sicheren Standort als bei den ungelernten und halbgelernten Arbeitern und muß auch vom Unternehmertum von vornherein als vorhandene Größe angesehen und behandelt werden. Die Auffassung des Stahlwerksverbandes kann niemals die der Wohnungsgewerbe sein, und wo man im Baufach versucht hat, einen brutalen Herrenstandpunkt einzunehmen, da sind die beiderseitigen Verhältnisse so unerquicklich geworden, daß die Arbeit oft allen Beteiligten geradezu zur Pein wird.
Es wird also für die zum Werkbund gehörigen Unternehmungen ganz von selbst und ohne besondere Bundesbeeinflussung gelten, daß sie zu den Verbänden der Arbeiter nicht in direkt ablehnendem Verhältnis stehen. Das

verbietet sich durch die Natur der hier vertretenen Gewerbe. Sollte trotzdem eine grundsätzliche Ablehnung des Verhandelns mit Arbeiterverbänden vorkommen, so müßte meines Erachtens der Bund ohne besondere Rechtsstellung seinen moralischen Einfluss geltend machen und mahnend eingreifen, weil es nichts Unkünstlerisches gibt als ein absichtlich feindseliges Verhalten der im gleichen Betriebe tätigen Personen. Natürlich können und werden überall vorübergehende Störungen der Harmonie vorkommen, aber es ist das erste Erfordernis einer Kunstindustrie, sie nicht zu dauernden Mißständen sich auswachsen zu lassen. Ob im einzelnen Falle der Unternehmer oder der Arbeiterverband den Anlaß zum Streit gibt, ist ziemlich gleichgültig. Selbst wenn die Arbeiter an der Einzelstörung schuld sein sollten, was nicht selten der Fall ist, so liegt es doch im ganzen in den Händen der Unternehmer, die Temperatur der Arbeitsgemeinschaft zu bestimmen. Von den Gewerkschaften aber muß verlangt werden, daß sie in Presse und Versammlungen der künstlerischen Ausbildung ihrer Mitglieder noch viel mehr Aufmerksamkeit widmen als bisher.
Der Werkbund ist seiner Anlage nach kein Unternehmerverband, denn er will künstlerisch schaffende Menschen aus allen Betriebsstufen in sich aufnehmen, auch Angestellte und Arbeiter, aber es liegt in der Natur der Sache, daß die Unternehmer in ihm eine größere Rolle spielen werden als die Arbeiter. Man wird also wohl nicht fehlgehen, wenn man den Werkbund in gewissem Sinne als einen Gesinnungsverband von Qualitätsgewerbeunternehmern bezeichnet. Es sollen keine Statuten über Arbeiterfragen gemacht werden, aber der Geist des Verbandes muß gegenüber allen Arbeiterangelegenheiten entschieden liberal sein. Ob man Tarifvertrag macht oder nicht, ob man Wochenlohn zahlt oder Akkordlohn, ob man Arbeiterausschüsse hat oder nicht, das alles und vieles Ähnliche kann und wird im Bunde besprochen werden müssen und zwar unter dem Hauptgesichtspunkt der Hebung der Kunst durch Hebung der Kunstarbeiter.
Die Kunstfertigkeit jedes kunstgewerblichen Arbeiters, er sei Künstler, Geschäftsleiter, Zeichner, Tischler, Gießer, Glasbläser oder sonst etwas, hängt von seinem Seelenzustande ab. Das ist ja eben das Eigentümliche aller Kunst, auch der gewerblichen Kunst, daß sie gern getan werden will. Zur Kunst gehört Freude am Können, Freude am Material, an der Form, an der Originalität, an der besonderen Schwierigkeit. Ohne diese Freude entsteht nichts wahrhaft Gutes. Eine Arbeit voll Seufzen ist zwar auch Arbeit, aber ist keine Kunst, eine gleichgültige, interesselose Arbeit ist tot in sich selber. Woher kommt es denn, daß von tausend Dingen, die zum Verkauf ausgestellt werden, uns kaum zehn oder zwanzig persönlich erfas-

sen und nicht wieder loslassen? Weil in neunhundert von tausend Sachen kein Funke von persönlicher Wärme drin ist! Das fühlt der Beschauer. Er sagt, daß die Sache korrekt gemacht ist, aber ihn kalt läßt. Es ist also die Freude an der Arbeit für die feineren Gewerbe geradezu eine geschäftliche Angelegenheit.

Freude an der Arbeit?! Gibt es so etwas im modernen Industrieverhältnis?? Gibt es so etwas nicht nur bei Jubiläumsfesten und in Leitartikeln, sondern bei den Hunderten von Angestellten, Werkmeistern und Arbeitern, bei denen die Ausführung der Raumkunst liegt? Das ist keine kleine Frage, denn in dieser Frage liegt geradezu die Zukunftsaussicht der nationalen Gewerbekunst. Die Nation, die im Industriezeitalter die meiste Freude an der Arbeit bei sich zu erzeugen imstande ist, hat die beste Hoffnung, die Kunstführung zu erlangen.

Das Wesen des Seelenzustandes, den wir Freude an der Arbeit nennen, ist gar nicht ganz einfach. Wer ihn nicht von selbst her kennt, dem wird auch unsere Beschreibung wenig sagen. Er besteht negativ darin, daß die Arbeit nicht bloß um des materiellen Vorteils willen gemacht wird, und positiv darin, daß sie zur Befriedigung des eigenen Schönheitssinnes oder Gestaltungssinnes gereicht.

Die Arbeit soll nicht um des materiellen Vorteils willen gemacht werden, sondern um ihrer selbst willen. Dazu aber gehören Menschen, die keine unmittelbaren materiellen Sorgen haben. Wer nicht weiß, wovon er morgen leben soll, der bemißt naturgemäß den Wert seiner Beschäftigung nach der Miete, die er zu zahlen, und nach dem Wirtschaftsgelde, das er seiner Frau zu geben hat. Freude an der Arbeit setzt voraus, daß die Arbeitsstellen in den kunstgewerblichen Betrieben sich auf der Höchstgrenze des möglichen Lohnes bewegen. Mit anderen Worten: die Kunstbetriebe müssen von allen Betrieben am meisten sozialisiert sein, wenn sie gedeihen sollen. Ihr Grundsatz muß sein, daß das Aufsteigen des Betriebes allen Beteiligten zugute kommt. Ob das durch besondere Statuten zustande kommt oder durch ein Verhandeln von Fall zu Fall, ist sachlich fast gleichgültig, wenn nur das Endergebnis das ist, was ich in meiner „Neudeutschen Wirtschaftspolitik" als Betriebspatriotismus bezeichnet habe.

Ausgeschlossen bei diesen Bestrebungen, die Angestellten und Arbeiter am Gedeihen des Geschäftes persönlich zu interessieren, ist alle patriarchalische Bevormundung. Von allen Arbeitern müssen die Kunstarbeiter am meisten das Gefühl haben, jeden Tag ihre Stelle wechseln zu können, wenn sie wollen. Das Ziel ist große Dauerhaftigkeit der Arbeitsverhältnisse bei sehr leichter Lösbarkeit. Es nützen darum hier alle solche Wohlfahrtseinrichtungen gar nichts, die gleichzeitig Ketten sind, und es ist nötig, daß an allen Verbesserungsanlagen des Betriebes die Arbeiter und Angestellten selbst beratend mitwirken.

Die Arbeiter müssen den Betrieb als „unser Betrieb" bezeichnen können. Dann sind sie nicht nur am Lohn, sondern am Erfolg des Gesamtunternehmens interessiert, an der Schonung des kostbaren Materials, an der Ausnutzung der Maschinen, an der Steigerung der Leistung in den einzelnen Abteilungen, an der tadellosen Ausführung auch der Hilfsarbeiten, am Zusammenwirken der verschiedenen Gruppen. Je besser der Arbeitsgeist eines Betriebes ist, desto leichter entsteht in ihm ein vollendetes Werk.

Der Unternehmer aber muß, um dieses zu erreichen, selbst mehr sein als ein Geldmensch, denn von ihm muß der Geist der Betriebsgemeinschaft ausstrahlen. Von ihm wird verlangt, daß er nicht nur für Kunstformen Sinn hat, sondern auch Künstler ist im Behandeln der Menschen. Jede seelische Kunstlosigkeit gegenüber den Arbeitern und Angestellten rächt sich schließlich am Kunstwerk. Vom Profit muß in diesen Gewerben mit etwas Umdeutung das Wort der Bibel gelten: Trachtet am ersten nach dem Reiche Gottes und seiner Gerechtigkeit, so wird euch das andere alles zufallen. Ja, trachtet nach Vollkommenheit in der echten Menschlichkeit, in der Organisation der Arbeit und in der Treue der Kunstvertiefung, so wird der materielle Ertrag von selber sich einstellen. Das alte Wort „Handwerk hat einen goldenen Boden" ist nicht von jedem Handwerker gesagt und beschränkt sich nicht auf handwerksmäßige Kleinbetriebe, sondern bedeutet, daß in aller Welt auf die Dauer nichts besser bezahlt wird, als die wirklich gute persönliche Leistung. Diesen Handwerksglauben in die Verhältnisse des Industriegewerbes überzutragen, ist eine der wichtigsten und schwersten Aufgaben des Werkbundes.

Wir sind froh, daß wir hervorragende Gewerbekünstler vor uns aufsteigen sehen, aber diese Künstler allein sind wie Feldherren ohne Soldaten, wenn der Kunstsinn der ausführenden Arbeitskräfte nicht mit den Anforderungen der entwerfenden Künstler steigt und wenn ihnen nicht eine Schar entwerfender Zeichner nachwächst. Während der Künstler sinnt und gestaltet, hat er stets eine unsichtbare Gesellschaft um sich, die heimliche Versammlung derer, die seine Gedanken verwirklichen sollen. Er hat es im Gefühl, was er verlangen und erlangen kann. Das ist beim Maler anders. Er ist abhängig von der Güte seines Handwerkzeuges, aber sonst nur von sich selber. Das Handwerkszeug des Gewerbekünstlers besteht zu einem großen Teil aus lebendigen Menschen. Wie mancher Gedanke wird mit den Worten beiseite gelegt: Das können unsere Leute noch nicht! Theodor

Fischer sagte einmal: „Nur derjenige Künstler arbeitet richtig als Erzieher im Gewerbe, der danach strebt, sich selbst nach und nach überflüssig zu machen."
Stellen wir uns darum den Arbeiter des kunstvollen Gewerbes in seiner ganzen Existenz vor Augen! Er schläft und wohnt in einer Mietwohnung, die nichts Künstlerisches hat, und arbeitet in einer Fabrik, die seinen Geist nicht anregt. Wo soll er den inneren Reichtum an Formensinn herbekommen, ohne den er immer nur ein ungefüges Glied am Körper der Kunstindustrie bleibt? Man kann ihn auf eine Abendschule schicken, ihm Vorträge halten lassen, ihm Ausstellungsbesuche ermöglichen. Alles das ist gut, ersetzt aber nicht die Fürsorge für einen täglichen Umgang mit gut gearbeiteten Gegenständen. Wie selten ist der Arbeiter und Angestellte als Käufer in der Lage, sich etwas Gutes für sich auszusuchen! In diesem Aussuchen aber wächst gerade der innere Sinn für Qualität. Hier öffnen sich weite Aufgaben: die Kunstarbeiter müssen in künstlerisch reelle Umgebung hineingesetzt werden! Nur schrittweise werden wir uns diesem Ziele nähern können, aber sicher ist, daß der Werkbund die Arbeiterfrage als Erziehungsfrage höchster Art aufzufassen hat. Wir brauchen eine Infanterie von Kunstmenschen.
Neben der Erziehung der Kunstarbeiter steht als ebenso notwendig die Erziehung von Käufern oder Bestellern. Im allgemeinen geht die Absicht der Raumgewerbe dahin, daß der Kauf von einzelnen Stücken vermindert und die Bestellung ganzer Häuser oder wenigstens ganzer Räume zunimmt. Das hängt zusammen mit jenem Zuge zur Einheit der Raumauffassung, von dem wir schon sprachen und gehört auch insofern zur Verbesserung der Kunst, als ein Besteller meist ein Mitdenker ist, während ein Käufer höchstens ein Nachdenker sein kann. Immerhin aber darf nicht vergessen werden, daß die Zahl der Leute, die gleich fertige Wohnungen bestellen können, relativ gering ist, und daß auch diejenigen ein Anrecht auf neudeutsche Gewerbekunst haben, die mit einem geringeren Einkommen haushalten müssen.
Gerade von solchen, die zwar Kunstsinn, aber keinen sehr vollen Geldbeutel haben, ist uns gesagt worden: Der deutsche Werkbund wird die guten Gegenstände noch teurer machen, als sie schon sind! Ganz leugnen kann man es nicht, daß diese Möglichkeit vorliegt, denn das Bestreben des Werkbundes muß sein, das künstlerisch Beste herzustellen, das aber kann nicht ganz billig sein, denn in ihm ist erstes Material mit hochwertiger Arbeit vereinigt. Wer gute Kunst billig verlangt, weiß noch nicht recht, was gute Kunst ist, denn er verlangt etwas zu kaufen, was mit Ersparnis-

sen entweder an Stoff oder an Arbeit hergerichtet wird. Das klingt für alle Familien in bescheidenen Lebensverhältnissen niederdrückend, ist aber trotzdem so wahr, daß es klar ausgesprochen werden muß. Für Menschen mit begrenztem Gelde bleibt dabei dreierlei zu ihrem Troste übrig: Erstens die Erfahrungstatsache, daß wirklich gute Arbeit ihren Wert durch Generationen hindurch behält und infolgedessen eine Ausgabe, die heute als Luxus erscheint, dennoch rein wirtschaftlich vorteilhaft sein kann; zweitens die Möglichkeit, den alten, schon vorhandenen Hausrat Stück für Stück im Laufe der Zeit zu erhöhen;
drittens die Aussicht, daß die Qualität aller deutschen Gewerbearbeit durch den Werkbund nach oben gedrängt wird und dadurch auch denen ein indirekter Nutzen zufließt, die nur weniges direkt von den ersten Arbeitsquellen beziehen können.
Das letztere ist ein sehr wichtiger Gesichtspunkt. Wollte der Werkbund nur sehr teure Kunst schaffen, so würde er eine aristokratische Einrichtung sein, an der nur ein kleiner Teil der Bevölkerung Interesse hätte. Es ist aber mit Sicherheit zu erwarten, daß dem Auftreten der neuen Organisation ein Aufschwung des Raumgewerbes im ganzen folgen wird. Selbst solche, die den Werkbund als Konkurrenz bekämpfen, werden von ihm lernen. Darin liegt zugleich die Sicherung vor Übertreuerung. Der Werkbund ist kein vor Konkurrenz geschütztes Syndikat, sondern hat es stets mit einer Menge von Mitstrebenden zu tun, die von seinen Ideen so viel in sich aufnehmen, als sie für gut halten, und die also dem Käufer als Gegengewicht gegen etwaige Übertreuerungsgelüste dienen. Auch hat der Werkbund als solcher natürlich kein feststehendes Anrecht darauf, daß die besten Künstlergedanken in seinem Gehege entstehen, und er wird wohl immer damit rechnen dürfen, daß er sich auch mit geistigen Leistungen auseinanderzusetzen hat, die von außen kommen.
Alle menschlichen Dinge sind dem Wechsel unterworfen, aber noch niemals früher hat die Mode so gewechselt wie in unseren Zeiten. Die Häuser, die vor 20 Jahren gebaut wurden, kommen uns gelegentlich vor wie Theaterkulissen zu verschollenen Lustspielen. Und gar die Möbel, Dekorationsstoffe, kleinen Gebrauchsgeräte! Alles fließt, eins verschiebt das andere, und so viel ist gewiß, daß der Geschmack von gestern immer verdächtig ist.
In diesem schnellen Wechsel der Mode liegt eine Hauptsorge für die Vertreter der neuen Gewerbekunst. Das Publikum nämlich ist so an das rollende Rad der Zeit gewöhnt, daß es den Gedanken einer bleibenderen Kunst kaum zu fassen vermag, und doch ist es ja gerade das Wesen der

im Werkbund vereinigten Gewerbe, daß sie nicht Mode schaffen wollen, sondern Sitte bilden. Wir wollen versuchen, diesen Gegensatz in seiner Tiefe zu erfassen.

Es gibt auf allen Herstellungsgebieten eine Abnutzungs- und eine Dauerhaftigkeitstheorie. Die Abnutzungstheorie lautet: Das Geschäft lebt vom ewigen Wechsel, vom schnellen Kaufen und schnellen Wegwerfen, von Menge des Umsatzes bei kleinem Wert. Die Dauerhaftigkeitstheorie lautet: Die Arbeit lebt vom langsamen Umsatz bei gesteigertem Werte. Jede der beiden Theorien kann kaufmännisch richtig sein, und oft schon sind Leute reich geworden, die billig und schlecht arbeiten ließen und verkauften. Überall, in Architektur, in Literatur, in aller Kultur, drängt sich das „billig und schlecht" an die Oberfläche, weil es Augenblicksvorteile für Verkäufer und Käufer bringt. Es scheint eine lustige Musik „billig und schlecht", aber die Musik ist oberflächlich, gehaltlos, – verderblich!

Die billige Arbeit ist in erster Linie ein Druck auf die Arbeitskräfte. Man denke an die Zustände in der Heimarbeit: bleichsüchtige Menschen arbeiten etwas, was kaum die paar Pfennige wert ist, die dafür gezahlt werden! Man sehe die billige Massentischlerei: Arbeiter ohne genügenden Lohn stellen Schränke her, die kaum einen Umzug aushalten! Billige Arbeit bedeutet aber in ihrer Fortwirkung, daß die Leute, deren Leben in Herstellung schlechter Massenwaren verläuft, sich nun ihrerseits nur mit Nahrungsmitteln ernähren können, die nichts Reelles enthalten, und damit die eigentliche Absatzstelle für Nahrungsschund werden. Nahrungsschund und Gewerbeplunder hängen meist sachlich zusammen, und aus beiden zusammen erwächst das moralische Elend der Menschen, die nichts können, nichts taugen, die nicht einmal gesunde Kinder produzieren. Das ist der Hintergrund der Abnutzungstheorie. Schönes Schaufenster, bunte Anilinfarben, flatterhaftes Gewebe, geleimtes Stuhlgefüge, Bilderrahmen mit Gold und Rissen, Teetassen mit Abziehbildern ... damit kann man zur Not als Kaufmann reicht werden, aber die Arbeiterstuben sehen dabei wie Lazarette aus und die Stuben der Käufer wie eine Puppenklinik.

Es einigt sich also das soziale Bedürfnis der arbeitenden Klassen mit dem Kunstbedürfnis der ästhetisch fortgeschrittensten Volksteile in der Forderung, von der Abnutzungstheorie zur Dauerhaftigkeitstheorie überzugehen. Dauerhafte Ware kann anständigen Lohn vertragen. Dauerhafte Ware kann echte Farbe und ehrliche einfache Form haben, sie braucht keine Schwindelfarbe und keine Schnörkel und Gipsornamente. Aber wer gewöhnt das kaufende Publikum an diese bessere Wirtschaftsmoral? Hier muß der Werkbund als Volkserzieher auftreten – für ehrliche Arbeit!

Aber ist es nicht doch ein Wagnis, sein Geld in solcher neudeutschen Gewerbekunst anzulegen? Sie mag gut gearbeitet sein, aber wer garantiert uns, daß die Formen und Gestaltungen von heute nicht in kurzer Frist veraltet sein werden? Dann sind zwar Stein und Holz noch gut, aber der Geist, den wir heute als neu preisen, ist dann vielleicht schon wieder Gespenstergeist geworden.

Als Antwort diene zunächst eine geschichtliche Erinnerung! Wir haben eine Zeit hinter uns, in der man viele gothische Kirchen gebaut hat. Man sagt, die Gotik sei der klassische Baustil des Kirchenbaues, und wenn irgendwo ein Gemeindekirchenrat etwas Moderneres bauen lassen wollte, da kam die hohe Kircheninspektion und warnte vor dem Wagnis und sprach: Die reine Gotik ist das sicherste, denn sie kann nicht veralten! Ich habe es in meiner Jugend miterlebt, wie anders gebaute Kirchen geradezu gotisch gemacht wurden, damit sie bleibenden Wert erhielten. Und heute steht alle diese Gotik vor uns wie ein armer frierender Oleanderbaum bei Novemberfrost. Die Gebäude sind als Gebäude nicht schlecht, aber ihre Form ist uns langweilig geworden. Nicht die Gotik ist langweilig geworden – keineswegs! Überall wo alte wahre, mittelalterliche Gotik noch besteht, ist sie ein Labsal, aber ihre schulgerechte Nachklitterung hat oft ihre Seele aufgegeben, noch ehe der Baumeister beerdigt wurde. Das ist das Schicksal eines künstlichen Klassizismus. Es gibt in der bloßen Wiederholung der alten Stile kein ewiges Leben. Die Stile selbst sind gut, aber ihre Wiederholung tötet. Wenn heute jemand ein Gebäude im Stile Ludwigs XVI. einrichtet, so kommt er mir vor wie ein Mensch, der heute noch Perücke tragen will und eine silberne Schnupftabakdose gebrauchen. Es ist unhistorisch, historische Stile zu wiederholen.

Damit ist nicht geleugnet, daß es ein Wagnis sein kann, neue Formen herstellen zu lassen. Vieles von dem, was heute gemacht wird, geht zweifellos dem Veralten ebenso entgegen, als das meiste, was vor unserer Zeit gemacht wurde. Einiges aber wird bleiben. Dazu ist die Kraft der neuen Gewerbekunst denn doch zu groß, um ganz in Nichts zu versinken. Der einzelne aber hat die Aufgabe, das herauszusuchen, was er für lebenswert hält. Das ist seine Mitarbeit an der Gewerbekunst. Jeder Käufer oder Besteller trägt seinen Anteil am gemeinsamen Wagnis des neuen deutschen Stiles. Das soll er wissen. Wenn es ihm unangenehm ist, dann soll er lieber gleich von vornherein einen toten Stil nehmen, dann gehört er nicht zur Werkbundtruppe. Es schadet ja nichts, wenn es auch Leute gibt, die für Erhaltung historischer Stile durch Reproduktion sorgen!

Wir sprachen bisher von der Mitgliedschaft der Künstler und Unternehmer am Werkbunde. Jetzt ist es Zeit, auch des zweiten Teiles der Mitgliedschaft zu gedenken, der Besteller und Käufer. Welche Rolle ihnen im Vereinsorganismus zugewiesen werden soll, bleibt späterer Erörterung vorbehalten; jetzt richten wir den Blick auf ihre Aufgaben zur Errichtung des Bundeszweckes. Es werden „sachverständige Kunstfreunde" als Mitglieder aufgenommen, Männer und Frauen, die nicht an der Herstellung selbst beteiligt sind. Das können sein: große Auftraggeber, Museumsleitungen, Stadtverwaltungen, Aktiengesellschaften, Privatleute und sachverständige Kunstinteressenten aller Art.

Diese Mitglieder sollen durch ihre Zugehörigkeit zum Bunde keinerlei direkte materielle Vorteile haben, denn der Bund will nicht eine Genossenschaft zur Erreichung kleiner Privatvorteile sein, aber sie sollen an der Zentralstelle des Bundes ihre Stelle für Rat und Auskunft in allen gewerblichen Angelegenheiten besitzen, sobald sie selbst es wünschen. Wie viel Geld, das künstlerisch gut angelegt werden könnte, fließt heute in wertlose Bauten oder Ankäufe bloß deshalb, weil niemand da ist, der den richtigen Rat gibt! Man stelle sich vor, wie viele öffentliche Bauten der ästhetischen Erziehung des Volkes dienen könnten, wenn es eine unabhängige Stelle freier Kritik gäbe, die mehr bedeutet als die Tageskritik der Zeitungen! Der Werkbund wird sich seine Vorteile sehr genau überlegen müssen, da sein eigenes Ansehen stets dabei auf dem Spiele steht. Sollte er, was wir nicht erwarten, jemals zum Organe einer Vetternschaft herabsinken, so würde damit seine öffentliche Würde von selbst in die Brüche gehen. Er muß ein freier, durch nichts käuflicher Areopag des künstlerischen Werturteils werden wollen. Wie weit dieses gelingen kann, muß die Zukunft lehren. Hier entscheidet nichts als die Probe der Praxis. Unter allen Umständen muß aber abgelehnt werden, daß mit dieser freien Organisation irgendwelche amtlichen Befugnisse verbunden werden. Der Werkbund gibt auf Wunsch seinen Rat, er selbst hat aber nie etwas anderes zu beschließen als seine eigenen Vereinsangelegenheiten. Das ist die Vorbedingung seines freien Ansehens in der Mitte der Nation.

Der Rat kann sich natürlich auf alle Teile des Kunstgewerbes beziehen. Wenn beispielsweise irgendwo ein Stadttheater errichtet werden soll oder eine Brücke erneuert oder ein altes Schloß renoviert oder ein Bahnhofswarteraum ausgestattet oder ein Stadtgarten angelegt, dann wird sicher der Werkbund Sachverständige bieten können, die um der Sache willen sich in die Aufgabe vertiefen. Ähnlich liegt es bei Landhäusern, Kirchen, Schulen, bei städtischen Bebauungsplänen und Fabrikanlagen. Bei kleine-

ren Aufträgen und Ankäufen empfiehlt sich aber ein anderes Verfahren. Der Werkbund muß seinen Mitgliedern ein Jahrbuch in die Hand geben, das etwa „Baedeker für das gewerbliche Deutschland" heißen könnte, ein Buch mit Adressen und praktischen Angaben. Eine ästhetische Literatur braucht der Werkbund nicht herzustellen. Davon gibt es genug! Praktischer Rat aber ist in vielen Dingen nötig: Baumaterial, Textilstoffe, Färbungen, Porzellan, Heizungsanlagen, Beleuchtung usw. Auch dieser Baedeker müßte den Vermerk tragen: Erwähnung in diesem Buche kann auf keine Weise, auch nicht durch Inserate erkauft werden!
Eine besondere Angelegenheit ist das Verhältnis des Werkbundes zu Wiederverkäufern kunstgewerblicher Waren. Ihre hohe Bedeutung für die Ausbreitung eines besseren Gewerbesinnes braucht nicht erst dargelegt zu werden. Wie aber wird sich ihr Mitgliedsverhältnis regeln, wenn sie teils gute vom Werkbund anerkannte Ware auslegen und teils andere direkt zu verwerfende Stücke. Ist ihnen dann die Empfehlung des Bundes zu versagen? Hier wird es Reibungen im einzelnen geben, über deren Verlauf alle rein theoretischen Vermutungen wertlos sind.
Darf ich ganz persönlich sagen, weshalb ich mich entschlossen habe, dem Werkbunde mit der Feder zu dienen?
An sich würde es mir fernliegen, mich einer einzelnen Gewerbegruppe aktiv anzuschließen und sei es die vortrefflichste von ihnen, denn die verschiedenen Wirtschaftsgruppen müssen ihre Kämpfe für sich allein und mit ihren eigenen Kräften führen. Ich würde auch dem Werkbunde, wenn er nichts anderes wäre als eine Interessenvertretung, nicht anders gegenüberstehen als sonst einer Gewerkschaft der Arbeiter oder einem freiheitlich gerichteten Unternehmerverein. Dieser Bund geht aber weit über eine solche Gruppenvertretung hinaus und ist bei aller gewerblichen Grundlage ein Gesinnungsverband und ein nationales Unternehmen. Was er als Gesinnungsverband leisten soll, ist in den bisherigen Darlegungen schon enthalten und braucht hier nur kurz wiederholt zu werden: Hebung des Werkes der Arbeit und damit der arbeitenden Menschen, Schaffung einer Kultur, die auf Achtung vor wahrer persönlicher Leistung beruht. Was aber der Werkbund als nationales Unternehmen bedeuten kann, bedarf noch einiger Worte. Ich stelle den Werkbund in dieser Hinsicht in Vergleich mit den Bestrebungen, den Gedanken der deutschen Flotte volkstümlich zu machen, nur mit dem Unterschiede, daß es sich hier um eine Organisation handelt, die unpolitisch ist und keinerlei offizieller Bevormundung oder Hilfe bedarf.

Der Flottengedanke ist der Ausdruck für die Wendung des deutschen Geistes zur Weltwirtschaft und Weltpolitik. Der Ausdruck „Weltwirtschaft" mag etwas übertrieben klingen, wir wissen aber alle, was damit gemeint ist. Unser Volk tritt ein in das Zeitalter des erdumspannenden Wirtschaftssystems, in dem die einzelnen Volkswirtschaften nur Teile sind. Kein Teil der bewohnbaren Erde lebt mehr für sich allein, wir kaufen und verkaufen, wir arbeiten für das Ausland und lassen das Ausland für uns arbeiten. Diesem neuen Zustande muß sich die Politik anpassen. Das ist der Sinn des Flottenvereins. Ihm muß sich aber auch unsere Arbeitsweise anpassen. Das ist der Sinn des Werkbundes. Auch im Werkbunde spricht man von Ausfuhr und Einfuhr, von Heimatsmarkt und Auslandsmarkt, und zwar ist die Absicht des Werkbundes eine solche Emporhebung der deutschen Arbeitsqualität, daß wir mit unserer hoch geschulten Arbeit große Quantitäten und beste Qualitäten von Rohstoffen und Nahrungsmitteln einkaufen.

Es sei gestattet, kurz davon zu reden, was in der Praxis das Wort Sozialismus bedeutet. Wenn man ihm sein theoretisches Kleid hinwegnimmt und ganz einfach sagt: Was will oder sucht die Masse, die dem Sozialismus folgt? So kommen wir zu dem Ergebnis, daß sie einesteils ideale Güter erstrebt, wie Bildung, Erziehung, politischen Einfluß und gesellschaftliche Achtung, und andernteils materielle Güter, wie bessere Wohnungen, Luft und Licht, gesunde, wirklich stärkende Ernährung, eine anmutende Einrichtung des Lebens. Beides aber setzt voraus, daß wir uns den Qualitätsgewerben immer mehr zuwenden, denn nur in ihnen gewinnt die einzelne Arbeitskraft denjenigen persönlichen Wert, der sie auch bürgerlich „frei" macht, und nur durch sie erlangen wir diejenige Kaufkraft, die uns erlaubt, unsere Volksmasse gut zu versorgen. Das bezieht sich selbstverständlich nicht bloß auf die kunstgewerblichen Tätigkeiten, sondern auf alle Arbeitsgebiete. Auch in der Landwirtschaft oder im Maschinenbau müssen wir die beste Arbeitsleistung und Arbeitserziehung gewinnen. Unser ganzes Schulwesen muß viel mehr auf praktische Tüchtigkeit hin durchgebildet werden. Das Volk braucht Kunst, das heißt, Menschen, die etwas können. Das ist die Quelle aller sozialen und wirtschaftlichen Fortschritte. Ohne diese Grundlage können wir mit aller Gesetzgebung das Durchschnittsleben des Volkes nicht wesentlich emporheben. In dieser Richtung aber kann der Werkbund eine führende Größe werden, denn die Erziehung des Volkes zum persönlichen Können ist hier am meisten notwendig.

Wir wollen „den Weltmarkt erobern". Mit welchen Erzeugnissen wollen wir das? Unsere Landwirtschaft reicht kaum für den eigenen Bedarf. Mit ihr können wir nicht in die weite Welt gehen, da wir viel Brot, Obst, Reis, Kaffee und anderes vom Auslande kaufen müssen, um den deutschen Tisch zu befriedigen. Überhaupt haben wir keine Rohstoffe zu versenden, kein Holz, kein Metall. Was wir versenden, ist unsere Arbeit. Gewöhnliche, ungeschulte Arbeit aber hat auf dem Weltmarkt keinen Wert, denn gewöhnliche Arbeit gibt es überall. Was bezahlt wird, ist gestaltende, formgebende, mit Geist und Charakter gesättigte Arbeit. Sie allein schafft volkswirtschaftliche Werte. An ihr hängt unsere nationale Zukunft.

Auf dem Gebiete der Krafterzeugungsmaschinen haben wir Deutschen den Weg zum großen Markte gefunden, auch teilweise auf dem der Werkzeugmaschinen, aber sonst überlassen wir noch vielfach die besten Gewinne den Völkern mit älterer künstlerischer Kultur, insbesondere den Engländern und Franzosen. Können wir, können die Deutschen nicht die Wohnungsausstattung des Erdkreises beeinflussen? Das wäre ein Gewinn von wunderbarer Größe. Ob wir es aber können? Sicher nicht, solange wir nur Nachahmer der Antike oder der Franzosen und Engländer sind. Zur kunstgewerblichen Markteroberung gehört originale Leistung, deutscher Stil, der sich in der übrigen Welt durchsetzt. Es sei an den Erfolg des deutschen Kunstgewerbes auf der Weltausstellung in St. Louis erinnert. Da ging es den Amerikanern zum ersten Male auf, daß auch die Deutschen Geschmack haben können. Die plumpen Deutschen fangen an und machen feine Sachen! Das ist unser neuester nationaler Erfolg. Hier muß weitergearbeitet werden. Dazu genügt es aber nicht, daß wir einige Gewerbekünstler besitzen, die etwas taugen, sondern dazu muß die deutsche Ware im ganzen den Eindruck der Sicherheit machen. Ein schönes Ziel! Aber – wer sagt, wie lang der Weg ist?

Wir können keine wirtschaftlichen Eroberungen im Auslande machen, solange wir uns nicht durch gewerbliche Verbesserung unserer deutschen Heimat einen neuen Ruf erworben haben. Es dauert lange, ehe wir den übrigen Völkern Achtung abnötigen. Um nur weniges zu sagen: Paris hat einen kunstgewerblichen Klang seit Jahrhunderten, Berlin aber hat noch heute keinen eigenen Gewerbecharakter. Wien ist besser berühmt als Berlin, denn es hat mehr eingelebte Form. Wir haben bis vor kurzem immer nur auf Borg gelebt, einmal vom Süden, einmal vom Westen. Unsere Schlösser, unsere Rathäuser – wieviel fremde Architekten! Und dann die neuen Protzenstraßen mit vielen Dutzenden von korinthischen Säulen! Dieses Werk soll ein Kunstvolk werden? Wer wird es glauben?

Ja, wer hat uns vor einem halben Jahrhundert denn überhaupt geglaubt, daß wir ein Volk werden würden? Es ist aus den Deutschen schon viel mehr geworden, als es den äußeren Anschein hatte. Das arme, zerbrökkelte Deutschtum hat sich emporgearbeitet. Erst schuf es sich eine Literatur (Lessing, Schiller, Goethe), dann eine Philosophie (Kant, Fichte, Hegel, Schelling), dann eine Wissenschaft (Ranke, Mommsen, Helmholtz), dann eine Politik (Bismarck), dann eine Metallindustrie (Krupp, Stumm, Siemens), und nun fängt es an, seine Fertigfabrikation auf eine entsprechende Höhe zu bringen. Dieser Vorgang ist von allgemeiner geschichtlicher Bedeutung. In diesem Sinne war die Dresdner Gewerbeausstellung von 1906 ein historisches Ereignis.

Der Werkbund als Bund oder Verein hat, wie wir schon sagten, nur so viel Wert, als er gestaltende Kräfte in sich hat, weckt und fördert, als er ausführende Kräfte hebt und in ihrer Leitung steigert, als er den öffentlichen Sinn für gute und ehrliche Arbeit belebt. Jetzt fügen wir hinzu: Er hat so viel Wert, als es ihm gelingt, sich zum Organ der nationalen Gewerbeentwicklung zu machen. Alle diese Aufgaben hängen unter sich zusammen. Wie aber soll es der Verein anfangen, ihnen gerecht zu werden?

Es ist seit einigen Jahren gelegentlich von der Notwendigkeit eines Zusammenschlusses der Gewerbekünstler und Unternehmer gesprochen worden. Daß dabei auch die bereits bestehenden kunstgewerblichen Organisationen in Betracht gezogen wurden, versteht sich von selbst. Keine von ihnen wird geneigt sein, grundsätzlich für die neudeutsche Gewerbekunst einzutreten. Das kann ohne alle Gegnerschaft ausgesprochen werden, da es von den bestehenden Verbänden selbst abgelehnt wird, sich zum Organ der neuen Bewegung zu machen. Es bleibt aber trotzdem die Frage offen, ob man nicht noch einige Jahre warten solle. Der starke Eindruck der Dresdner Ausstellung hat den Entschluß beschleunigt. Die Dinge sind in Fluß, und es scheint, daß der rechte Zeitpunkt des Organisierens gekommen ist.

Was bis heute vorliegt, ist die Münchener Zusammenkunft im Oktober vor. Jahres (1907). Verfassung und Arbeitsordnung sind bis jetzt zwar durchberaten, aber noch nicht beschlossen. Es kann darum auch unsererseits keine Angabe über die Einzelheiten des Werkbundes gemacht werden. Wer Auskunft über den jetzigen Bestand der Organisation wünscht, wende sich an die „Geschäftsstelle des Deutschen Werkbundes", Dresden, Blasewitzer Straße 17.

Das, was feststeht, ist etwa folgendes: Der Bund hat eine Abteilung für Hersteller (Künstler, Unternehmer, Angestellte, Arbeiter) und eine Abteilung für sachverständige Kunstfreunde. Der Schwerpunkt der Organisation liegt in der Hand der Schaffenden. Nötig werden sein ein Senat für Kunstangelegenheiten, ein geschäftsführender Ausschuß für Bundesverwaltung und die Generalversammlung als oberste Instanz bei Organisationsveränderungen, Wahlen und weitreichenden Finanzfragen. Alle Beteiligten müssen zu den Unkosten der gemeinsamen Unternehmung nach einem Tarife beitragen, der erst festgestellt werden soll. Es wird sich von vornherein um ziemlich beträchtliche Ausgaben handeln, wenn man den verschiedenen Aufgaben auch nur einigermaßen genügen will. Die Vorarbeiten für die Organisation werden einer nächsten Münchener Versammlung vorgelegt werden, die im Sommer diesen Jahres (1908) im Anschluß an die dortige Ausstellung einberufen werden soll. Die Mitgliedschaft wird vom Ausschuß erteilt.

# Zwei neue unpolitische Werke von Fr. Naumann

## Form und Farbe 8.—10. Tausend 219 Seiten Fein kartoniert Mk. 3,— Elegant gebunden Mk. 4,— Luxus-Ausgabe in Leder Mk. 6,—

**Inhalt:**
Ueber 100 Aufsätze über Aeltere Meister, Fromme Maler, Menschengestalter, Landschaftskunst, Malerei-Probleme, Bildhauerei, Baukunst, Kunstbildung.

**Urteile:**
Wundervolle Dinge bekommen wir da zu hören. — Jede Abhandlung ist selbst ein kleines Kunstwerk. — Die Fülle der Gedanken ist viel zu groß, als daß man sich mit der einmaligen Lektüre begnügt. — Es ist geradezu angetan, ein Hausbuch deutscher Kunst zu sein. (Prof. Dr. S. J. Rée im fränkischen Kurier.)

Wem die Kunst eine Nahrung des inneren Lebens bedeutet, dem wird Form und Farbe bald unentbehrlich werden. Er liest die kleinen Aufsätze wie Gebete in künstlerischer Andacht. Ihm wird mit einem Mal das Leben lebendiger. Der verschüttet sich eine lautere schöne Quelle, der aus diesem Born nicht trinkt. (Fr. Schönemann im Volkserzieher.)

Ob es sich um eine Charakteristik Lenbachs oder um die landschaftlichen Schönheiten Roms oder Konstantinopels, ob es sich um den erst 1900 auch in seiner ästhetischen Bedeutung allgemein gewürdigten Pariser Eiffelturm handelt oder um die verschiedenen Aeußerungen zeitgenössischer preußischer Hofkunst, um Rembrands Radierungen oder den Kirchenbau der Zukunft — überall hören wir eigene Töne, kluge Gedanken, die zu weiterem Nachdenken anreizen... (Das Neue Tageblatt.)

Naumanns kurze Charakteristiken sind so voll anziehender Realistik, daß man die Bilder, Denkmäler und Gebäude, von denen er redet, oft plötzlich ganz anders sieht als bisher. Das Buch ist eine Kunstgeschichte für sich, die mehr enthält als mancher dickleibige Foliant. (Die Volksbildung.)

Kaum ein andres Buch, und sei es auch von namhafteren Kunstkennern geschrieben, ist so geeignet wie das Naumannsche, in weitesten Kreisen den Sinn für künstlerischen Genuß zu wecken. (Die Welt am Montag.)

Aber auch in den Reihen seiner politischen und konfessionellen Gegner wird dieser „Naumann" sicherlich sich viele Freunde erwerben und beitragen zum besseren Verständnis dieses geistestiefen Mannes und seiner großzügigen Lebensziele! Und was er uns bietet in diesen Aufsätzen! Nicht schulmäßige Kritik der Maler und Malweise, nicht theoretische Aesthetik, sondern eine Anleitung zur Betrachtung der Kunstwerke, zur Erfassung ihres lehrhaften Inhalts und das unter Heranziehung der mannigfachsten Zusammenhänge mit Kultur, Welt und Leben. (A. D. B.-Zeitschrift.)

Ich wünsche ihm nach Lessings Rezept viele derer, die ihn weniger erheben, aber um so fleißiger lesen. (Düsseldorfer Zeitung.)

## Reisebriefe Erscheinen Ende Mai 1909 1.—10. Tausend Fein kartoniert Mk. 3,— Elegant gebunden Mk. 4,— Luxusausgabe in Leder Mk. 6,—

**Inhalt:**
In der Bretagne: Von Jersey nach St. Malo. Auf dem Berge St. Michel. Am Strande der Bretagne. Französische Gothik. — Algier: Die Araber in Algier. Nordafrikanische Kämpfe. Auf dem Schiff. Constantine. Nochmals Constantine. In der Wüste. Die alte Römerstadt. Tunis. Carthago. — Aus Italien: Venedig I—III. Italienische Frühlingsfahrt I—V. Kunstpflege und Volkswirtschaft. Assisi. Die Burg des Antikapitalismus. Beim heiligen Franziskus. — Aus Ungarn: I—VII

---

Buchverlag der „Hilfe", G. m. b. H., Berlin - Schöneberg

## Briefe über Religion von Fr. Naumann 4. Auflage 8. Tausend Preis vornehm kartoniert Mk. 1,50

Urteile:

Mit wie großem Recht die Heidelberger Fakultät Fr. Naumann zum Ehrendoktor der Theologie ernannt hat, zeigen wieder besonders diese Briefe.
(Monatsschrift für die Kirchliche Praxis.)

Die Seele wogt in großem Sturme und dabei offenbart sie wundervolle Tiefen. Und was das Denken und Begriffemachen nicht zur Einheit bringt, das preßt mit heißer Liebe, die Gegensätze beide gleich umfassend, Persönlichkeit und Wille doch zusammen. — Endlich, wer so zu reden weiß, darf nicht den Mund schließen wollen, wie das Ende der Briefe befürchten macht. Seine Gabe verpflichtet ihn und der Dank derer, die auf ihn sehen. (Christliche Welt.)

Trost und Hoffnung zu heben, das ist das schöne Ziel des prächtigen Buches.
(Münchener Neueste Nachrichten.)

Glänzend geschrieben, ein echter Naumann. (Monatl. Anz. d. Christl. Vereins j. Männer.)

Nach 4 Monaten die 2. Auflage; aber das schöne Buch rechtfertigt völlig diesen Erfolg. (Leipziger Lehrer Zeitung.)

Sie regen mehr zum Denken an, als manche dicke dogmatische Untersuchung.
(Kirchenblatt.)

## Aus suchender Seele von Lic. G. Traub 1. Auflage. 3. und 4. Tausend. Modern kart. Mk. 3,50 Geschenkeinbd. Mk. 4,—

Mit diesem Band wurde die Sammlung der Traubschen Andachten begonnen; er hat inzwischen zu vielen suchenden Seelen den Weg gefunden, und ist ein Freund künstlerisch empfindsamer Menschen geworden. Auch unsere Zeit schafft und braucht Religion: Das ist die innere Leidenschaft des Buches. Aber der diesen Gefühlen Form gibt, ist ein Künstler von seltener Fülle der Sprache. So ists ein köstliches und reiches Buch, und es bietet sich in einer sorgfältigen und gewählten Ausstattung, die aus dem Band Einheit von Form und Inhalt macht.

Urteile:

Das ist ein Buch, darin kann ich nur mit klopfendem Herzen lesen! Was sind das für Augenblicke, wo einem Menschen das, was er in seinen besten Stunden teils dunkel empfunden oder tastend gesucht hat, von einem Großen gesagt wird. Ich habe solche Stunden bei diesem Buche erleben dürfen.
(Evangelisches Gemeinde-Blatt für das Großherzogtum Braunschweig.)

Es ist ein erhebendes und innerlich stärkendes Buch, das uns der Verfasser geschenkt hat. (Pädagogische Blätter für Lehrerbildung.)

Kraftvolle Seelenspeise für die Gebildeten. (Deutsche Schulzeitung.)

## Gott und Welt von Lic. G. Traub 1. Auflage 2. bis 4. Tausend Fein gebunden Mk. 3,—

Eins von vielen Urteilen:

In schlichtem, schmuckem Einbande liegt ein kleines würdiges Buch vor uns, das schwerer wiegt als tausend andre. Pfarrer Traub hat es geschrieben und Andachten genannt. Und in der Tat, eine tiefandächtige Stimmung muß jeden fühlenden und denkenden Leser überkommen, der sich in die gehaltvollen Aufsätze des bekannten Geistlichen vertieft. Da liest man nicht mehr, das Buch spricht zu uns, eine liebe zum Gemüt gehende Sprache! Ein ganz herrliches Weihnachtsgeschenk. (Anhaltisches Tageblatt.)

Buchverlag der „Hilfe", G. m. b. H., Berlin-Schöneberg

## Im Lande Jahwehs und Jesu von Dr. Paul Rohrbach
Wanderungen und Wandlungen von Hermon bis zur Wüste Juda
1. Auflage 3. Tausend Broschiert Mk. 4,— Gebd. Mk. 5,—

Inhalt:

Nazareth. Anh-Scherca. Onhebel Rarantal. Tell Hûm. Genezareth. Banijas. Manahil. Tell el-Kadi. Nahr el-Mukatta. El Muhraka. Beth-El. Haram. Josaphat. Golgatha.

Urteile:

... habe das Rohrbach'sche Buch gelesen, in kurzer Frist, weil es mich, einmal angefangen, nicht wieder losließ. (Professor Kaftan in den Preußischen Jahrbüchern.)

... geistvoll geschildert: Der Gedankengehalt der Bibel wird durch landschaftliche und geschichtliche Bilder reich illustriert und in ein neues Licht gerückt. (Die Kirche.)

## Asia von Fr. Naumann Eine Orientreise Athen, Konstantinopel, Baalbeck, Damaskus, Nazareth, Jerusalem, Kairo, Neapel
6. Aufl. 8. Tausend. Preis geb. Mk. 4,— Mit Illustrationen.

Inhalt:

Reisebericht — Religiöse Ergebnisse — Orientpolitik.

Urteile:

Ich habe den höchsten und anspruchvollsten Maßstab an das Buch gelegt, und das um so mehr, als ich selber mit Ausnahme der eigentlichen Kaisertage in Jerusalem das alles gesehen habe, was N. beschreibt — und noch einiges mehr. Trotzdem und gerade darum muß ich sagen, daß mich selten ein Buch so gefesselt hat und daß ich nur sehr wenige literarische Leistungen so bewundert habe und noch bewundere, wie die „Asia". (Christliche Welt.)

Ich möchte die N. Bilder mit denen des berühmten Pierre Loti über das heilige Land vergleichen; hier wie dort neben den gesättigten Farben der Wirklichkeit der süße Schmelz der Intuition. (Leipziger Zeitung.)

## Arbeiterschicksale von F. L. Fischer Modern broschiert Mk. 2,40 Fein gebunden Mk. 3,—

Aus Naumanns Vorwort:

Ein kleines Buch wie dieses kann für sich allein kein Wunder sozialer Bekehrungen vollbringen, aber es gehört doch zu den Stimmen, deren immer voller werdender Chor allen Teilen des Volkes zuruft: der Arbeiter ist unser Bruder, unser Volksgenosse, und sein Schicksal ist unser Schicksal! Wer es gelesen hat, behalte es noch ein wenig in der Hand und sage zu sich selbst: wo ist die Stelle, wo ich noch mehr tun kann für Bildung oder Besserung des Lebens der Menge?

Urteile:

Aus allen Alltäglichkeiten hebt sich schließlich ein „Gesicht" heraus, ein persönliches, höchst fesselndes Gesicht... Und diese gewissenhafte, kleine Biographie spiegelt treu und klar unsere Zeitgeschichte in ihren wichtigsten Momenten wieder. So bieten die Arbeiterschicksale auch dem Soziologen eine reiche Ausbeute, besonders wenn er ein wenig zwischen den Zeilen zu lesen weiß. (Der Volkserzieher.)

Wollen wir ein Urteil haben über den Arbeiterstand, dann müssen wir uns in seine Lage, sein Leben, seine Arbeitsverhältnisse, seine Gedankenwelt und seine Anschauungskreise hineinversetzen. Und dazu bietet uns das schlichte Buch treuführend die Hand. Wir wünschen ihm einen recht großen Leserkreis! (Leipziger Lehrerzeitung.)

Buchverlag der „Hilfe", G. m. b. H., Berlin-Schöneberg

**Das verkaufte Paradies** von Adolf Damaschke Nachdenkliche Geschichten für das deutsche Volk Brosch. Mk. 1,—

**Die gläserne Wand** von Georg Ruseler Legenden und kleine Geschichten 1. Aufl. 1.—3. Tausend Gebd. Mk. 2,—

Urteile:

Das Buch enthält etwa sechzig allerliebste, kleine, boshafte Geschichten über den grünen Tisch, über Regierungsweisheit, Bureaukratie und verknöchertes Dogma. Das wäre nun weiter nicht verwunderlich. Verwunderlich wird es erst, wenn man weiß, daß der Schriftsteller Georg Ruseler in seinem Hauptamt seit Jahren an einer städtischen Knabenschule in Oldenburg als Lehrer wirkt. Und trotzdem das Buch schon einige Zeit erschienen ist, hört man immer noch von keinem Disziplinarverfahren.
(B. Z. am Mittag.)

Ueberlegen und scharf tritt der Autor an die Dinge heran, kräftig schwingt er die Peitsche des Satirikers, und seine Pointen lassen uns meist hell und schmunzelnd auflachen. Es hat keinen Sinn, diese kleinen Kunstwerke, die meist brillant geschrieben sind, im einzelnen zu sezieren. Schon daß sie im Buchverlag der Naumannschen „Hilfe", die sehr vorsichtig in ihren Publikationen ist, erschienen sind, ist ein Zeugnis ihres Wertes.
(Bremer Nachrichten.)

Die letzte Schöpfung des vielseitig begabten Lehrerschriftstellers birgt in einem engen Rahmen eine Fülle wertvoller Erzählerpoesie ... immer weiß er Töne zu finden, die von Herzen kommen und zu Herzen gehen. Seine Frömmigkeit wird nie zur Frömmelei, seine Begeisterung nie zum Pathos; den Pfeilen seiner Satire weiß er stets die richtige Schärfe zu geben, so daß sie wohl treffen, aber nie verletzen. Eine knappe, beherrschte Sprache geht durch das ganze Buch, und die allein schon macht es lesenswert.
(Breslauer Morgenzeitung.)

Einige „Legenden" sind so hübsch und poetisch schön, daß wir mit Genehmigung des Verlages unsre Leser im Unterhaltungsblatt damit bekannt machen werden. Form und Stil sind harmonisch und fein. Der Verlag hat das Buch, wie fast alle seine Erzeugnisse, sehr geschmackvoll ausgestattet.
(Tribüne.)

Wir können unsern Lesern das in jeder Buchhandlung erhältliche Buch um so mehr empfehlen, als der Verlag sich auch um eine ansprechende Ausschmückung gemüht hat; wer sonnigen Humor, Spott und ernste Satire liebt, dem wird „Die gläserne Wand" Ruselers ein schönes Geschenk sein.
(Dr. D. Meyer in der Norder Zeitung.)

**König Karl I. (von England)** von Siegfried Heckscher Ein geschichtliches Trauerspiel in 5 Aufzügen 1. Auflage Broschiert Mk. 2,—

Urteile:

Es sei gleich vorweggenommen, daß der Dichter selbst mit der Erinnerung an das unsterbliche Vorbild, das den Leser auf Schritt und Tritt begleitet, mit Ehren besteht, und daß ein Werk entstanden ist, wert, von vielen Menschen ins Herz geschlossen zu werden.
(Philipp Berges im Hamburger Fremdenblatt.)

Ich glaube, ein Trauerspiel, das man als Buch lieb gewinnt, muß auf einer Bühne starke Wirkung ausüben.
(Hamburger Woche.)

Buchverlag der „Hilfe", G. m. b. H., Berlin-Schöneberg

## Von Sonne, Regen, Schnee und Wind und anderen guten Freunden von Sophie Reinheimer 1. Aufl. 8. Tauf. Buchschmuck v. Adolf Amberg haltbar u. vornehm geb. Mk. 2

Urteile:

... es verdient, von den Großen gelesen zu werden. Mutter und Großmutter sollen darin blättern, und sie werden viel Schönes finden und über das, was sie in und zwischen den Zeilen lesen, nachsinnen, wie über die eigne Jugend und werden es den kleinen Menschlein, die sich an ihre Knie drängen, an langen Winternachmittagen erzählen. (Rudolf Herzog in den Berl. Neuest. Nachricht.)

In liebenswürdiger Sprache erzählt in diesem Büchlein eine Dichterin den Kindern die Vorgänge in der Natur. Sie weiß alles poetisch zu erklären und die Kleinen selbst zum sinnigen Nachdenken über die Erscheinungen, die ihnen draußen begegnen, anzuregen. Die eingestreuten Bildchen sind lieb und fein, das Ganze hübsch ausgestattet. (Frankfurter kleine Presse.)

Ein ganz herziges, gemütvolles Büchlein für die Kleinen. (Kosmos.)

Die bloßen Erzählungen allein sind so niedlich und plauderlich, daß sie jedes Kinderauge leuchten machen müssen. Ich wollte, ich könnte sie Kindern unter dem Weihnachtsbaum vorlesen. (Akademische Blätter.)

Ein Märchenbuch von einer wirklichen Märchendichterin. Das bedeutet etwas in unsrer Zeit, wo das Süßliche, Gemachte, Ausgeklügelte sich oft als Märchenpoesie spreizt. Ihre Geschichten umspielt ein feiner Humor. (Berliner Tageblatt.)

Da sprechen die Dinge und Tiere zu uns, und das fierz geht uns auf, wir werden weich und mitfühlend. (Frankfurter Generalanzeiger.)

... Hier aber berichtet es nicht mehr von dem Leben wirklichkeitsfremder Gestalten, sondern von der stillen Schönheit des Alltäglichen und gibt so viel kleinen und unbedeutenden Sachen ein eigenes Leben. Wer die Bizarrerie eines großen Teils der modernen Märchenliteratur kennt, wird eine ungeteilte Freude an diesem schön ausgestatteten Märchenbuch haben, das Adolf Amberg mit reizenden Vignetten von köstlicher Drolligkeit geschmückt hat. Die Verfasserin erzählt mit der behaglichen Sicherheit, die weiß, wie man zu Kindern spricht, mit einer frischen Phantasie, die die kindliche Phantasie an die Hand nimmt und ihr auf der Wanderschaft zeigt, wie alles auf der Welt lebt. (Fränkischer Courier.)

Wie lustig plaudern die Hosenbeinchen, die im Wind tanzen, wie tiefsinnig unterhalten sich die Milchtopfscherben mit dem Heringsschwanz. Das scheinen ja sehr nette und ebenfalls luftige Märchen zu sein, die in diesem Buche geboten werden. (Hamburger Fremdenblatt.)

Die feinsinnige Naturbetrachtung, die dem weiblichen Geschlecht eigen ist, lockt hinüber zur Märchengestaltung. (Hamburger Nachrichten.)

## Die Erziehung zur Persönlichkeit im Zeitalter des Großbetriebs von Fr. Naumann Zweite vornehm ausgestattete Auflage 4.—8. Tausend Preis 50 Pfennig

N. gestaltet hier das Persönlichkeitsideal des alten Liberalismus für das Zeitalter des Großbetriebs. Diese Schrift ist der beste Beweis dafür, daß politischer Individualismus und Sozialismus sich sehr wohl vereinigen lassen.

---

Buchverlag der „Hilfe", G. m. b. H., Berlin-Schöneberg

## Schule und Gegenwartskunst von Ludwig Gurlitt
1. Auflage  3.—5. Tausend  Gebunden Mk. 1,50

Inhalt:
I. Deutscher Stil. II. Mod. Bestrebungen. III. Neue Erziehungslehre. IV. Methodisches.

Jeder Lehrer und jeder Deutsche überhaupt, der an dem Geistesleben unserer Zeit teilnimmt, sollte die Schrift lesen, die nicht den Launen eines verirrten Schulreformers entsprungen ist, sondern die dem Bedürfnisse und den geistigen Strömungen der Gegenwart ihre Entstehung verdankt.

### Lob über Lob:
Herzerfrischend deutlich, voll rechten Zornes und wertvoller Anregung. Ein echter Gurlitt ist auch dieses Buch.  (Die Lehrerin in Schule und Haus.)

Man müßte wieder ein kleines Buch schreiben, wenn man sich erschöpfend über das Büchlein äußern wollte.  (Preußische Schulzeitung.)

... Das Buch ist frisch und fesselnd geschrieben und rein ästhetisch genossen eine Lust. Ohne Zweifel wird es viele Leser finden.  (Protestantenblatt.)

Eine wirksame und an Anregungen reiche Kundgebung des bekannten Schulreformers, jedem, der eine lebendige Neugestaltung unserer tödlich veralteten Schule ersehnt dringend zu empfehlen.  (Akademische Blätter.)

Auf einem solchen Weg werden wir immer mit Gurlitt gehen.  (Schles. Schulzeitung.)

... Er ist ein Selbstdenker, ein geistsprudelnder Schriftsteller, der überall anregt, und oftmals auch anstößt. Gewinn hat man immer von ihm. Auch das vorliegende Buch, ein Buch voll Saft und Kraft, ist voll Geist und Leben.
(Zeitschrift für das gesamte Fortbildungsschulwesen in Preußen.)

... Eine sehr flotte, tiefgründige, sachverständige Schrift, auf Grund staunenerregender Kunstkenntnisse ist Gurlitt in der Lage, so zu schreiben; er der im Künstlerhause erwachsen, dessen Brüder Künstler und Kunstgelehrte sind. (Die Dorfschule.)

## Der Volksschullehrer und die deutsche Sprache von Rudolf Pannwitz  2. Aufl.  3.—4. Tausend  Fein geb. Mk. 2,—

Inhalt:
I. Wozu diese Schrift dienen soll. II. Das Altgymnasiale in der Volksschule. III. Bodenständige Volksschulbildung. IV. Das Leben der Sprache. V. Der Unterricht in deutscher Sprache. VI. Aber wie läßt sich denn das durchführen?

### Aus vielen lobenden Urteilen:
Ich habe das Buch mit einer immer wachsenden, von Zeit zu Zeit laut ausbrechenden Begeisterung gelesen und wünsche ihm eine recht große Verbreitung.
(Otto Anthes im Kunstwart.)

Das ist ein nachdenkliches Buch, eine Sprachphilosophie, die man Studium wir nicht allein allen Volksschullehrern empfehlen, sondern ebensosehr den Lehrern der höheren Schulen, sowie allen Gebildeten, die sich für unsere deutsche Sprache interessieren.  (Der Tag.)

## Der Volksschullehrer und die deutsche Kultur (in Vorbereitung) von Rudolf Pannwitz  1. Auflage  1. bis 2. Tausend  Modern kart. Mk. 3,—  Elegant geb. Mk. 4,—

Inhalt:
I. Was eine Kultur zu bedeuten hat. II. Gibt es eine deutsche Kultur? III. Was besondere Standeskulturen wirken können. IV. Der Volksschullehrer im modernen Kulturchaos. V. Wie eine Volksschullehrerkultur möglich wird. VI. Wie eine Volksschullehrerkultur aussehen würde.

Buchverlag der „Hilfe", G. m. b. H., Berlin-Schöneberg.

**Kommentar zu Kants Prolegomena** Eine Einführung in die kritische Philosophie I. Die Grundprobleme der Erkenntnistheorie von Dr. Max Apel 1. Auflage 1. bis 2. Tausend Broschiert Mk. 2,50 Gebunden Mk. 3,—

Urteile:

Der Wert des Buches ist ungemein groß, denn er eröffnet wirklich die Pforten zu der Gedankenwelt des großen Denkers. (General-Anzeiger.)

Möchte sich mancher junger Lehrer an der Hand des Buches an dem hohen Erkenntnisbaum Kants emporranken. (Schulblatt der Provinz Sachsen.)

Der Verfasser hat sein Ziel, den Weg zur Wahrheit zu bahnen, geschickt erreicht. (Freistudentische Rundschau, München.)

Es steckt eine große Arbeit in dem Buche, die durch fleißige Benutzung gelohnt werden sollte. (Die Reformation.)

Es liegt Verdienst in einem solchen Werk. (Hannoverscher Courier.)

**Moderne Philosophie** Herausgegeben von Dr. Max Apel, Dozent der Philosophie an der freien Hochschule in Berlin Buchschmuck von Adolf Amberg

I. **Die Weltanschauung Haeckels** von Dr. Max Apel 1. Auflage 1. bis 3. Tausend Kartoniert Mk. 1,—

II. **Philosophisches Wörterbuch** Eine Erklärung der wichtigsten philosophischen Begriffe und Fachworte von Dr. Rudolf Odebrecht. Dauerhaft kartoniert Mk. 1,50

III. **Der Wert des Lebens** Optimismus und Pessimismus in der modernen Philosophie von Kurt Walter Goldschmidt 1. Auflage 2.—4. Tausend Dauerh. kart. Mk. 1,50

Urteile:

Die Bändchen machen auch dem nicht philosophisch geschulten Leser den spröden Stoff mundgerecht. Alle Autoren schöpfen aus dem Vollen und führen in Neuland. Ausstattung und Preis krönen die Bände auch äußerlich. (Ostfriesisches Schulblatt.)

Die Bändchen sind so abgefaßt, daß sie nur die Grundzüge der behandelten Disziplin erörtern und dem ganzen gebildeten Publikum verständlich sind. (Straßburger Post.)

Klarheit der Diktion und Popularität im edleren Sinne zeichnen die Bände dieser Sammlung aus. (Kunstgarten.)

IV. **Darwin** 10. Tausend 128 Seiten Modern kartoniert Mk. 1,—

Inhalt:

I. Wilhelm Bölsche, Darwins Vorgänger. II. Bruno Wille, Wie die Natur zweckmäßig bildet. III. Ed. David, M. d. R., Darwinismus und soziale Entwicklung. IV. Max Apel, Darwinismus und die Philosophie. V. Rudolph Penzig, Darwinismus und Ethik. VI. Friedrich Naumann, Religion und Darwinismus.

Aus über 200 Preßstimmen:

Eine solche Buchtat von hohem Kulturwert sollte vom deutschen Volke belohnt werden. Und wie? Man kaufe recht bald und recht viel das nicht genug zu empfehlende 1 Mk.-Büchlein. (Der Volkserzieher.)

Allein der Aufsatz Naumanns ist das Doppelte wert. (Die Pädagogischen Blätter.)

Ich habe manche Darwinbroschüre durchgeblättert, auch solche mit Bildern; die von der „Hilfe" aber habe ich gelesen und werde sie noch oft wieder lesen. Darum wage ich auch, sie auf das nachdrücklichste zu empfehlen. — Der Preis ist sehr mäßig. (Pastor Eduard Rieber in einer längeren Besprechung.)

Buchverlag der „Hilfe", G. m. b. H., Berlin-Schöneberg

**Das Ideal der Freiheit** v. Fr. Naumann 2. Aufl. 6.-10. Taul. Mk. 0,50
In packender Weise arbeitet Naumann heraus, was im heutigen Staats- und Wirtschaftsleben der Gedanke der Freiheit bedeutet.

**Die Politik der Gegenwart** von Fr. Naumann 1. Auflage 6. Taul. Preis 60 Pfg. Gebunden Mk. 1,50 Wer in wenigen Stunden auf leichteste Weise das politische Programm Naumanns kennen lernen will, muß diese Vorträge lesen. Sie wurden vor großen Versammlungen begeisterter Zuhörer gehalten.

**Die Erneuerung des Liberalismus** Ein politischer Weckruf von Dr. Theodor Barth und Dr. Fr. Naumann Preis 60 Pfg.

**Sozialreform und Bundesrat** [1]) **Hausindustrie** [2]) **Arbeitskammern** [3]) **Reichskanzler und Wahlrecht** [4]) von Fr. Naumann
1—4) Preis à 15 Pfg. 4 Stück gemischt 50 Pfg. 50 Stück gemischt Mk. 2,50

**Liberale Bauernpolitik** von A. Janßen 2. verbesserte Auflage 3.—5. Tausend Kartoniert Mk. 1,—

Inhalt:

1. Die Bauern und der Freisinn. 2. Jagdrecht und Wildschaden. 3. Das Wahlrecht im Reich und in Preußen. 4. Agrarstaat und Industriestaat (Bevölkerungsvermehrung. Industrieentwicklung. Landesverteidigung. Steuern. Bauer und Arbeiter.) Die Auswanderung. Deutschland unter den Weltvölkern. Die Einfuhr. 5. Die Bauern und die Handelspolitik. Mäßige Getreidezölle. 6. Die Bauern und die Fleischfrage. Die Verteuerung des Fleisches. Beständige Preise. Die Einfuhr von Fleisch und Vieh. Viehzölle. 7. Dienstboten- und Landarbeiterfrage. 8. Andere Fragen des platten Landes.

Eins von vielen Urteilen:

Es beweist durch Tatsachen und Zahlen, was der Bauer im wohlverstandenen Eigeninteresse unterstützen muß. (Der deutsche Privatbeamte.)

**Die Geschichte des preußischen Wahlrechts** von H. von Gerlach 1. Auflage 3. Tausend Gebund. Mk. 3,—

Inhalt:

Die Vorläufer des Dreiklassenwahlrechts. Die Dreiklassenwahlverordnung. Die Wahlkreiseinteilung. Die Klassenwahl. Die öffentliche Wahl. Wahlmißbräuche. Bismarck und das Dreiklassenwahlrecht. Das Abgeordnetenhaus für das Reichstagswahlrecht. Die Verlängerung der Legislaturperiode. Die „Reform" von 1891. Die „Reform" von 1893. Die „Reform" von 1906. Initiativanträge. Die Dreiklassenwahl vor dem Reichstag. Die Konservativen und die Dreiklassenwahl. Das Zentrum und die Dreiklassenwahl. Die Nationalliberalen und die Dreiklassenwahl. Der Liberalismus und die Dreiklassenwahl. Die Sozialdemokratie und die Dreiklassenwahl. Wahlergebnisse. Anhang: Das geltende Recht. Nachtrag: Die Verhandlungen vom 10. Januar 1908.

Eins von vielen Urteilen:

... Es war keine geringe Mühe, dieses Rüstzeug in solcher Vollständigkeit und Verwendbarkeit herzustellen. Es galt, die betreffenden urkundlichen Materialien aus den Gesetzsammlungen, aus den Parlamentsverhandlungen, aus Kommissionsberichten, aus diplomatischen Aktenstücken herauszufischen und übersichtlich zu ordnen. Diese schwierige Aufgabe hat der Verfasser ganz ausgezeichnet gelöst, und er hat sich mit der Veröffentlichung der genannten Schrift ein entschiedenes Verdienst erworben. Die Schrift ist eine Quelle zuverlässiger Belehrung für alle diejenigen, die sich über die Entwicklung unsres preußischen Wahlrechts unterrichten wollen oder unterrichten müssen. (Berliner Tageblatt.)

Buchverlag der „Hilfe", G. m. b. H., Berlin-Schöneberg

## Neudeutsche Wirtschaftspolitik von Fr. Naumann 2. Aufl. 8. Tausend Preis broschiert Mk. 4,—, gebunden Mk. 5,—

**Inhalt:**

I. Das neue Wirtschaftsvolk. 1. Die menschliche Lebenskraft als Grundlage der Volkswirtschaft. 2. Die Tatsachen der Bevölkerungsvermehrung. 3. Menge und Qualität der Bevölkerung. 4. Die neue Berufsgliederung. 5. Die Vermehrung der Abhängigkeitsverhältnisse. 6. Die Frauen im neuen Wirtschaftsvolk. II. Die Materie in der Wirtschaft. 1. Mensch und Materie. 2. Das Land der Masse. 3. Die Wohnung des Volkes. 4. Die Kleidung des Volkes. 5. Die Nahrung des Volkes. 6. Holz, Eisen und Kohle. 7. Das Ideal vollkommener Materialverwertung. 8. Der wachsende Volksbedarf. III. Der Güteraustausch. 1. Die Produktivität des Handels. 2. Die Organisation des Handels. 3. Kapital, Eigentum, Banken. 4. Gold und Geld. 5. Das Lohnquantum im Kapitalismus. 6. Der wirtschaftliche Kreislauf. 7. Kapital und Verkehr. 8. Der Freihandel. IV. Die Organisation der Arbeit. 1. Die Arbeit als Gemeinschaftsleistung. 2. Der ältere wirtschaftliche Liberalismus. 3. Der landwirtschaftliche Unternehmer. 4. Der Handwerker. 5. Der industrielle Unternehmer. 6. Die Unternehmervereine. 7. Die industriellen Kartelle. 8. Die Arbeitsverkäufer. 9. Die Industrieverfassung. 10. Die Genossenschaften. 11. Kapitalismus und Sozialismus. V. Der Staat im Wirtschaftsleben. 1. Das wirtschaftliche Wesen des Staates. 2. Heer und Wirtschaft. 3. Verfassung und Wirtschaft. 4. Der Staat als Unternehmer. 5. Recht und Wirtschaft. 6. Sozialpolitik. 7. Die Zollfrage. 8. Der Staat als Finanzkörper. 9. Die Gemeindeverwaltung. 10. Der neue Liberalismus.

### Eins von vielen Urteilen:

Ein neues Werk von N. ist allemal ein Ereignis, nicht nur für literarische und politische Feinschmecker, sondern für alle, die von lebhafterem politischen Interesse erfüllt sind. Und daß Bücher wie N.s „Demokratie und Kaisertum" in fünf Jahren vier Auflagen erleben konnten, darf als ein erfreuliches Zeichen dafür angesehen werden, daß die pessimistische Klage über das Schwinden politischen Interesses unter unseren Gebildeten doch nur relative, beschränkte Gültigkeit hat .... Aber er ist hier wie immer der scharfsinnige Ideologe, der die wirtschaftlichen Begebenheiten in anschaulicher und packender Weise zergliedert, der glänzende Stilist, der überzeugte Kämpfer, der gedankenvolle und gedankenfreudige Anreger, der ebenso befruchtend wirkt auf die, die ihm folgen, wie auf die, die ihm widersprechen.

(Hannoverscher Courier.)

## Die Bodenreform von Adolf Damaschke Grundsätzliches u. Geschichtliches zur Ueberwindung der sozialen Not 4. durchgesehene u. vermehrte Aufl. Brosch. Mk. 2,50, geb. Mk. 3,—

**Inhalt:**

Weder Kapitalismus noch Kommunismus. Die Bodenreform in den Städten. Die Bodenreform und das Agrarproblem. Die Bodenreform und Israel. Die Bodenreform in Griechenland. Die Bodenreformkämpfe in Rom und ihre Lehren. Henry George. Die Hohenzollern und die Bodenreform.

Es gibt wohl kein anderes Problem, dem trotz seines hohen Alters nicht bloß die große Menge, sondern auch ein so großer Prozentsatz der gebildeten Kreise so gleichgültig, weil nicht vertraut mit ihm, gegenübersteht. Und doch kann gerade die Bodenreform das Rätsel der Sphinx, die soziale Frage, lösen, und so den Weg erschließen zum Heil und Glück der einzelnen Völker und der Menschheit; demjenigen, der sich mit dieser Frage beschäftigen will, wird das leicht und verständlich geschriebene Buch ein guter Führer sein.

### Eins von vielen Urteilen:

Das Buch, das volkstümlich, knapp und anschaulich geschrieben ist, wird seines fesselnden Inhaltes wegen jedem Freunde volkwirtschaftlicher Literatur Belehrung und Genuß bereiten.

(Hamburgischer Korrespondent.)

Buchverlag der „Hilfe", G. m. b. H., Berlin-Schöneberg

**Patria** Bücher für Kultur und Freiheit Band 9 4. Tauf.
Vornehm gebunden Mk. 4,— Dauerhaft kart. Mk. 3,—

Inhalt:

Fr. Naumann, Deutscher Geist (Vorwort). Fr. Naumann, Von der Reichsmarinefahrt. R. Gaedke, Die englische Heeresreform. Georg Gothein, Die preußische Polenpolitik. Ernst Cahn, Die politische Bedeutung des Verhältniswahlsystems. Eduard Platzhoff-Lejeune, Zwei schweizerische Volksrechte: Referendum und Initiative. Marie Baum, Die Frau in der Gewerbeaufsicht. Paul Haag, Von der Walze. Wilhelm Bousset, Das neue Testament und die vergleichende Religionswissenschaft. Erich Schlaikjer, Die Existenzbedingungen der modernen Bühne und der modernen Bühnenkunst. Paul Schubring, Das Ornament. Paul Zschorlich, Was ist moderne Musik. Ernst Jäckh, Friedrich Nietzsche und David Friedrich Strauß. Alexander von Gleichen-Rußwurm, Senau und die Gegenwart. Hermann Hesse, Das Lied des Lebens (Novelle). Fritz Philippi, Der goldene Vogel (Eine Zuchthausgeschichte).

Urteile:

Die wichtigsten Zeitfragen auf politischem, wissenschaftlichem und sozialem Gebiete finden hier in knappen, teilweise stilistisch meisterhaften Abhandlungen eine dem modernen Geiste gemäße Erörterung und Würdigung. (Aachen. Allgem. Zeitung.)

Der neue Band ist jeder Bücherei eine Zierde. (Berliner Börsen-Courier.)

Wir wollen den schönen, stattlichen Band auch dieses wie die vergangenen Jahre unsern Lesern empfehlend nahe bringen. (Neckar-Zeitung.)

Die Aufsätze des neuen Bandes suchen an Güte und Lehrkraft einer den anderen zu übertreffen. Jedem Deutschen, der mit Politik sich beschäftigt oder für solche interessiert, jedem politischen Verein wird dieses Buch von größtem Werte sein. (Der Beobachter.)

Man kann dem Buche nur weiteste Verbreitung wünschen, weil es unterhält und zugleich belehrt. (Jungliberale Blätter.)

**Hilfe-Almanach 1909** Ein kleines, fein gebundenes Taschenbuch 212 Seiten 60 Pfg. Eine im Verhältnis zum Preise außergewöhnlich wertvolle Gabe mit den besten Originalbeiträgen erster Schriftsteller. Bei der Preiskalkulation ist absichtlich jeder Verdienst des Verlages außer Acht gelassen. Dies Buch soll seinen Weg leicht finden und in den Kreisen werben, die uns bislang fern standen. Es darf darum an Stelle der sogenannten „kleinen Aufmerksamkeiten" besonders empfohlen werden.

Inhalt:

Zum Geleit. Aufsätze: Alles fließt, von Fr. Naumann, M. d. R. Deutscher Nationalsinn und preußischer Konservatismus, von Wilhelm Heile. Das Bevölkerungsproblem Ostelbiens, von Otto Pautsch. Fortschritt der Bodenreform, von A. Pohlmann-Hohenaspe. Der Liberalismus und die Privatangestellten, von Georg Liske, Leipzig. Die Verschiedenartigkeit der sozialen Bedürfnisse der Arbeiter und die Aufgaben des Bürgertums, von Joh. Fischer-Reutlingen. Absinnen und Selbstbeherrschung, von Erich Schlaikjer. Die Bewegung für das Frauenstimmrecht im In- und Auslande, von Else Lüders. Soziale Frauenbildung, von Alice Salomon. Die Fortschritte in der Erziehungsreform, von Ludwig Gurlitt. Die Schuldigen, von J. Tews. Kirchenpolitisches, von G. Traub. Paul Gerhardt als Dichter, von H. Schnellbach. Erinnerungen an R. Barbaro di San Giorgio. Rainer Maria Rilke, von Wilhelm Conrad Gomoll. Der deutsche Spielmann, von Fritz Cramer Eine dänische Pfingstfahrt, von Marguerite Wolf. Der Eklektizismus in der modernen Baukunst, von Walter Curt Behrendt. Matthias Grünewald in Kolmar, von Theodor Heuß. Beiwerk, von Paul Schubring. Georget Bizet, von Paul Zschorlich. Geschichten aus Narratoria, von Georg Rufeler. Der Mord in der X-Straße von Karl Ettlinger. Gedichte. Allgemeines: Die Programme der politischen Parteien im Deutschen Reich. Die Freisinnige Vereinigung im Reichstage und preußischen Abgeordnetenhause, von Fr. Weinhausen. Liberale Zeitungen. „Die Hilfe", von Fr. Naumann. Sozialpolitische Adressentafel. Posttarif für Sendungen aller Art. Reichsstempelabgaben. Zinsberechnung. Die beweglichen Feste. Jüdische Feste. Ermittelung des Wochentags. Kalendarium. Anzeigen.

Buchverlag der „Hilfe", G. m. b. H., Berlin - Schöneberg

# Die Hilfe

Wochenschrift für Politik, Literatur und Kunst
Herausgegeben von D. Friedrich Naumann

## Was will die Hilfe?

**Die Hilfe** steht auf nationalem Boden und tritt für eine kräftige äußere Politik ein, in der Erkenntnis, daß alle politische Machtentfaltung unseres Volkes nach außen hin die Grundbedingung aller großen sozialen Reformen im Innern ist. :: :: :: :: ::

**Die Hilfe** erstrebt den festen Zusammenschluß aller liberal gesinnten Elemente gegen alle egoistische Interessenwirtschaft der begüterten Klassen für eine energische Vertretung der berechtigten Forderungen der wirtschaftlich Schwächeren, insbesondere für eine gerechte Verteilung der Steuerlasten.

**Die Hilfe** sieht in der geistigen Durchbildung unseres Volkes neben dem Willen zur Macht die erste Voraussetzung für seine politische Reife und Größe. Sie wird deshalb nicht müde werden für Freiheit und Fortschritt in allen Gebieten des Wissens zu kämpfen, insbesondere für die Freiheit der Schule und des Lehrstandes.

**Die Hilfe** will ihre Leser auch auf den Gebieten der Kunst und Literatur, des geistigen und kulturellen Lebens orientieren und bringt daher in ihrem literarischen Teil eine ausführliche selbständige Würdigung aller wertvollen Erscheinungen. Den Freunden einer guten und ernsthaften Unterhaltung gibt sie Romane oder Novellen der besten Autoren.

Verlangen Sie bitte zur Probe ein kostenfreies Monatsabonnement vom

**Buchverlag der Hilfe G. m. b. H.**
Berlin-Schöneberg.

Druck von Siegfried Scholem, Berlin-Schöneberg.

# Theodor Heuss
# Was ist Qualität?

Zur Geschichte und zur Aufgabe
des Deutschen Werkbundes

Erweiterte Fassung der am 10. Februar 1951 im
Deutschen Werkbund Stuttgart gehaltenen Rede,
erstmalig veröffentlicht in einer Broschüre
des Rainer Wunderlich Verlags Hermann Leins

Meine Damen und meine Herren!

Vor bald 45 Jahren, an einem Augustabend, kam Friedrich Naumann von der großen „Kunstgewerbe"-Ausstellung in Dresden nach Berlin zurück, sehr beeindruckt von dem, was er gesehen hatte, aber auch von einem Gespräch mit Karl Schmidt, der, ein Tischler, aus der Handwerkerei in das Industrielle gegangen war und die Dresdener, die späteren „Deutschen Werkstätten" gegründet hatte. Wir saßen in einem Café zusammen; Naumann entwarf in bewegter Stimmung den Plan, wie es wohl möglich werde, daß die schöpferischen Pioniere einer neuen Formgesinnung, die jetzt sichtbar geworden waren, in eine Dauerbindung gebracht werden könnten. Die Versuche, zu guten Möbeln, zu anständigen Gebrauchsgegenständen zu kommen, die Bemühungen, zu einer erneuerten Architektur zu gelangen, sollten in einer Bewegung sich sammeln, die sich von der rein ästhetischen Wertung lösen und in eine sozialökonomische und pädagogische Behandlung eingebettet werden könnte. Diese Aussprache ist mir unvergeßlich geblieben. Es ging um sachliche und persönliche Klärungen. Würde mein Freund Wolf Dohrn der rechte Mann sein, die Sache in die Hand zu nehmen? Das war also 1906.
Im Jahre 1907 gab es dann den heftigen Konflikt um den Sachreferenten im Berliner Handelsministerium, den Leiter der Preußischen Kunstgewerbeschulen, Hermann Muthesius, einen großen Wirbel im sogenannten „Fachverband" gegen diesen Beamten, der kritische Schriften über das Niveau der deutschen Formkultur verfaßte und das Schulwesen mit neuen Männern und Ideen umkrempeln wollte. Wer erlaubte ihm das? Der Protest war ziemlich wild. Aber dem Angegriffenen entstand ein tüchtiger Verteidiger aus den Reihen der „Interessenten", der württembergische industrielle Peter Bruckmann.
1908 wurde in München der *Deutsche Werkbund* gegründet. Die Namen, die ich eben nannte, sind ideell und organisatorisch die Träger seines Beginns.
Es hatte schon ein Vorspiel gegeben. 1901 war in Darmstadt auf der Mathildenhöhe das, wie es kühn sich nannte, *Dokument deutscher Kunst* hingestellt worden. Als junge Burschen von 17 Jahren wanderten wir dorthin wie zu einem neuen Mekka. Ich nehme an, daß auch unser Vorsitzender, Otto Bartning, dorthin gelaufen ist, der ja im Alter mir ungefähr gleich ist. Was war geschehen? Dort war, vor eben fünfzig Jahren, durch die Initiative des Großherzogs Ernst Ludwig einer individuellen Künstlerrevolte die große Chance gegeben. Man müßte in diesem Jahr eigentlich ein Jubi-

läum feiern auf die Gefahr hin, daß sein Ergebnis als Gegenbeispiel zu den Wagnissen der Olbrich, Christiansen, Patriz Huber, des jungen Peter Behrens wirke. Es handelte sich um eine durch und durch individualistische Rebellion gegen die Konventionen in Architektur, in Möbeln, in Tapeten, in allen Gebrauchsgegenständen. Merkwürdig, wenn man zurückdenkt und sich von der heutigen Lage aus ein Bild macht; was damals gezeigt wurde, war die „Villa", das geschmackvolle Landhaus, wie man sich's wünschte, des vermöglichen Bürgers. Hier allein, so schien es wohl einer Zeit des wachsenden Reichtums, ließen sich die entscheidenden Probleme demonstrieren und sinnenhaft modellieren. War es nun die Befreiung von einer Konvention, um zum „persönlichen" Stil zu kommen, oder galt es eine neue Konvention zu schaffen, die einem neuen Lebensgefühl, vielleicht auch einem Sozial- und Wirtschaftsbedürfnis entspreche?
Das ist eigentlich das Grundthema geblieben, das die Geschichte des Deutschen Werkbunds begleitet hat, 1914 in dem großen Kampfgespräch nicht ausgetragen, aber ausgesprochen, das in Köln auf der Werkbundtagung zwischen Hermann Muthesius und Henry Van de Velde geführt wurde, ob der „Typus", ob die individuelle kunstschöpferische Leistung im Mittelpunkt der Arbeit des Bundes stehen könne, solle und dürfe. Das ist heute historisch. Ist es historisch?
Wir werden nachher von den aktuellen Dingen einiges zu sagen haben. Aber vielleicht darf ich zuvor ein geistesgeschichtliches Präludium zu geben versuchen: Wir haben damals den Deutschen Werkbund als eine „deutsche Bewegung" angesehen; wir waren fast etwas stolz darauf, als während des ersten Weltkriegs in England die Leute auf die Idee kamen, einfach unsere Satzung abzuschreiben und auch so etwas wie einen Werkbund zu machen. Heute sehen wir auf den Council of Industrial Design, heute schauen wir nach England hinüber. Es ist ein Hin und Her der Anregung gewesen und geblieben. Da nun Dankbarkeit nach meiner Meinung keine Schande ist, wird es gut sein, daran zu erinnern, daß die deutschen Dinge, die wir als sehr deutsch begriffen, ihren Geistesquell in England besaßen. Wieso denn? Ich will nicht behaupten, daß John Ruskin der erste Mann im Raume der neuzeitlichen Reflexion gewesen ist, der sich gefragt hat: Was ist Qualität? Aber daß das, was er um sich herum entstehen sah, *schlechte* Qualität sei, das glaubte er zu sehen, und er sprach es aus. Es war ein großartiger menschlicher Protest gegen die menschliche Entseelung und sachliche Entformung, wie er sie in dem jungen Fabrikenwesen Englands begriff. Die industrielle, mechanische Massenfabrikation, die England als Schicksal früher erreicht und geprägt hatte, hat ihn

gepackt, erschreckt, er war – vor die Maschine, vor die rationelle Technik gestellt – banal gesprochen ein „Reaktionär"– ein wunderbarer Schriftsteller, ein Kunsthistoriker, der auf die Idee kam, Nationalökonomie zu treiben, was ja offenbar ein Wagnis ist. Hier hatte es immerhin die Folge, daß in Auswirkung seiner antiliberalen Darstellung; von dem Verderb des Menschen und seiner Ausdruckskraft im industriellen Wesen etwas wie eine kunsthandwerkliche Gruppenform in England entstand mit Morris, Burne Jones, Crane, den sogenannten „Präraffaeliten", die uns als eine Spielart der Romantik erscheinen, die sich aber, seltsam genug, zum Teil für „Sozialisten" hielten. Ihr Ästhetizismus war durchaus mit sozusagen Moralischem durchsetzt. Was haben sie dann fertig gebracht? Sie wollten auf das Handwerk zurückgreifen, und als sie nach dem Handwerk griffen, gerieten sie in die Gotik.

In England ist, wenn ich das richtig sehe, aus diesem gläubigen Einsatz konservativer Revolutionäre eigentlich nur eine geschichtliche Arabeske geworden. Darf ich zwei Anekdoten erzählen? – Als ich 1911 zum erstenmal in England war, da habe ich nach den Werkstätten des freilich schon vor anderthalb Jahrzehnten gestorbenen Morris gesucht. Keiner der Engländer, an die ich geriet, hat Bescheid gewußt. Irgendein literarischer Deutscher hat dann gemeint, daß in South-Kensington so etwas noch zu finden sei. Wir gingen also hin und waren andächtig, denn wir spürten, hier sei etwas wie die Wochenstube der neuen Bewegung.

Und dann das andere: Als ich vor ein paar Jahren einige Tage in Oxford weilte – zum zweitenmal –, wurde eine Gruppe von Menschen verschiedener Nationen durch das herrliche, geschichtlich so reiche Christ Church-College geführt – eine reizende, gebildete junge Engländerin gab die Hinweise. Ich sagte ihr: „Und nun müssen Sie aber noch die Glasfenster von Burne Jones zeigen." Sie wußte nichts davon, daß es diese in einer Seitenkapelle gab, und lachte fröhlich darüber, daß ein Deutscher sie auf dieses Stück neuerer englischer Kunstgeschichte hinweisen mußte. Halten Sie bitte diese beiden Erinnerungen nicht für Bildungskoketterie – sie zu erzählen, schien mir erlaubt als Befund einer begrenzten Tiefenwirkung. In Deutschland war der Einbruch des Industrialismus schier heftiger. Ich will keine breiten sozial-ökonomischen Darstellungen vortragen; einiges aus diesem Bereich gehört freilich zu unserem Fragenkreis. Aber das, was Binnenwanderung, Bevölkerungszunahme, Massenbedürfnisse und Fabrikengründung in der zweiten Hälfte des 19. Jahrhunderts bedeuteten – abzulesen in statistischen Jahrbüchern –, schafft das ungeheure Problem der Befriedigung von Massenansprüchen. Die zunächst etwas unbedarfte

Fortschrittsgläubigkeit: „das kann man schon machen" trug die Dinge mit
voran. Derlei gab es auch anderwärts. Doch das Tempo in Deutschland,
zumal in dem schnellen Wachstum der Städte und Großstädte, machte die
Fehlentwicklungen deutlicher. Und deshalb, als der Warnruf von Ruskin
zu den Deutschen kam, über Belgien hinweg, wo er auch von einzelnen
vernommen wurde, hat er einen stärkeren, breiteren Widerhall gefunden.
Was bildete den geistigen Hintergrund der deutschen Dinge? Ich will ein
keckes Wort wagen: Das *Konkubinat von Romantik und Rationalismus*,
von Historismus und Industrialismus, es war eine überaus kinderreiche
Beziehung. Ein so großer Mann wie Gottfried Semper hat Ehrenpaten-
schaften an Unbekannt bei diesem Vorgang wahrlich genug übernommen.
Er hat in seinem großen Buch „Der Stil in den technischen und tektonischen Künsten" den Versuch gemacht, historisch und sachlich zu systema-
tisieren: was entspricht dieser technischen, dieser sachlich-ökonomischen
Aufgabe „künstlerisch?" – Künstlerisch heißt formend. Nicht das ist das
Wesentliche, daß bei ihm eine Art von Renaissancismus an die Stelle trat,
wo Ruskin Gotiker geworden war, sondern daß er, gebildet wie er war,
für bestimmte Bauaufgaben eine Art von logischen Entsprechungen in der
Formenwahl empfahl. Die schöpferische Naivität war verflogen.
Wenn wir schon das Wort heute lesen – geprügelte Kinder, wie wir alle
sind –, „technische und tektonische Künste", dann werden wir mißtrau-
isch. Die Unsicherheit klingt an, die in dem späteren Wortschatz uns
begleitet. Eines schönen Tags gibt es den Begriff „Kunstgewerbe". Ich weiß
nicht, wer ihn erfunden hat, er trägt bewußt eine andere Atmosphäre mit
sich als etwa „Kunsthandwerk". Dann heißt es auf einmal: „Gebrauchs-
kunst". Schließlich fordert eine eigentümliche Wortpaarung das Bürger-
recht: „angewandte Kunst". Die sprachliche Ungewißheit ist verräterisch,
sie hat offene Fragen hinterlassen.
Beantwortet wurden sie von ein paar Männern oder wurden wenigstens in
versuchter Antwort angepackt, die *nicht* von den „technischen", von den
„tektonischen Künsten" kamen. Die „Revolutionäre", die *Protestierenden
der Jahrhundertwende* waren schier lauter Außenseiter. Sie kamen von
der sogenannten „reinen Kunst", von der Malerei, Graphik, der Bildhauerei, sie hießen Peter Behrens, Richard Riemerschmid, Bruno Paul, Bern-
hard Pankok, sie hießen Obrist, Läuger, Patriz Huber. Architekten waren
wenige dabei, wenn man nicht den großen Otto Wagner in Wien sehen
will und Fritz Schumacher; etwas später, aber erst in der zweiten Reihe
der Generationen, Hans Poelzig und Paul Bonatz – den großen Namen
Theodor Fischer lasse ich in dieser Reihung mit Bedacht und Bewußtsein

weg; denn er war an sich schon ein fertiger Mann im Neudenken, das auch ein Bewahren sein sollte.

Daß *Außenseiter* sich an der Frontspitze gesammelt hatten, soll man nie vergessen – sie waren von der Unbefangenheit ihrer zugreifenden und erfinderischen Selbstgewißheit getragen, die nicht auf den Kanon einer schulmäßigen Vorbildung gedrillt war. Damals mußte man, ich übertreibe jetzt, gute Bilder gemalt oder interessante graphische Blätter, vielleicht Illustrationen gefertigt haben, um ein Wohnhaus, eine Fabrik, ein Verwaltungsgebäude eindrucksvoll entwerfen zu können. Das hat sich später gewandelt. Ich will jetzt nicht so weit gehen und sagen, daß man heute Mitglied des BDA sein müsse, um einen Aschenbecher oder um einen Stuhl machen zu können, obwohl es derlei gibt. Immerhin: die Lockerung der fachlichen Spezialisierungen wird zu einer *Bereicherung der Fragestellung*. Denn es entsteht zugleich der Versuch der geistigen Vereinheitlichung, wenn auch zunächst vielleicht äußerlich eine Art von verbindlicher Formgesinnung zu entwickeln, einen „neuen Stil". Mit Selbstironie hat man damals im deutschen Werkbund gesagt, er umfasse die ganzen Gestaltungsfragen „vom Sofakissen bis zum Städtebau".

Die Stichworte der Verständigung waren anfangs ungeheuer einfach; sie hießen *Zweckmäßigkeit und Materialechtheit*. Sind diese beiden Voraussetzungen gesichert, dann ist die Arbeit gut, sie ist auch *schön*. Das war eine zeitbedingte Reaktion auf das dekorativ-repräsentativ Verspielte wie auf die Täuschung im Material. Ich habe kürzlich ein neues altes Haus bezogen aus den achtziger Jahren. Eine der ersten Beschäftigungen war, an einer der unvermeidlichen Säulen die Kapitelle wegmachen zu lassen. Die waren aus Blech gepreßt und mit Steinfarbe bemalt, aber sehr korinthisch. Die Säulen als solche mußten wir leider stehen lassen; das Ganze ein sehr charakteristisches Beispiel für jene Zeit, gegen die sich das Bedürfnis stellt, aus dem Talmi des schaubar gemachten schlechten Gewissens herauszukommen.

Doch die Sicherheit in der Ansage, daß das Material schon in seiner „Echtheit" die Voraussetzung des Guten, vielleicht auch des „Schönen" ist, wird fraglich. Gibt es denn eigentlich einen „unechten" Stoff? Er ist doch nur solange unecht, als er verschweigt, was er ist. Genau, wie „Schmutz" eine sehr ordentliche Sache sein kann, die nur das Unglück hat, sich an der falschen Stelle aufzuhalten. Darf ich noch einmal etwas Wortphilologie treiben? Das Talmi hat sich verwandelt in „Surrogat", dann wurde es „Ersatzstoff" und schließlich kam der Begriff „Kunststoff", der mit Kunst gar nichts zu tun hatte, bis man endlich im *Werkstoff* ein anständiges Wort für eine nicht unanständige Sache gefunden hatte. Was offenbar heißt, daß Aluminium und Bakelit und Faserstoffe ihre Art von Legitimierung erfahren haben.

Aber besitzt „das" Material, „der" Stoff als Stoff und Material eine Formentsprechung? Der puritanische Eifer des Anfangs hatte dies beinahe angenommen, daß dem Eisen, dem Holz, dem Stein dies und dies entspreche. Naumann in seinem Eifer, für die sichtbare Eisenkonstruktion Freunde zu werben, Deuter einer neuen Ästhetik zu werden, hat einmal das sehr kühne Wort gebraucht, die Formen des Steines seien „erschöpft", wer in Stein denke, gerate in das Historische. *So ist es nicht.*
*Alle* Kunstgestaltung ist *nicht* vom Stofflichen her bestimmt, sondern ist *Überwältigung des Materiellen vom Geistigen.* Wer es noch nicht weiß, soll sich Bauten von Balthasar Neumann oder Dominikus Zimmermann, die wunderbaren Barock-Kirchen ansehen, dann wird er es lernen, welchen geheimen Zauber (oder welchen Schwindel sagt der Doktrinär) die Meister mit dem Stoff fertig gebracht haben. Dem Stoff als solchem *fehlt* die formale Entsprechung. Aber im Negativen gibt er, scheint mir, die Abwehr.

Darf ich eine Anekdote erzählen? Es sind vielleicht zweieinhalb Jahrzehnte her, da bin ich drüben in Maulbronn im Sandsteinbruch gewesen. Es lagen behauene Blöcke herum, die ich mir angeguckt habe. Und dann fragte ich den alten Burrer, meinen Begleiter: machen Sie denn Sachen für van de Velde? Na, er war sehr geschmeichelt, daß ich das den paar Blöcken angesehen hatte. Und ich war ein wenig stolz darauf, daß ich das gleich gemerkt habe. Aber ich habe Burrer nicht gesagt: die Geschichte ist nicht ganz in Ordnung; denn das wäre für ihn eine Enttäuschung geworden. Aber bei mir war ein peinliches Grundgefühl dabei. Warum denn? Weil Henry van de Velde, wenn ich so sagen darf, von der *metallenen* Linie hergekommen ist. Ein Graphiker mit dynamischem Schwung, den er noch in den Eisenbetonkonstruktionen zeigen konnte. Aber von der Flächenbehandlung, die das *Statische* des Steins ausdrückt (und dies ist auch in der kühnsten Raumgestaltung vorhanden), davon hat er nichts gespürt oder er hat es mißachtet. Die Begegnung mit diesen Bruchstücken eines Bauwerkes, wo in artistischer Steinmetzarbeit steinerne Flächen einer Art von kurvierter Meißelgraphik dienten, blieb mir persönlich sehr lehrreich. Hier empfing ich, von einem großen Könner dargereicht, die Bestätigung: das Material als solches enthält also *keine* Formgesetze, aber es zeigt die Grenze und es gibt die Verbote. Natürlich kann es auch Anregung zum Formdenken geben. Ich darf einen Augenblick die Architekten daran erinnern, was es bedeutet hat, als der Franzose Monier die Eisenbetonkombination gefunden hat: nicht nur eine ungeheure Aufgabe und Beschäftigung für Statiker, sondern auch für die Entwicklung eines Raumgefühls mit all den Verlockungen, in der verdeckten oder verhüllten Konstruktion eine zugleich formal-künstlerische Aussage zu machen. Was dann oft genug daneben geglückt ist.

Und nun neben der Materialechtheit: *Zweckmäßigkeit*. Zweckmäßig war halb moralisch, halb ästhetisch gefaßt. Man möchte heute gerne sagen, das ist eine verjährte oder wurde eine verjährte Banalität. Das Zweckmäßige ist durch die vollkommene Zweckerfüllung noch nicht schön, noch nicht „Kunst". Aber das Unzweckmäßige hat die Wahrscheinlichkeit für sich, unschön zu sein. Die Auseinandersetzung hat hier verschiedene Ebenen. Sie sieht etwa in der großen *Baugestaltung* anders aus als im Gebrauchsartikel. Zweckmäßige Architektur – ich lese sie im *Grundriß* ab. Der formal und im Detail geschmäcklerische Ludwig Hoffmann, der ziemlich viel konnte, hat etwa aus dem „Stadthaus" in Berlin, was sehr bewundert wurde, ein vielstockiges Klostergebäude für einen Massenverkehr von Publikum gemacht – vollkommener Unsinn! –, während Poelzigs I.-G.-Farben-Haus in Frankfurt seine Genialität nicht in dem festlich großen Eindruck des Cannstatter Travertin ausdrückt, sondern in der leicht geschwungenen Gestaltung des Grundrisses, die alles übersichtlich macht und zugleich das wandernde Licht als architektonische Formkraft benutzt. Das fordert die innere Sachdurchdringung von dem Lebenszweck her als Grundelement, wobei freilich Phantasie, die sich selbst zu disziplinieren lernt, eine fruchtbare Vorübung ist. Sich zu disziplinieren! Man hat vor vielen Jahren Poelzig einmal mahnend und warnend den Kollegen-Vorwurf gemacht, wie er denn dazu komme, in seinem Meister-Atelier, in seinem Seminar Kinos und Kirchen und Rathäuser von den Studierenden entwerfen zu lassen; er solle doch die Leute an Siedlungshäuser und Kleinwohnungen heranführen. Da gab er die Antwort: „Ich werde doch nicht mit dem Schwersten anfangen."

In einer ganz anderen Atmosphäre steht der „Zweck" als Regulator der verantwortenden Formkraft vor den Dingen des *banalen Lebens*. Da tritt der Spiel- und Schmucktrieb der Menschen hinzu – davon nachher noch einiges. Die rigorosen Puritaner verdammen ihn. Aber der Spiel- und Schmucktrieb hat die Eigentümlichkeit, sich darum nicht zu kümmern. Was herauskommt, wird dann oft genug, und oft genug mit Recht, „Kitsch" genannt. Na, auch damit muß er sich abzufinden versuchen. Er ist eben vorhanden. Ich habe zweimal in meinem Leben Brieföffner geschenkt gekriegt. Einmal einen, wo ich jedesmal unseren verehrten Landsmann Friedrich Schiller am Kopf fassen mußte; denn der bildete den Griff. Der andere stammt aus der nahen Vergangenheit, eine Sache, die schon wie der Vorläufer einer beginnenden Remilitarisierung Deutschlands aussah, so handfest war er, und konnte, wenn man ihn aus der Lederscheide herausholte, auch als stoßkräftige Waffe dienen; ich holte ihn nie heraus. Ich hatte mir inzwischen selber einen gekauft, der bloß die Briefe aufschlitzte und gar nichts darstellte. – Die Anekdote scheint unwesentlich. Aber sie zeigt vielleicht, um was es sich handelt. Denn dahinter steht etwas versteckt die Frage des Bedürfnisses, sei es vom Käufer, sei es vom Produzenten her, der sagt, der Käufer warte darauf, daß man das Unwesentliche, das Kleine gleichsam überhöhe, heroisiere, ihm irgendeinen Akzent, vielleicht sogar vom Weltanschaulichen gebe.

Hier meldet sich das ökonomische und das sozialpsychologische Problem: der *Markt*. Man mache dies, sagt man, weil man es verkaufen will und verkaufen kann. Der Markt aber, vom Produzenten, vom Händler oder Verkäufer, vom Konsumenten aus gesehen, bietet einen wechselnden Aspekt. Seine Partner besitzen keine einheitliche Antwort auf die Frage: „Was ist Qualität?"

Ruskin machte die Maschine und die sie vorantragende Grundgesinnung verantwortlich für den Formverfall. Aber *die Maschine als solche ist wert- und formneutral*. Die Frage „Maschinenarbeit oder Handarbeit" ist falsch gestellt im Sinne der Qualität, zumal wenn sie ökonomisch-sozial scheidet, Industrie und Handwerk als soziale Typen auseinanderhält. Die *Maschine formt nicht*; sie dient zur Formung. Es gibt Fabriken, in denen hundert- oder tausendfach der handarbeitende, also der „handwerkende" Mensch steht. Nur der ökonomische, *nicht* der technische Faktor macht daraus ein industrielles Unternehmen. Und das Handwerk nimmt heute die Menschenkraft entlastende und Zeit ersparende Leistung der Maschine als selbstverständlich hin. Es tut dies zumal seit der Erfindung des Kleinmotors und seitdem die Fernübertragung der elektrischen Kraft den Wettbewerb mit der zentralisierenden Dampfmaschine, die vor hundert, beinahe noch vor fünfzig Jahren das Angstgespenst des Handwerkertums gewesen war, in Grenzen gesichert hat.

Die technischen, ökonomischen und ästhetischen Fragen sind nun sehr vielschichtig. Als wir 1919, auch hier in Stuttgart, dem Deutschen Werkbund wieder eine geistige Sammlung, mit der Bestandsaufnahme einen neuen Auftrieb geben wollten, da hatten Riemerschmid und Poelzig, auch ich, die Hauptreferate zu halten – es ging um die ewig wichtige Frage der

Nachwuchserziehung, um die ökonomisch-politische Situation in einem durch die Militärniederlage getroffenen Volke, aber auch um die Grundelemente einer schöpferischen Gestaltung. Damals trat Poelzig mit einem manchen überraschenden Enthusiasmus, mit Leidenschaft, ja, Herbheit *für* das Handwerk, für die Handarbeit ein. Keiner hat damals so leidenschaftlich gekämpft gegen die Gleichsetzung von Technik und Kunst! Er hat gesagt: Ein Automobil schmeißt man nach ein paar Jahren auf den Misthaufen, es ist einem gleichgültig und fremd geworden, weil neue Formen aus der rationalen Entwicklung der technischen und der stofflichen Dinge sich gebildet haben, aber einen Schrank des Barock, eine Tür der Romanik, die sieht man, handgearbeitet wie sie ist und von irgendeinem Menschen her noch durchfühlt, auch noch nach Jahrhunderten mit Ehrfurcht an.

In der sehr schroffen Zuspitzung steckt ja etwas unverlierbar Richtiges. Welches denn? Die industrielle Technik lebt ihrem Wesen nach aus einem rationalen Fortschritt; eine neue Erkenntnis der Naturgesetze, eine neue Erfindung in der Konstruktion entwertet sie. Von „fortschrittlicher Kunst" im Sinne eines Qualitätsurteils sprechen nur Propagandisten, Snobs oder nachschwätzende Banausen. Die Maschine als Bedienerin des Marktes, das heißt in unserem Zusammenhang der Bedürfnisse eines zunächst anonymen *Käufer*publikums, ist, schon um ihrer Amortisation willen, im Konsumgüterbereich auf „Serie" eingestellt. Das bedeutet die zuverlässige gleiche Reproduktion einer Ware. Das Handwerk zielt im Elementaren nicht auf Markttechnik, gar Marktbeherrschung, sondern blickt auf den *Besteller*. Natürlich gibt es Handwerker, die auf dem Weg sind, daß ihre Werkstatt ein Fabrikle wird, zumal wenn sie eine beachtete und gefragte Spezialität entwickeln konnten, und das Fabrikle wird dann irgendwann einmal eine Fabrik – wir kennen derlei bei uns in Württemberg sehr gut. Die Grundmelodie hat, wenn ich so sagen darf, einen verschiedenen Rhythmus, wo es sich bei der technifizierten Industrie eben um den „Markt" handelt, bei dem Handwerk um den „Auftrag", der im Entscheidenden immer neu ist.

Diese Formulierung ist gewiß etwas überspitzt, sie war es auch damals bei Poelzig – es kam ihm darauf an, und es kommt mir ein wenig darauf an, gegen die immer wieder gängig werdende Gleichsetzung von vollkommener Technik und Kunst abzugrenzen und die Scheidung zwischen dem rational Berechenbaren und dem irrational Schöpferischen zu wahren, auch wenn es sich um einen Lebensbezirk handeln mag, dem die großen Begriffe nicht immer angemessen sind.

Im Ökonomischen, im Sozusagen-Geschäftlichen tritt aber nun vor uns die Frage nicht der „natürlichen" und damit fruchtbaren, aus der organischen Entwicklung kommenden, sondern der *bewußten* Entwertung der Formen, das Bedürfnis nach rationeller oder für rationell gehaltener Selbstentwertung jeder Gegenwart. Ein sehr heikles Problem! Denn da taucht das Wort *„Mode"* auf, das Wort „Nouveauté", es geht darum, „das Neue" zu suggerieren, das Neuartige, das, nebenher, sehr altmodisch sein mag, wenn das nur inzwischen vergessen wurde; es geht um den sehr komplizierten Vorgang der Massenpsychologie, der Massenwerbung, wo so lange behauptet wird, fein oder grob: „das wird jetzt gefragt", bis jeder danach fragt, der bisher gar nicht gewußt hat, daß es so etwas überhaupt gibt und daß man danach fragen müsse. Ich will das seltsam verschlungene Wegenetz in diesem Bezirk nicht abwandern; es bietet bei dem Wechsel der Stoffe, der Techniken, der „Branchen" sehr wechselnde Aspekte und mündet vielleicht in einer Kultur- und Ständesoziologie, deren Grundlinien schon in der „vorkapitalistischen" Ära zu finden sind. Aber wir spüren, wie die letzten hundert Jahre Grenzen verwischt und die Tempi der Folgen beschleunigt haben. Nur ein kurzes Wort zu der entscheidenden Verantwortung des Produzenten, des „Vertreters", des Kaufmanns. Es gibt einen großen Gott in diesem Bereich, der heißt *„Umsatz"*. Aber es ist kein sehr zuverlässiger Gott. Damit kein Mißverständnis entsteht: wir sprechen hier nicht von den sogenannten „Markenartikeln", die ja eine spezielle und spezifische Entwicklung des modernen industriellen Lebens und des Massenkonsums sind. In dem Revier aller Markenartikel ist die Sachverantwortung gegenüber der Qualität eine Lebensvoraussetzung der Unternehmen schlechthin; nämlich solche bleiben und gedeihen, wenn sie jede Qualitätsentwertung ablehnen, solche sind gefährdet oder gehen unter, wenn sie eine Verschlechterung hinnehmen, sei es, daß sie glauben, so fest eingeführt zu sein, daß man das nicht weiter beachtet, sei es, daß sie Gewöhnungen in den Zeiten von Rohstoffnöten für dauerhaft halten. Der Käufer pflegt ein gutes Gedächtnis zu haben.

Die Qualität des marktgerechten Gebrauchs- oder Schmuckartikels bildete (und bildet) oft genug den Anlaß zu einem nicht selten recht unfrohen Gespräch zwischen dem Produzenten, dem Kaufmann, dem Konsumenten und dem kritischen Literaten, der darüber Artikel schrieb (und schreibt). Nämlich wenn die Sache schief geht und das Ganze ein bißchen blamabel wirkt, dann will keiner daran schuld gewesen sein. Der Hersteller sagt: das Gute, was ich eigentlich machen wollte, das hat mir keiner abgekauft. Und der Käufer sagt, das Gute, nach dem ich suchte, habe ich nirgends gefunden; es war eben nicht vorhanden. Es wird wohl *so* sein: Eine minderwertige Produktion hat manchen reich gemacht, aber es ist sehr fraglich, ob er reich geblieben ist. An der guten Arbeit ist noch keiner bankrott gegangen, wenn er Geduld hatte oder haben konnte. Für die Wechselbeziehungen gibt es keine *immer* geltende Analyse. Wir sind selber noch den Jahren zu nahe, da *alles* gekauft wurde, bloß weil es eben da war. Das war die Diktatur des Produzenten im ganz primitiven Sinn, nämlich dessen, der eben Material hatte. Wir sind taktvoll genug, heute nicht untersuchen zu wollen, in welcher Form der „Kompensation" – auch ein wirtschafts-geschichtlicher, fast wirtschaftstheoretischer Begriff jüngst vergangener Jahre – er zu dem Material gekommen war. Immerhin, er hat's gehabt und konnte damit alles los werden, was er wollte. Das hat sich geändert, wenn freilich diese Änderung nicht in allen Branchen gesichert ist, sondern durch die schwankende Kraft des Preisgefüges, die Unklarheit des weltpolitischen und weltwirtschaftlichen Trends und den millionenfachen Nachholbedarf des Binnenmarkts bedroht bleibt.

Dazu dies: es ist so schwierig, fast unmöglich geworden, von einer bestimmten geistigen Artikulation des Käufers zu reden; denn unter den Käufern ist heute bei dem ungeheuren Umschichtungsprozeß in der sozialen Lebensform und in den Herkünften eine irgendwie bestimmende, ja verpflichtende Schicht nicht mehr vorhanden, wie sie früher einmal, zum Guten oder zum Schlechten, wirksam war. Vor drei Jahrzehnten etwa wird es gewesen sein, da habe wir, der Werkbund und der Dürerbund, gemeinsam das Wagnis unternommen, diese Beziehung zwischen Hersteller, Händler, Käufer irgendwie zu ordnen: das *„Deutsche Warenbuch"* erschien, später folgte der Versuch in Sachsen, die „Deutsche Warenkunde". Es war die Aufgabe, jene Spannung in dem verstimmten Gespräch zu lockern, dem Produzenten zu zeigen: bitte, hier schaffen wir dir gehobene Käuferwünsche; lerne an ihnen. Und dem Käufer zu sagen: hier, siehst du, du kriegst auch gute Ware, die nicht zu teuer ist; suche sie dir aus. Ein großer Erziehungsversuch ehrenamtlicher Freiwilligkeit in Vorprüfung und Auswahl und dadurch gut, daß er *nicht* von interessierten Geschäftsleuten ausging, sondern in freier moralischer Verantwortung der beiden Bünde dargeboten wurde. Natürlich haben die und die geschimpft, deren „Muster" nicht dran kamen. Aber auch sie haben, wenn sie sich nicht vertrotzten, einiges gelernt. Das Ganze war keine pädagogische Radikalkur, wobei ja sowieso selten etwas Vernünftiges herauskommt, sonders ein Bemühen, das Gute zu zeigen, das rechte Verfahren, in einer stillen Gewöhnung einer sauberen Konvention den Weg zu ebnen. Das program-

matische Plakat-Wort vom „neuen Stil" hatte man sich inzwischen schon abgewöhnt.
Lassen Sie mich dies Problem vom Produzenten und Konsumenten noch etwas weiter spinnen. Der Produzent, das ist ja nicht bloß der „Unternehmer", auch nicht sein Entwerfer, sondern der *Arbeiter*, der Geselle, die Fachkraft. Wir blicken dabei auf den „gelernten Arbeiter", im vollen Bewußtsein, daß der sogenannte „angelernte Arbeiter" im Laufe der letzten drei Jahrzehnte durch die Methodisierung der industriellen Arbeit, durch Mechanisierung; und „Rationalisierung" eine große Bedeutung gewonnen hat. Innerhalb der Tarifordnungen haben sich Regelungen sehr erheblich verschoben, die noch vor drei Jahrzehnten höchst wesenhaft waren. Es handelt sich für uns jetzt um das Problem des *Berufsstolzes*, der Bewertung des fachlichen Könnens, das nun eben nicht in einem minderwertigen Ramsch draufgehen darf. Das zielt auf die Stellung des Arbeiters zur Qualitätsfrage: der rechte Arbeiter ist froh, wenn er gute Arbeit mit gutem, der Sache entsprechendem Stoff machen kann. Das erscheint Ihnen wie eine unerhörte Banalität, die auszusprechen eigentlich gar nicht erlaubt ist. Das zu tun hat aber doch seinen Sinn. Vor etwa einem halben Jahrhundert erschien eine Schrift von Heinrich Herkner, dem Berliner Professor und Sozialpolitiker über die *„Arbeitsfreude"*. Das klang und klingt auch jetzt noch sentimental. Aber auf einmal war der Blick gerichtet auf ein in den soziologischen Beobachtungen und politischen Bewertungen fast völlig verkümmertes Problem. Ich darf jetzt eine kleine Auseinandersetzung mit Karl Marx machen. Man wird bald verstehen, weshalb ich es tue. Ich weiß nicht, ob Karl Marx jemals in einer Schreinerei oder in einer Schlosserei oder einer Kesselschmiede gewesen ist; ich habe ihn nämlich leise im Verdacht, daß er nie in solch einer Werkstatt, ob groß, ob klein, gewesen ist und dabei stand, wie ein handarbeitender Mensch dem Stoff Sinn, Zweck, Form abzwang, aufzwang. Für ihn war das Weltbild bestimmt von dem Eindruck der mechanischen Spinnerei und der mechanischen Weberei in dem jungen Industrialismus seiner eigenen Frühzeit, von dem er, nachdem er sein Wesen glaubte theoretisch gedeutet zu haben, nicht mehr loskam. Das ist natürlich sehr vergröbert und vereinfacht ausgedrückt.
Was soll es denn besagen? Daß der große Prozeß der Entsinnlichung in der Betrachtung der Stellung des Arbeiters in und vor seiner Arbeit dadurch erfolgte, daß die Betrachtungsweise sich reduzierte auf die durchschnittliche gesellschaftliche Arbeitszeit und den durchschnittlichen Lohn und ihre Relation zum Warenpreis – natürlich ungeheuer wichtige Dinge! Aber die bewußte Scheidung, daß man nicht so sehr den arbeitenden Menschen

sah, sondern nur den Lohnertrag seiner Arbeitsstunden, den geringen Ertrag in der Frühzeit der industriellen Entfaltung, daß man ihn zu dem sogenannten „Mehrwert" kontrastierte, der zu ihm als Unternehmerprofit korrespondierte, das hat den abstrakten Begriff des „Proletariers" geschaffen, auch wenn es ihn *so* gar nicht eindeutig gab im Bewußtsein der davon umfaßten Menschen.
Es hat ziemlich lange gedauert, bis im öffentlichen Bewußtsein diese Art von, wenn ich so sagen darf, *psychologischer Selbstdegradierung*, die dann eine polemische Breitenwirkung hatte, aufgehoben war. Daß der Arbeiter, der sein Sach' verstand, der seine Sache gut machen konnte, von dieser rein intellektuellen Scheidung in seiner Unmittelbarkeit vor der Stoffgestaltung, vor der Formgebung, daß er davon nicht entscheidend getroffen war, ist dann mit eine Leistung der Gewerkschaften geworden, sobald sie und soweit sie, neben ihren Lohn-, Arbeitszeit- und Rechtsaufgaben, ihn wieder an diese Dinge der beruflichen Überlieferung und des Stolzes auf die gelernte und gekonnte Leistung heranführten. Und es braucht nur ein Name wie der des verehrungswürdigen Rudolf Wissell genannt zu werden, um zu spüren, was an Gegenbewegung in der geistigen Haltung für die Frage „Arbeiter und Arbeit" aus der Arbeiterbewegung selber erwuchs. Und ich möchte mich nicht täuschen müssen in dem Gefühl, daß auch die sogenannten „Intellektuellen", bei denen der Prozeß der Entsinnlichung sich am Schreibtisch vollzogen hatte und die darum die „Wissenschaft" vom schicksalsmäßigen Gang des Proletariats teils beängstigt, teils hochmütig vermerkten, einiges gelernt haben. Nämlich, daß der tüchtige Facharbeiter, dem seine Aufgabe, im Stoff, im Zweck, in der Form, immer *die* Aufgabe bleibt, volkspolitisch wertvoller sein mag als der Routinier des Bureaus. Aber ich breche hier ab, ohne den Gedankengang zu konkretisieren. Sonst fühlt sich irgendein Stand oder Beruf beleidigt. Ich habe da meine Erfahrungen. Gebrannte Kinder fürchten das Feuer.
Das Gesinnungsproblem bei dem *Produzenten* steht in einer *Wechselbeziehung* zu dem bei dem Konsumenten. Deutschland hat nicht mehr die „kulturtragende", die „tonangebende" Schicht. Wir untersuchen jetzt nicht, ob diese „Kultur" immer gut, ob der „Ton" immer rein war. Naumann hat einmal behauptet, daß der äußere Lebensstil, die künstlerische Geschmacksrichtung der tragenden Schichten ungefähr dreißig Jahre brauche, um im Breiten aufgenommen zu werden. Also, um das einmal drastisch zu sagen: daß eine Reproduktion von Böcklin dreißig Jahre brauche, um von der „Herrschaftsvilla" in das Portierhaus zu wandern. Das mag nun offen bleiben. Heute ist für die durchschnittliche Höhenlage, für das

„Niveau" der Gebrauchsgüter die Lebenshaltung und Lebensgestaltung der breiten Massen schlechthin entscheidend. Da kann einer sagen: was ist das für ein illusionistisches Gerede bei den Hunderttausenden von Ausgebombten, von Vertriebenen! Wie kann man von „Lebensgestaltung" überhaupt reden, wo es sich einfach darum handelt: wird man von den Würdelosigkeiten und von den Nöten des baren Lebens, der äußeren Existenz befreit? Doch gerade dieser Hintergrund muß mit gesehen werden; denn dort steckt der echte Bedarf.

Wenn man in den vergangenen Jahren in den ersten kleinen Ausstellungen war – auch der Werkbund war gelegentlich dabei beteiligt – dann spürten wir dieses große Bemühen, etwa das billige, ordentliche, kombinierbare Kleinmöbel für die kleine Raumgegebenheit der engen Wohnung zu schaffen. Sehr nett, sehr interessant. Aber: kommt der echte Käufer, an den dabei gedacht ist? Oder: wenn er nicht kommt, wie kommt man zu ihm? Das soll noch einmal und muß methodisch untersucht werden. Ich darf eine kleine Erinnerung erzählen. Etwa im Jahre 1910, da war am Engelufer in dem Haus der Gewerkschaften in Berlin durch die Initiative von Sassenbach etwas sehr Reizendes unternommen worden. Die Gewerkschaften hatten im Parterre ein paar der Bürozimmer ausgeräumt, und der Architekt Münchhausen hatte nun das gemacht, was wir heute „Serienmöbel" nennen würden, anständig, sauber, billig. Die waren also hier aufgestellt, um eine idealtypische Arbeiterwohnung zu zeigen. Wir, d. h. eine Gruppe junger, sozial wie künstlerisch interessierter Literaten, haben damals über den Versuch vehemente Aufsätze geschrieben und lebhaft Reklame dafür gemacht und nachher erfahren: gekauft wird die Sache von den Berliner Arbeitern nicht, sondern vom Lehrer, vom Studienrat, vom Postbeamten; ganz einfach, der damalige „Kunstwart"-Leser hat die Dinge gekauft. Ich sage das deshalb, weil damals bei dem gehobenen Arbeiter noch die Gewöhnung war, das „Abzahlungsgeschäft" der reich assortierten Möbelmagazine zu Rate zu ziehen. Da gab es die Sachen, die nach was aussahen, die einer Art von „bürgerlichen" Repräsentationsbedürfnissen entsprachen. Mancher von uns mag sich von seiner Studentenbude her dieser Umgebung erinnern. Ich habe zwei Berliner Semester bei einem Borsig-Arbeiter gewohnt – das war echteste Renaissance, und meine gute Wirtin hatte Mühe genug mit dem Abstauben. Aber sie nahm das gerne auf sich, weil in dem überflüssigen Dekor nicht bloß der Staub, sondern auch die vornehme Welt saß. Dieser psychologische Tatbestand darf nie übersehen werden – er galt nicht bloß für die Atmosphäre der Jahrhundertwende. Der junge Mann, als er heiratete, wußte, irgendwann komme ich soweit. Vor zwanzig Jahren war ich bei einem jungen Berliner Schneider. Der hatte eine viel „schönere" und viel pompösere und viel teurere Einrichtung sich bei Beginn seiner Ehe angeschafft, als ich sie in meinem bisherigen Leben gehabt hatte, weil er darin den Ausdruck seines Willens zum Aufstieg empfand; die Schulden wurden als Zwang zur Sparsamkeit hingenommen.

Jeder spürt, hier wartet immer noch und immer wieder eine Erziehungsaufgabe, sie wartet auch auf den Werkbund. Aber sie darf auf keinen Fall snobistisch angefaßt werden, mit dem billigen Denkrationalismus des Intellektuellen. Man muß für den psychologischen Hintergrund eine Mitempfindung besitzen. Der „kleine Mann", wenn er schon in die glückliche Lage kommt, sich einzurichten, will aber eben nicht bloß – das ist der Zustand in Deutschland mit so vielerlei geschichtlicher Landschaftsgebundenheit des Lebensstiles – die bis in die Zentimeter nutzbar ausgerechnete Wohnung, wie man sie für ein paar Wochen etwa in einer kleinen Schiffskabine hinnimmt, ja vielleicht genießt, sondern er will eine „Bleibe" der Dauer, mit der Wahrscheinlichkeit der persönlichen Beziehung. Er will auch nicht, wenn er zu seinem Nachbarn geht, sozusagen wieder in seiner eigenen Wohnung sein. Das muß man mit einzusetzen verstehen.

Da gibt es ein paar Dinge, die noch vor dreißig Jahren diskutiert wurden; sie sind heute Banalitäten geworden, etwa, daß die Normung in den technischen Einzeldingen eine Selbstverständlichkeit, eine einfache ökonomische Forderung ist, um eine günstigere Preiskalkulation zu erreichen, daß die Normung formal-ästhetisch vollkommen wertindifferent ist, daß die *Typenbildung aus der Bewährung in der Gewöhnung* hervorgeht. Denken Sie an die Türklinke, an die Glühbirne, an eine elektrische Klingelanlage oder dergleichen – die Dinge natürlich alle in der Zeit irgendwie „geformt". Wenn wir auf individuelle Lösungsversuche stoßen, wo also ein Kunstgewerbler sich daran macht, eine neue Türklinke zu bringen – ich will keinem Böses antun, der das in der Zwischenzeit einmal gemacht hat –, oder der eine neue Klingel „gestaltete", dann wird es uns heute ein bißchen peinlich im Gefühl, während verwichene Zeiten auch hier, und war es nur im Bedürfnis der Formbereinigung, eine betonte Aufgabe sehen mochten. Warum dies? Weil der individuelle Lösungsversuch bereits sehr zu stören beginnt, wenn ein sonderlicher Formanspruch zur Schau getragen wird an einer Stelle, wo ein solcher Anspruch überhaupt kein Recht hat, sich aufzuhalten. Also weder puritanischer Rigorismus, noch überhöhte Artistik. Die Dinge sollen so ordentlich werden, daß man sie nicht als Kunst bewundert, sondern daß sie selbstverständlich sind. Dies eine soll

gerade unsere Zeit begreifen: *das Gesetz der Armut, unter dem wir stehen, verträgt sich gut mit dem Gesetz der Anmut*, wenn menschliches Gefühl dahinter atmet. Dem „Spieltrieb" sei dabei sein Raum gelassen.
Das ist die deutsche Innenseite, das deutsche Innengesicht. Aber es gibt dazu auch die Außenseite. Denn die deutsche Arbeit suchte den *Markt der Fremde*, mußte ihn suchen, damit die wachsende deutsche Bevölkerung leben könne. Es war ein Deutscher gewesen, der 1876 über die heimischen Waren auf der Ausstellung in Philadelphia das herbe, offene Urteil gesprochen hatte: „billig und schlecht". Seitdem waren ein paar Jahrzehnte ins Land gegangen, die vor allem die Entwicklung der gewerblichen Fortbildungsschulen gebracht hatten; die englische Warenmarke der Warnung „Made in Germany" hatte sich, ungewollt, in manchen Sparten zur Empfehlung verwandelt. Aber der ganze Komplex schien eigentlich nur die Geschäftsleute, vielleicht noch die Spezialisten für Handelsverträge etwas anzugehen. Nun hatte schon 1912 Ernst Jäckh die organisatorische Leitung des Werkbundes in die Hand genommen – seine realistische Gesinnung führte die Vereinigung näher an diesen Fragenkreis heran; auf seine Veranlassung sprach Naumann 1914 auf der Kölner Tagung über „Werkbund und Weltwirtschaft". In so glänzender Weise das auch geschah – nicht wenigen der Leute, die den Deutschen Werkbund mit gegründet und geistig getragen, war der Vorgang unheimlich, zumal Künstlern, denen die schöne Form einen Eigenwert bedeutete, *den* Eigenwert. Würde nun das Ästhetische, dem wohl (Stoff-Problem) auch einiges Moralische beigemengt war, von dem Ökonomischen aufgesaugt werden, der Werkbund seinem Sinn, ein Stück Kulturgewissen zu sein, entfremdet, um als Spezialtruppe in einem Unternehmen zu dienen, das man polemisch „Wirtschaftsimperialismus" nennen mochte?
Der Werkbund ging damals dann doch in die Welt hinaus mit eigenen Ausstellungen, die seinen Namen trugen – das durfte man jetzt schon wagen. Das Reich lieh seine finanzielle und diplomatische Unterstützung. Gerade auch daran zu erinnern ist heute wohl recht angebracht. Damals wurden Peter Behrens für Bern, Richard Riemerschmid für Kopenhagen, später einmal Mies van der Rohe für Barcelona beauftragt, nicht nur ausstellungsfreudigen Fabrikanten oder Handwerkern ein wenig „an die Hand zu gehen", sondern auf ihnen lag die *ausschließliche Verantwortung* nicht nur für die architektonische, für die „dekorative" Lösung der Schau, vielmehr auch für die Auswahl der zugelassenen Waren! Da mußte man mutig und in sich gewiß sein, die Antwort auf die Frage, was Qualität sei, im Blute tragen, um gegenüber den Enttäuschungen abge-

lehnter Bewerber ruhig zu bleiben und vor den Beschwerden eines Kammer- oder Verbands-Syndikus keine Angst zu haben. Es war, wenn Sie das richtig verstehen, ein großartiges aristokratisches Experiment, in eine freie Einzelverantwortung die Formung des deutschen Außengesichts zu legen – daß es gelang, bleibt für den, der den Auftrag gab, so ehrenvoll wie für den, der ihn durchführte. Die Aufgabe hatte einen großen, stellvertretenden Rang: die deutsche Leistung als solche in einer mißtrauischen und ablehnenden Welt in fester oder auch heiterer Würde wieder sichtbar zu machen. Vom „Kommerziellen" war dabei nichts spürbar – sicher mochte niemand etwas dagegen einzuwenden haben, wenn später Bestellungen kamen. Aber, das wurde manchmal fragende Sorge, die Sie mir verzeihen mögen: besitzen wir heute die Männer, die unter dem rankünefreien Beifall der anderen dieses Amt der „Stellvertretung" ausüben könnten? Ich glaube, daß wir sie besitzen, ich glaube aber nicht, daß sie des breiten Beifalls gewiß sein dürften. Denn die Verkrampfung, die dem andern die frohe oder achtungsvolle Anerkennung verweigert, ist, Folge einer bösen Vergangenheit, Begleiterscheinung einer seelisch nicht entwirrten Gegenwart, noch nicht recht gelockert. Das gilt nicht bloß für diesen Bereich.

Die „Welt" war für uns lange sozusagen unsichtbar, sie ist in vielen Teilen (und nicht bloß geographisch) undurchsichtig geblieben. Die Jahre nach 1945 waren ein unsicheres und mannigfach gegängeltes Hinaustasten. Das ist sehr deutlich und beschreibt sich selber in der Ausfuhrstatistik: die rein technisch gut gekonnten Dinge, Werkzeugmaschinen, elektrische und optische Apparaturen, chemische Produkte werden erwartet, sind zum Teil heftig „gefragt". Aber ungewiß ist die Sache bei einer Anzahl anderer Dinge, Gebrauchsartikel, Keramik, Schmuck, bei Dingen der Formung und des „Geschmacks".

In der Architektur, die ja nun kein Exportartikel ist, sehen wir einiges ziemlich deutlich: Hitler hat dafür gesorgt, daß Begabungen wie Gropius, Mies van der Rohe, Martin Wagner in Deutschland keine Arbeit mehr fanden und sich draußen, in der Reife ihres Werdens, entfalten konnten, lauter Männer, die aus der Geschichte des Werkbunds nicht wegzudenken sind; auch für einen Könner wie den Hellerauer Goldschmied Mendelssohn hatte dieses Deutschland keine Verwendung mehr. Das sind freilich nur persönliche Randbemerkungen. Unser Bild von der geistigen Atmosphäre der Welt und von ihrem Einwirken in die wirtschaftlichen und kulturellen Wechselbeziehungen ist noch vielfach unscharf; auf den kommenden deutschen Konsularvertretungen liegt hier eine große Verantwortung, wenn sie auch dieser deutschen Arbeit die Wege zu ebnen haben. Wir müssen vorsichtig und zugleich fest sein im Auftreten mit diesen Dingen. Wenn man die sachlich-nüchternen, nicht die propagandistischen Berichte gelesen hat über den Start unserer ersten gewerblichen Ausstellung in New York, da konnte man soviel lernen: So darf man es nicht machen. Man muß schon etwas wissen von der heutigen Marktanalyse, von dem Wunsch und dem Wollen der anderen, freilich nicht so, daß man sich mit anpassender Kopiersucht selber verliert. Denn dann riskiert man, das Opfer von Gefühls- und Geschmacksschwankungen zu werden, auf die man selber keinen Einfluß besitzt.

Es ist eine alte, oft vergessene Lehre: wer in der Exportnotwendigkeit nur die Anpassung an die Fremde sieht, macht meist nur ein kurzatmiges Geschäft. Hier gibt es, zumal in den feineren Geschmacksfragen, eine still wirkende Wechselbeziehung zwischen Innen- und Außenmarkt, die man etwa bei der staatlichen Steuerpolitik nicht ohne wirtschaftspolitische Schädigung mißachten darf. Aber dieser Hinweis darf nicht übersehen die tragische Ungewißheit im Innern, das Absinken der die gute, lohnintensive Ware als Dauergewöhnung tragenden Käuferschicht. Das ist ein Gebiet mit manchen Fragezeichen.

Soll nun „der Staat" in diesen Dingen vorangehen, soll er sie in die Hand nehmen, kann er es tun. Ich hoffe, Sie haben bemerkt, daß zu Ihnen nicht der Bundespräsident gesprochen hat, der als solcher zu den Dingen keine amtliche Meinung besitzt, sondern ein Mann namens Heuss, der viele Jahre im Vorstand des Deutschen Werkbundes gesessen hat.

Als ich gebeten wurde, bei dieser Tagung einen Vortrag zu halten, da hat man mir geschrieben, ich möchte doch sprechen über: *„Der Staat und die Kunst".* Das lehnte ich jedoch ab. Ich habe über diese Problematik vor ein paar Jahren, als wir in Stuttgart die Kunstakademie eröffneten, einiges ausgeführt und wollte Gesagtes nicht einfach wiederholen. Doch es hätte, wenn ich bei dieser Werkbundtagung in Stuttgart von meinem gegenwärtigen Amt aus über dieses Thema zu sprechen gewagt hätte, mindestens dreier Voraussetzungen bedurft, um den Beifall und die freundschaftliche Zustimmung des Hauses, zumal der anwesenden Künstler zu finden. Erstens hätte ich Geld, viel Geld im Beutel haben müssen; dieses habe ich nicht. Zweitens: ich müßte die Zuständigkeit besitzen, dies und dies und dies zu tun. Und da Sie alle ausgezeichnete Kenner des „Grundgesetzes" sind, wissen Sie, daß ich diese Zuständigkeit nicht besitze: „Kultur" ist Länderangelegenheit, Wirtschafts- und Steuerpolitik Sache der legislativen Organe. Drittens: ich müßte auch den Glauben haben, daß der Staat als Staat eine kunstschöpferische Funktion besitzt, und diesen Glauben habe ich nie in meinem Leben besessen.

Ich möchte vor dem Mißverständnis gesichert sein, als ob ich vom Staat lediglich eine Polizeiordnung und einen Fürsorgeapparat für das Nützliche erwarte. Ich war ja immerhin nach 1945 fast 1 1/2 Jahre in diesem Land württembergisch-badischer Kultminister und habe mich in bedrängtester Zeit redlich bemüht, auch für die sogenannten geistigen Dinge, Theater, Bibliotheken, Hochschule, Akademie, Fachschulwesen usf. das Notwendigste zu tun. Das Kabinett ging gut mit. Wir haben einiges gerettet und einiges fertig gebracht, anderes nicht. Aber für das eigentlich Schöpferische sind diese Staatsaktionen nur Hilfsstellungen, und das wird so bleiben.

Natürlich, Kunst wird und lebt nicht im luftleeren Raum. Da gibt es nun wohl – es war nicht immer da – das schöne Wort von der „Freiheit der Kunst". Es mag, es muß in der Ansehung individueller Aussage und Entfaltung sein Gewicht behalten. Aber kein Verständiger wird sich in die Täuschung verlieben: Die Freiheit der Kunst ist noch nie eine Garantie für die Qualität der Kunst gewesen. Sie lebt in den großen Leistungen aus einem individuellen zeitlosen Rang, der in Konventionen übergehen kann. Auch die Vergangenheiten haben mittelmäßige Leistungen geschaffen und hinterlassen. Wo sie uns überkommen sind, wird das „ästhetische" Urteil, das der zeitgeschichtlichen Leistung gegenüber herb sein könnte, von der Bereitwilligkeit zur nachsichtigen kulturgeschichtlichen Diagnose verdrängt. „Die Kunst" in ihrem Sinnenhaften ist nie ein Absolutum, sondern eingegliedert in volksgeschichtliche, sozial-ökonomische Gegebenheiten, an religiöse Kräfte gebunden, eine vielfältige Spiegelung der Geistesgeschichte; auch der politischen Situation. Denken Sie an Goya, Hogarth, Daumier, Thomas Theodor Heine und andere.

Ich darf eine Bemerkung wiederholen, die ich bei anderer Gelegenheit schon gemacht habe, um die *Scheidung des Formal-Staatlichen vom Formal-Künstlerischen* möglichst deutlich auszusprechen. Manche politisierenden Leute meinen: jetzt haben wir Demokratie und Freiheit, also muß es der Kunst gut gehen. Andere glauben: wenn wir noch Monarchie hätten, dann wäre es der Kunst besser gegangen. Das ist alles vollkommener Unsinn. Die größte Leistung bewußt formgebender Art, die etwa das Deutschland des 19. Jahrhunderts vollbracht hat, das war die Ludwigstraße in München, bevor sie von Hitler demoliert wurde – eine individuelle monarchische Leistung, die mindestens so sehr dem seltsamen König, dem *ersten Ludwig*, zugehört, als den Klenze und Gärtner. Aber neben ihm, nach ihm, erschienen die großen Verderber, der unselige Enkelsohn

Ludwig II. und in Berlin Wilhelm II., beide bauwütig im Sinne eines pompösen Eklektizismus – aber indem man dies harte Wort ausspricht, kommt zu einem die still bedrängende Frage: war ihre impulsive und gefährliche Romantik vielleicht nichts anderes als der Reflex der noch dem Zeiterkennen verdeckten geistigen Situation, in der sie lebten, waren sie bestimmend oder bestimmt? Das mag nur als Frage angedeutet bleiben.
Der größte Revolutionär der Deutschen im 19. Jahrhundert – ich sage bewußt „Revolutionär" – in der Malerei, in der Graphik, trug den Schwarzen Adler-Orden, war königlich preußische Exzellenz; er hieß Adolph Menzel, später sogar Adolph von Menzel. Sein Zeitgenosse in Paris, zum Teil als Parallelfigur zu begreifen, Gustave Courbet, veranstaltete, als der offizielle „Salon" seine Arbeiten zurückwies, Sonderausstellungen und fügte zu den Bildern demokratische Pamphlete als Bekenntnisse. Nun darf ein demokratischer Bundespräsident natürlich nicht sagen, die Gemälde waren trotzdem gut; doch Sie verstehen, was ich meine: die wunderbar tonige und farbige Qualität dieser Werke war damals und blieb bis heute unabhängig von dem politischen Aussagebedürfnis ihres Schöpfers. Das Motivische der Bilder mag daneben ruhig auch den Kunstsoziologen beschäftigen.
Es war ein rührendes Mißverständnis, als im Spätjahr 1918 der militärische Zusammenbruch des Kaiserreiches die Termin-Symbolik für eine Kunstprogrammatik abgeben mußte: *„Novembergruppe"*; es fanden sich auch einige begabte Leute zu diesem Taufakt ein, der jedoch, charakteristischerweise, keine verbindliche Dauerkraft gewann. Und denken Sie an das die Seelen aufwühlende Jahr 1848 – es hat, neben ein paar starken, doch zeitgebundenen Strophen, im künstlerischen Ertrag, wenn man so sagen darf, nur ein Werk von überzeitlichem Rang hinterlassen: das war Alfred Rethels „Totentanz", und der war im Wesenhaften „gegenrevolutionär". Man muß spüren, wie die Dinge sind; deshalb mein Mißbehagen, wovon ich vorhin schon sprach, wenn einer anfängt, womöglich mit politischen Nebentönen und einer naiven Art von Selbstzensurierung der Qualität, heute von „fortschrittlicher Kunst" zu reden. Das gibt es nicht!
Nun mag einer sagen: wenn Heuss zwischen Kunst und Staat oder Politik so bewußt einen Graben zieht, hat er in den letzten Jahrzehnten eigentlich auf dem Mond gelebt? In der Tat, wir waren ja alle und sind zum Teil noch Zeugen, daß der Staat die Kunst ganz anders sah oder sieht, als ich sie eben zu deuten versuchte. *Der totalitäre Staat* ist seiner Natur nach anspruchsvoller und begreift auch den künstlerischen Formenausdruck bewußt als ein Wertelement seiner machtpolitischen Zwecksetzung.

Das ist mir 1925 zum erstenmal aufgegangen. Da war in Paris die große, internationale, eindrucksvolle, kunstgewerbliche Schau; Deutschland fehlte noch, aber das unvergeßlich schöne „Österreichische Haus" von Josef Hoffmann in Wien bot doch stellvertretend, auch durch seinen Inhalt, das Zeugnis für zwei Jahrzehnte Werkbundarbeit. Doch für uns schier wichtiger, daß auch die *Sowjets* vertreten waren mit einem in der großen Form recht interessanten Pavillon einer Bauart, die man damals „Funktionalismus" zu nennen begonnen hatte. Ich weiß aus eigener Anschauung nicht, wie die Dinge *heute* sich drüben darstellen. Damals waren wir ganz einfach verblüfft, daß die Vitrinen, in einer Auswahl von verschiedener Größe, Porzellanbüsten von Lenin, damals auch noch von Trotzki zeigten. Daneben gab es, wie für einen Kinderspieltisch gedacht, Porzellan-Schwadronen von „roten Reitern"; man hätte sie auch für Krefelder Husaren halten können. Dieser gespenstische „Nippes"-Kram belehrte uns damals sehr rasch, daß hier Kunst und Kunstgewerbe nicht eigentlich als „Geschäft" gesehen wurden, wie es bei solchen „Artikeln" sonst zu sein pflegt, sondern als Instrument der politischen Propaganda. Daß sie dabei im Gewande dessen auftrat, was der deutsche Literat „kleinbürgerlichen Kitsch" nannte und nennt, war nebenbei sozialpsychologisch ganz aufschlußreich.

Moskaus erster Schüler in Dingen des staatlichen Totalitarismus, Mussolini, war vor diesem Fragenkreis zunächst völlig unsicher, so sehr er auf die antikische Geste zu zielen schien. Dieses Schwanken seines Willens kann man an der großen Sportanlage des Foro Mussolini bei Rom ablesen – ich weiß nicht, wie die Sache heute heißt. Man begann die eine Baugruppe etwa im Charakter einer gemäßigten Florentiner Frührenaissance zu errichten und schmückte die Anlage mit vielen, ziemlich indifferenten Plastiken. Dann aber kam der zweite Bauabschnitt, in einem vehementen Funktionalismus, mehr gewollt als gekonnt – ich nehme an, dieser Wechsel trat ein, weil inzwischen Marinetti, der Futurist, zum Faszismus gestoßen war. Der zweite Bau, durchaus auf „Angabe" gestellt, wie der Berliner sagen würde, überwältigt den ersten, scheint ihn zu verhöhnen. Es sind bei dieser, wenn ich so sagen darf, programmatisch forcierten Modernität der Ära Mussolini auch ein paar gute Sachen herausgekommen, aber ärgerlich bleibt, und bei dem sicheren Formsinn des Italienertums überraschend, die beinahe prinzipielle Taktlosigkeit. Ihr grausamstes Denkmal schuf sie sich, als sie in die traurige und ergreifende Würde von Ravenna, durch das der Geist einer abgesunkenen Größe wandert, einen ebenso schlechten wie brutalen Hochbau, das Haus des Fascio, stellte.

Und wir Deutschen haben ja das unsere auch erlebt. In verstimmten Stunden vergangener Jahre habe ich manchmal mit Alfred Roller in Wien gehadert. Wer war denn dieser Alfred Roller? Roller war ein großer, wunderbarer Mann; ich sehe ihn noch vor mir, eine herrscherlich frohe Erscheinung – mancher von Ihnen mag sich dessen erinnern, daß er mit Phantasie und starkem Maßgefühl einer der Neuerer des Theaterbildes gewesen – er war auch der Leiter der Wiener Kunstgewerbeschule. Als wir ihn im Jahre 1912 bei der Wiener Werkbundtagung kennen lernten, da war das Unglück schon passiert. Er hatte einen jungen Menschen beim Aufnahmeexamen durchfallen lassen und damit stieß er Adolf Hitler in das gekränkte Vagieren des disziplinlosen Bohèmetums. Ich vermute, die Weltgeschichte wäre etwas anders gelaufen, wenn Roller in dem Urteil über die Kunstbegabung etwas nachsichtiger gewesen wäre. Ich glaube zwar nicht, daß das Schicksal den jungen Menschen zu den „Wiener Werkstätten", die damals von Roller her mit jungen Talenten versorgt wurden, gebracht hätte, sein primitiver und unruhiger Wirkungswille hätte sich vielleicht in der Nachfolge der Wiener, der österreichischen Traditionskämpfe von Lueger und Schönerer ausgetobt. Das Ganze ist ein resigniertes und fruchtloses Gedankenspiel: wenn … wenn …

Aber wir wären, von allem anderen zu schweigen, vermutlich von der Überkompensation eines künstlerischen Mißerfolgs, die in einen wahren Rachefeldzug ausartete, verschont geblieben. Einer der schmählichsten Tage, die man in dieser Zeit erleben konnte, war der Vorgang, da man auf einer Ausstellung in Luzern deutsche Kunst, darunter Museumsbesitz, als „entartet" zum Kauf anbot – die Welt war verblüfft, belustigt, interessiert – immerhin sie kaufte. Sie kaufte zum Teil auch in einer Protestreaktion, mancher vielleicht nur deshalb, weil er schloß: wenn der Hitler etwas für schlecht hält, hat es die Wahrscheinlichkeit für sich, gut zu sein. So ergab sich der seltsame, von Hitler gewiß nicht gewollte Vorgang, daß die junge deutsche Kunst im fremden Land stärkere Beachtung, fast etwas wie einen „Markt" fand, den es vorher für sie nicht gab. Ich selber weilte in dieser Zeit einmal bei Hans Purrmann in der Villa Romana zu Florenz; wir haben gemeinsam den Versteigerungskatalog durchgesehen und haben uns gemeinsam geschämt.

Im Sommer 1931 hatte Hans Poelzig in seinem großen Vortrag vor dem „Bund deutscher Architekten", der eigentlich in die Hand jedes Baubeflissenen gehört, den Satz gesprochen: „Mancher wird sich wohl bald danach wieder sehnen, einmal ruhig im Bett eines historischen Stiles schlafen zu können" und, mit einem seltsam sicheren Vorgefühl für die kommenden

Dinge, kündigte er an, daß uns nicht eine neue Klassik beschieden sein werde, sondern eine Art „Vorstadtklassizismus" – unvergeßliches Wort, das uns bei der Begegnung mit der amtlichen Bauerei dieses Jahrzehnts nach 1933 begleitet hat und auch heute gelegentlich wiederkehrt. Natürlich ist es nun nicht so, daß alles, was nach 1933 gebaut oder gemalt oder sonst gefertigt wurde, durch das Datum den Stempel des Schlechten und Verfehlten verdiene – würde ich derlei behaupten, so würden gewiß und mit Recht aus den Reihen der hier anwesenden Künstler und Baumeister Proteste kommen. Denn manche von ihnen haben ja auch die oder die Aufgabe zu bewältigen gehabt, und eine Schulung, ein inneres Formvermögen wird nicht einfach vom politischen Befehl oder Zwang ausgelöscht. Aber das unfroh Muffige erhielt wieder seine Chance wie auch das geschmäcklerisch Repräsentative. Ich will von den Selbsterniedrigungen manches Talentes nicht reden. Entscheidend dies, und das ist die aus Hitlers ureigener Natur strömende politische Sinngebung des Musischen, daß in Quantitäten und nicht in Qualitäten gedacht, daß das Monumentale mit dem Monströsen verwechselt wurde.

Warum habe ich dieses Kapitel aufgeschlagen? Seien Sie dessen gewiß: es geschah nicht, um irgendein latentes polemisches Bedürfnis zu befriedigen, oder um eine billige posthume Rache dafür zu nehmen, daß Hitler, nach dem Versuch der „Gleichschaltung", selbstverständlich auch den Werkbund abgewürgt hat, sondern um den heute schon wieder sehr gewohnten Ruf nach dem Staat etwas abzudämpfen. Der Staat als solcher besitzt *keine kunstschöpferische Kraft*, aber er hat natürlich, da er nicht bloß Polizeistaat ist, auch in diesem Bereich seine Verantwortungen und die Pflicht, dem Guten, dem Besten eine Chance zu geben. Sie sind jetzt geneigt, mich auf Unfälle etwa bei der sogenannten „amtlichen Graphik" aufmerksam zu machen. Aber das ist nicht nötig. Die Sache mit dem Fünf-Mark-Schein, für den übrigens keine unmittelbare politische Bundesstelle verantwortlich zeichnet, habe ich selber bemerkt und nicht gesäumt, meine Meinung darüber dem Kabinett mitzuteilen.

Wer aber der „Staat" ist, an den man sich zu wenden hat oder auf den man im Bedarfsfall schimpfen kann, ist bei der rechtlichen Zuständigkeitsordnung der deutschen Dinge nicht einfach ausgemacht. Die Aufgabe stellt sich als solche so dar: in den Fragen der guten Formung eine Konvention zu schaffen, die verbindlich ist, und zwar eine *deutsche* Konvention. Aber die sogenannte Kulturpolitik ist „Ländersache". Das hat praktisch vielerlei für sich. Die zentralistischen Regelungen führen leicht zu paragraphenmäßigen Nivellierungen, die Übersichtlichkeit, die Elastizität des

Menschlichen geht leicht verloren im Mechanisch-Apparaturmäßigen. Es ist z. B. im Hochschulwesen ganz fruchtbar gewesen, den Wettbewerb der Fakultäten und der Ministerialdezernenten zu besitzen. Aber die sachliche Sinngebung kann *nicht* aus dem Partikularstaatlichen kommen. Der Bundespräsident als Amtsfigur müßte hier eigentlich mit großer Vorsicht sprechen. Doch ich habe das Vergnügen, daß hier vor mir der Kultminister von Württemberg-Hohenzollern sitzt. Nun aber weiß der Herr Minister Sauer so gut wie ich, daß es eine württembergisch-hohenzollerische Kunst eben *nicht* gibt, sondern nur eine *deutsche* Kunst, zu der auch dieses Land seine fruchtbaren Kräfte mit heranbringt. Wir wollen nicht, bei aller dankbaren Anerkennung für die Leistungen einzelstaatlicher Kultusverwaltungen, ihre Wesensart *zu sehr* im Bewußtsein erhöht wissen. Gewiß sind sie in Teilen Erben einer eigentümlichen und bedeutenden Tradition, die als Verpflichtung zur Pflege in ihnen weiterwebt, sie sind landschaftlich, landsmannschaftlich, auch stammesmäßig gegründet und beziehen davon, auch in den Zeiten der Vermengung der Herkünfte, oft eine sonderliche Kraft und Farbe. Aber sie münden mit ihrer bleibenden Geltung im *Gesamtdeutschen*. Denn es gibt auch, ungeachtet eines „Eisernen Vorhangs", *keine* „Kunst der Bundesrepublik Deutschland" – die staatsrechtliche und politische Scheidung dieser tragischen Zeit ist ein historischer Terminvorgang, er kann, wo die Freiheit der Aussage fehlt, den äußeren Rhythmus ändern, er kann aber eine Volkssubstanz in der Tiefe *nicht* verwandeln.

Dazu aber noch ein Weiteres: im Rückblick auf die alten Jahrhunderte sind wir gewohnt, das *Epochale* eines Formenwesens zu sehen, etwa für Romanik, Gotik, Barock, auch für den „Klassizismus"; die Kunsthistoriker mögen dann feststellen oder sich streiten, wo der erste Quell für eine Gesinnung sprang, die für unser Bewußtsein bald den örtlichen oder bezirklichen Raum gänzlich verlassen hat und dann „der Welt", „der Zeit" zugehört. Unsere jüngere Vergangenheit, mit der politischen Differenzierung des Nationalstaatlichen, hatte sich bemüht, auch in den geistigen und künstlerischen Dingen stärker die volkhaften Eigentümlichkeiten, auch in ihren subtilen Verfeinerungen, zu beachten und zu bewerten – von den plumpen Selbstüberwertungen, die dann in *allen* Nationen so mitgingen, will ich gar nicht sprechen. Es scheint mir an der Zeit zu sein, auch vor *unserer* Gegenwart den Sinn für das Epochale der Formgegebenheiten zu schärfen. Das Ergebnis muß und wird nicht immer positiv sein. Aber die Betrachtungsweise gibt in der Erkenntnis des Gemeinsamen wie des Besonderen eine Bereicherung, in der Stolz und Bescheidung sich eigentümlich vermengen. Für bestimmte rational-technische Erscheinungen hat man sich solche Übung des Vergleiches angewöhnt. Aber man soll sie auch auf das schöpferisch Künstlerische ausdehnen.

Haben diese Ausführungen mit unserem Thema „Was ist Qualität?" überhaupt noch etwas zu tun? Vielleicht verschränken sich in ihnen die Fragen: Staat und Kunst, gesellschaftliches Bewußtsein und Forderung der Qualität. Frau Dr. Else Meißner hat uns kürzlich ein reizvolles und wichtiges Buch vorgelegt über Form und Qualität in der gewerblichen Fertigung – es bedeutet so etwas wie die Neuaufnahme und Ausweitung der Arbeit, die vor etwa einem Vierteljahrhundert Günther von Pechmann über die „Qualitätsarbeit" schrieb. Else Meißner hat uns mit dem Council of Industrial Design bekannt gemacht. Ich erzählte zu Beginn dieses Vortrages, daß die Engländer 1916 den Versuch machten, den Deutschen Werkbund als Vorbild zu begreifen. Jetzt ist es so, daß in England ein Organ geschaffen wurde, das sehr wohl in seiner beispielhaften Bedeutung gesehen werden kann, eine staatlich getragene und approbierte Stelle, von der aus das Qualitätsproblem der Leistung und der Formung überwacht und beeinflußt wird.

Das ist für den deutschen Raum nicht ganz neu. Else Meißner weist mit Recht auf die „Sächsische Landesstelle" hin, die Karl Groß gegründet hatte; ich selber erinnere mich gerne an die Führungen, da vor vierzig Jahren der „Hofrat" Vetter in dem Wiener „Gewerbebeförderungsamt" sich mir widmete – er hatte es in Schwung gebracht. Hier in Stuttgart darf man davon sprechen, daß die Sache für Deutschland schon ein früheres Beispiel besitzt. Man mag wohl das entscheidende Vorbild für alle solche Unternehmungen in den Schöpfungen des großen Franzosen Colbert sehen, des Klassikers des Merkantilismus, der auch der Gründer der Kunstakademien war und die geschulte Kunstübung als einen rentablen und nicht bloß repräsentativen Faktor der nationalen Wirtschaft betrachtete. Aber es gab in Württemberg unter der Leitung von Ferdinand Steinbeis – der Name ist jetzt noch mit der „Zentralstelle für Gewerbe" verbunden – seit den fünfziger Jahren des alten Jahrhunderts den ersten staatlichen Versuch, Gewerbepolitik im freien bürgerlichen Raum zur Weckung *eigener* Energien zu machen. Man kann es so ausdrücken: die *Menschen-Ökonomie*, den richtigen Menschen für die richtige Aufgabe zu finden und zu stützen, galt als *Voraussetzung für die richtige Güter-Ökonomie*. Und es ist dann weiter kein Zufall, daß hier in diesem Land von diesem Steinbeis, nachdem er Versuche in Belgien gesehen hatte, vom Staate die *ersten gewerblichen Fortbildungsschulen* an Stelle der sehr kleinen zufälligen und eigentlich

schüchternen „Sonntagsschulen" gegründet und entwickelt worden sind. Die oft gepriesene Wirtschaftsstruktur dieses rohstoffarmen Landes mit seiner „Qualitätsarbeit" ist ohne diesen Vorgang des regulierenden Staates gar nicht denkbar.
Ist der Staat also doch „schöpferisch"? Die sehr präzise Antwort ist die: er kann schöpferisch wirken, wenn er das Glück hat, Beamte oder einen wirksamen leitenden Beamten zu besitzen, die nicht bloß das „Anfallende" zuverlässig „erledigen", sondern Wünschelrutengänger sind, um schöpferische Menschen zu finden, und gescheit genug, für zuverlässige Mitarbeiter besorgt zu sein. (Gottlieb Daimler etwa war eine persönliche „Entdeckung" dieses Steinbeis.) Der Staat ist hier, in der Figur eines Mannes, der nie befehlen wollte, also auch den Besuch seiner neuen Schulen gar nicht obligatorisch machte, der Mahner, Berater, Ermunterer, Belober – er repräsentiert den Glauben an die freie Selbsterziehung des wagenden und tüchtigen Menschen.
Sie müssen nachsichtig sein, daß ich mich bei diesem Manne Steinbeis so lange aufhielt. Betrachten Sie diese Erwähnung nicht bloß als eine Huldigung an den genius loci. Es ist ein altes Bestreben von mir, ihn beispielhaft vom Heimathintergrunde aus als eine für das gesamte Deutschland wesentliche Erzieher-Erscheinung begriffen zu wissen.
Das ist freilich keine aktuelle Sorge. Aber in seiner geistigen Nachbarschaft steht heute eine interessante Fragestellung, die auch wieder einmal die Problematik „Bund und Länder" berührt. Im Bundestag steht, zunächst in den Ausschüssen, dem kulturpolitischen und dem wirtschaftspolitischen, ein Antrag der sozialdemokratischen Fraktion zur Erörterung, vom *Bunde* her eine Stelle zu schaffen, die die gewerbliche Fertigung unter dem Gesichtspunkt der guten, der sinnvollen Formung berät und überwacht, gegenüber der Versorgung der inneren Marktbedürfnisse wie der Ansprüche eines gesicherten oder sich sichernden Exports. Ich will (und soll) nicht in die Argumentationen der Legislative eingreifen, denn dann verwischt sich wieder die Figur des „neutralen" Bundespräsidenten mit dem Mann, der glaubt, über diese Fragen sich seit Jahrzehnten wirtschafts- und kulturpolitische Gedanken gemacht zu haben. Ich kann nur dies wünschen, daß das Gewicht der Fragestellung in der ganzen Schwere erkannt werde.
Es begegnen sich hier die wirtschaftspolitischen, die sozialpolitischen, die geistesgeschichtlichen und erzieherischen Fragen in einem, denn es ist wichtig, daß die deutsche Ware durch ihre Qualität wieder draußen Raum gewinne und sich behaupte, *damit wir alle leben können*, nicht nur die

Fabrikanten, die das hinausschicken und Devisen als Bezahlung erwarten, nicht nur die Arbeiter, deren Löhne davon bestritten werden; unser aller Leben hängt einfach davon ab, daß gute deutsche Arbeit draußen wieder gefordert wird. Der Staat hat also ein Lebensinteresse daran, daß die arbeits- und lohnintensive Leistung ihren Rang halte, und damit dies möglich sei, müßte er sich daran interessiert zeigen, daß für einen bestimmten Typ feinerer Gewerbe, auch wenn man sie gelegentlich „Luxus" nennt, der innere Markt nicht verkümmere. Denn dieser ist für die Kalkulation so wichtig wie für die Entwicklung einer eigentümlichen Formsicherheit. In der konkreten Politik dieser Gegenwart, und nicht bloß bei uns in Deutschland, überqueren sich vom Staate her gesehen die Tendenzen. Das Finanzressort hält Ausschau nach Steuerquellen: bieten sie ihm sich dar, wo wertvolle, nicht unbedingt „lebensnotwendige" Güter gekauft werden? Das Wirtschaftsressort mag sich solchen Überlegungen ein Stück weit anschließen, wenn es eine Art von milder, sozusagen selbsttätiger Konsumlenkung für angebracht hält, das mag begründet sein mit devisenpolitischen Argumenten, mit dem Ziel, den noch so dünnen Kapitalfluß zu regulieren und zu kanalisieren. Aber dieses Wirtschaftsdenken wird von einem unsicheren Gewissen beunruhigt. Denn da steckt der Staat, bzw. das Land nicht unerhebliche Mittel in die speziellen Fachschulen und allgemeinen Berufsschulen, um das Können der gewerblichen Arbeiterschaft in deren mannigfacher Stufung zu einem Maximum des formalen und technischen Vermögens heranzuführen. Soll und darf das nun aus der anderen Sicht in Wirkung und Ertrag wieder beengt werden? Und handelt es sich nicht vorzugsweise um arbeits- wie lohnintensive Leistung? Ich muß mich, was Sie verstehen werden, damit begnügen, die Fragestellungen anzudeuten.
Geistesgeschichtlich bleibt die Aufgabe, die *gute* deutsche Melodie in dem Gesamtklang wieder zum Tönen zu bringen, ihr die rechte Würdigung durch die rechte Leistung zurückzugewinnen. Das geschieht aber nicht durch den sentimentalen Rückgriff auf romantische Formbestände, die als sonderlich deutsch beschrieben werden. Ich sagte vorhin schon, es gibt Formen, die einer Epoche angehören, ich erinnerte auch daran, wie etwa Moniers Erfindung des Eisenbetons die Revolution der Baukonstruktionen eingeleitet hat. Das sieht nun so aus, als ob aus den Gesetzen der rationalen Technik eine allenthalben gleiche Formnotwendigkeit heraustrete. Es sieht nur dem oberflächlichen Auge so aus, denn die rationale Technik ist nur ein Mittel, in ihrer Verwendung erweist sich unbewußt die Prägkraft einer Volksgeschichte wie das individuelle Schöpfertum.

Und, ganz unpedantisch, ein letztes Wort vom Wesen des Erzieherischen. Wir sind alle, ohne daß wir es wußten, von unserer Umwelt erzogen worden. Die einen haben diese Erziehung in Dankbarkeit genossen, die anderen in dem Protest gegen ihre Umwelt sich gestaltet. Dabei denke ich natürlich nicht an Fragen der „Schulreform" und der Lehrpläne, die gewiß recht wichtig sind und doch bei der Buntheit des Lebens nicht zu sehr ins Pedantische geraten dürfen. Immerhin: sie sollen in einer geistigen Atmosphäre und vor einer sachlichen Aufgabe stehen, da das Sinnvolle, also doch das „Zweckmäßige", und das Echte, also auch das Echte im Stofflichen, sich begegnen.

Hier in Württemberg ist es Brauch, von Zeit zu Zeit Friedrich Theodor Vischer aus dem Grabe zu rufen und sein Wort zu zitieren: „Das Moralische versteht sich von selbst." Wie oft haben wir das mit gelassener Sicherheit ihm nachgesprochen, bis wir erschreckt merkten: Hier irrt Vischer. Denn wir alle mußten schier neu lernen, daß das Moralische nicht bloß eine herbe Pflicht, sondern ein gefährliches Wagnis geworden war. Aber ich will doch bei dem Manne, der Ästhetiker *und* Moralist gewesen, eine Art von geistiger Anleihe machen und denke, daß er sich das gerne gefallen ließe.

Wenn Sie auf die hin und her gedachte, einmal geschichtlich verhüllte und dann in der unmittelbaren Aussage deutliche Umgrenzung der Frage: „Was ist Qualität?" eine Antwort erwarten, so will ich ganz einfach dies sagen:

*Qualität ist das Anständige*

## Bauwelt Fundamente

Quellenwerk zur Architektur und zum Städtebau
der neueren Zeit und zum Baugeschehen der Gegenwart,
herausgegeben von Ulrich Conrads und Peter Neitzke
im Birkhäuser Verlag

1  Ulrich Conrads (Hg.) Programme und Manifeste zur Architektur des 20. Jahrhunderts*
2  Le Corbusier, Ausblick auf eine Architektur (1922)*
3  Werner Hegemann, Das Steinerne Berlin (1930)
4  Jane Jacobs, Tod und Leben großer amerikanischer Städte
5  Sherman Paul, Lewis H. Sullivan, ein amerikanischer Architekt und Denker
6  Ludwig Hilberseimer, Entfaltung einer Planungsidee
7  H. L. C. Jaffé, De Stijl 1917–1938. Der niederländische Beitrag zur modernen Kunst
8  Bruno Taut, Frühlicht 1920–1922. Eine Folge für die Verwirklichung des neuen Baugedankens
9  Jürgen Pahl, Die Stadt im Aufbruch der perspektivischen Welt
10  Adolf Behne, Der moderne Zweckbau (1929)
11  Julius Posener (Hg.), Anfänge des Funktionalismus. Von Arts and Crafts zum Deutschen Werkbund
12  Le Corbusier, Feststellungen (1929)*
13  Hermann Mattern, Gras darf nicht mehr wachsen
14  El Lissitzky, Rußland: Architektur für eine Weltrevolution (1929)
15  Christian Norberg-Schulz, Logik der Baukunst
16  Kevin Lynch, Das Bild der Stadt*
17  Günter Günschel, Große Konstrukteure
18  (nicht erschienen)
19  Anna Teut, Architektur im Dritten Reich 1933–1945
20  Erich Schild, Zwischen Glaspalast und Palais des Illusions
21  Ebenezer Howard, Gartenstädte von morgen (1902). Ein Buch und seine Geschichte (Posener)
22  Cornelius Gurlitt, Zur Befreiung der Baukunst. Ziele und Taten deutscher Architekten im 19. Jahrhundert
23  James M. Fitch, Vier Jahrhunderte Bauen in USA
24  Felix Schwarz/Frank Gloor (Hg.), Die Form – Stimme des Deutschen Werkbundes 1925–1934

25   Frank Lloyd Wright, Humane Architektur
26   Herbert J. Gans, Die Lewittowner. Soziographie einer „Schlafstadt"
27   Friedrich Engels, Über die Umwelt der arbeitenden Klasse. Auswahl von Günter Hillmann
28   Philippe Boudon, Die Siedlung Pessac. Vierzig Jahre Wohnen à Le Corbusier
29   Leonardo Benevolo, Die sozialen Ursprünge des modernen Städtebaus
30   Erving Goffman, Verhalten in sozialen Situationen
31   John V. Lindsay, Städte brauchen mehr als Geld
32   Mechthild Schumpp, Stadtbau-Utopien und Gesellschaft
33   Renato De Fusco, Architektur als Massenmedium
34   Gerhard Fehl/Mark Fester/Nikolaus Kuhnert (Hg.), Planung und Information
35   David V. Canter (Hg.), Architekturpsychologie
36   John K. Friend/Neil Jessop (Hg.), Entscheidungsstrategie in Stadtplanung und Verwaltung
37   Josef Esser/Frieder Naschold/Werner Väth (Hg.), Gesellschaftsplanung in kapitalistischen und sozialistischen Systemen
38   Rolf-Richard Grauhan (Hg.), Großstadt-Politik. Texte zur Analyse und Kritik lokaler Demokratie
39   Alexander Tzonis, Das verbaute Leben
40   Bernd Hamm, Betrifft: Nachbarschaft
41   Aldo Rossi, Die Architektur der Stadt
42   Alexander Schwab, Das Buch vom Bauen (1930)
43   Michael Trieb, Stadtgestaltung. Theorie und Praxis
44   Martina Schneider (Hg.), Information über Gestalt
45   Jörn Barnbrock, Materialien zur Ökonomie der Stadtplanung
46   Gerd Albers, Entwicklungslinien im Städtebau
47   Werner Durth, Die Inszenierung der Alltagswelt
48   Thilo Hilpert, Die Funktionelle Stadt. Le Corbusiers Stadtvisionen
49   Fritz Schumacher (Hg.), Lebebuch für Baumeister
50   Robert Venturi, Komplexität und Widerspruch in der Architektur*
51   Rudolf Schwarz, Wegweisung der Technik
52   Gerald R. Blomeyer/Barbara Tietze, In Opposition zur Moderne
53   Robert Venturi/Denise Scott Brown/Steve Azenour, Lernen von Las Vegas*
54/55   Julius Posener, Aufsätze und Vorträge 1931 – 1980

56 Thilo Hilpert (Hg.), Le Corbusiers „Charta von Athen". Texte und Dokumente. Kritische Neuausgabe
57 Max Onsell, Ausdruck und Wirklichkeit. Versuch über den Historismus in der Baukunst
58 Heinz Quiztsch, Gottfried Semper – Praktische Ästhetik und politischer Kampf
59 Gert Kähler, Architektur als Symbolverfall
60 Bernard Stoloff, Die Affäre Ledoux
61 Heinrich Tessenow, Geschriebenes
62 Giorgio Piccinato, Städtebau in Deutschland 1871–1914. Genese einer wissenschaftlichen Disziplin
63 John Summerson, Die klassische Sprache der Architektur
64 Fischer/Fromm/Gruber/Kähler/Weiß, Abschied von der Postmoderne
65 William Hubbard, Architektur und Kovention
66 Philippe Panerai/Jean Castex/Jean-Charles Depaule, Vom Block zur Zeile
67 Gilles Barbey, WohnHaft. Über die innere Geschichte der Massenwohnung
68 Christoph Hackelsberger, Plädoyer für eine Befreiung des Wohnens aus den Zwängen sinnloser Perfektion
69 Giulio Carlo Argan, Gropius und das Bauhaus
70 Henry Russell Hitchcock/Philip Johnson (Hg.), Der Internationale Stil 1932
71 Lars Lerup, Das Unfertige bauen
72 Alexander Tzonis/Liane Lefaivre, Das Klassische in der Architektur
73 Elisabeth Blum, Le Corbusiers Wege. Wie das Zauberwerk in Gang gesetzt wird*
74 Walter Schönwandt, Denkfallen beim Planen
75 Robert Seitz/Heinz Zucker (Hg.), Um uns die Stadt. Eine Anthologie neuer Großstadtdichtung (1931)
76 Walter Ehlers/Gernot Feldhusen/Carl Steckeweh (Hg.), CAD: Architektur automatisch?
77 Jan Turnovský, Die Poetik eines Mauervorsprungs
78 Dieter Hoffmann-Axthelm, Wie kommt die Geschichte ins Entwerfen?
79 Christoph Hackelsberger, Beton. Stein der Weisen?

80 Manon Wohlleben/Georg Mörsch (Hg.), Georg Dehio und Alois Riegl – Konservieren, nicht restaurieren. Streitschriften zur Denkmalpflege um 1900
81 Stefan Polónyi, ... mit zaghafter Konsequenz. Aufsätze und Vorträge zum Tragwerkentwurf 1961–1987
82 Klaus Jan Philipp, Revolutionsarchitektur
83 Christoph Feldtkeller, Der architektonische Raum: eine Fiktion
84 Wilhelm Kücker, Die verlorene Unschuld der Architektur
85 Ueli Pfammatter, Moderne und Macht. Der ‚Razionalismo'. Italienische Architekten 1927–1942
86 Christian Kühn, Das Schöne, das Wahre und das Richtige. Adolf Loos und das Haus Müller in Prag\*
87 Georges Teyssot, Die Krankheit des Domizils
88 Leopold Ziegler, Florentinische Introduktion zu einer Theorie der Architektur und der bildenden Künste (1911/12)
89 Rainer Banham, Die Revolution der Architektur
90 Gert Kähler (Hg.), Dekonstruktion? Dekonstruktivismus?
91 Christoph Hackelsberger, Hundert Jahre deutsche Wohnmisere und kein Ende?
92 Adolf Max Vogt, Russische und französische Revolutionsarchitektur
93 Klaus Novy/Felix Zwoch (Hg.), Nachdenken über Städtebau
94 Otto Bartning (Hg.), Das Darmstädter Gespräch „Mensch und Raum" 1951. Mit Schwarz, Schweizer, Heidegger, Ortega y Gasset
95 Andreas Schätzke, Zwischen Bauhaus und Stalinallee
96 Goerd Peschken, Baugeschichte politisch
97 Gert Kähler (Hg.), Schräge Architektur und aufrechter Gang
98 Hans Christian Harten, Transformation und Utopie des Raums in der französischen Revolution
99 Kristiana Hartmann (Hg.), trotzdem modern. Die wichtigsten Texte zur Architektur in Deutschland 1919–1933
100 Ulrich Conrads/Magdalena Droste/Winfried Nerdinger/Hilde Strohl (Hg.), Die Bauhaus-Debatte 1953
101 Ulf Jonak, Kopfbauten. Ansichten und Abrisse gegenwärtiger Architektur
102 Gerhard Fehl, Kleinstadt, Steildach. Volksgemeinschaft
103 Franziska Bollerey (Hg.), Cornelius van Eesteren – Urbanismus zwischen „De Stijl" und CIAM

104 Gert Kähler (Hg.), Einfach schwierig. Eine deutsche Architekturdebatte 1993–1995
105 Sima Ingberman, ABC. Internationale Konstruktivistische Architektur 1922–1939
106 Martin Pawley, Theorie und Gestaltung im zweiten Maschinenzeitalter
107 Gerhard Boeddinghaus (Hg.), Gesellschaft durch Dichte
108 Dieter Hoffmann-Axthelm, Die Rettung der Architektur vor sich selbst
109 Françoise Choay, Das architektonische Erbe, eine Allegorie
110 Gerd de Bruyn, Die Diktatur der Philanthropen
111 Alison und Peter Smithson, Italienische Gedanken
112 Gerda Breuer (Hg.), Ästhetik der schönen Genügsamkeit oder Arts and Crafts als Lebensform
113 Rolf Sachsse, Bild und Bau
114 Rudolf Stegers, Räume der Wandlung. Wände und Wege. Studien zum Werk von Rudolf Schwarz
115 Niels Gutschow, Ordnungswahn
116 Christian Kühn, Stilverzicht. Typologie und CAD als Werkzeuge einer autonomen Architektur
117 Gerd Albers, Zur Entwicklung der Stadtplanung in Europa
118 Thomas Sieverts, Zwischenstadt – zwischen Ort und Welt, Raum und Zeit, Stadt und Land*
119 Beate und Hartmut Dieterich (Hg.), Boden – Wem nutzt er? Wen stützt er?
120 Peter Bienz, Le Corbusier und die Musik
121 Hans-Eckard Lindemann, Stadt im Quadrat
122 Alison und Peter Smithson, Italienische Gedanken – weitergedacht
123 André Corboz, Die Kunst, Stadt und Land zum Sprechen zu bringen*
124 Gerd de Bruyn, Fisch und Frosch – oder die Selbstkritik der Moderne
125 Ulrich Conrads (Hg.), Die Städte himmeloffen. Reden und Reflexionen über den Wiederaufbau des Untergegangenen und die Rückkehr des Neuen Bauens (1948/49)*
126 Werner Sewing, Bildregie. Architektur zwischen Retrodesign und Eventkultur*
127 (noch nicht erschienen)

128 Elisabeth Blum, Schöne neue Stadt. Wie der Sicherheitswahn die urbane Welt diszipliniert*
129 Hermann Sturm, Alltag und Kult (Semper, Wagner, Vischer, Keller)
130 Elisabeth Blum/Peter Neitzke (Hg.), FavelaMetropolis. Berichte und Projekte aus Rio de Janeiro und São Paulo*
131 Angelus Eisinger, Die Stadt der Architekten*
132 Karin Wilhelm/Detlef Jessen-Klingenberg (Hg.), Formationen der Stadt. Camillo Sitte weitergelesen*
133 Michael Müller/Franz Dröge, Die ausgestellte Stadt*
134 Loïc Wacquant, Das Janusgesicht des Ghettos und andere Essays*
135 Florian Rötzer, Vom Wildwerden der Städte*
136 Ulrich Conrads, Zeit des Labyrinths*

(Lieferbare Bände sind mit * gekennzeichnet)

**Ulrich Conrads**

**Die Städte himmeloffen**

**Reden und Reflexionen über den Wiederaufbau des Untergegangenen und die Wiederkehr des Neuen Bauens 1948/49**

1947 fand sich der in Heidelberg ansässige Verlag Lambert Schneider, bedrängt von einer kleinen Gruppe Architekten, die man der Inneren Emigration zurechnen darf, bereit, unter kaum mehr nachvollziehbaren Umständen eine Zeitschrift für Architektur zu drucken. Die beiden ersten Ausgaben sind ein frühes Zeugnis der kritischen Einschätzung des Neu-Aufbaus unserer zerbombten Städte.

213 Seiten, 12 sw-Abbildungen, Broschur
(BF 125) ISBN-13: 978-3-7643-6903-3
Ein unverstellter Rückblick

**Karin Wilhelm
Detlef Jessen-Klingenberg
(Hg.)**

**Formationen der Stadt**

**Camillo Sitte weitergelesen**

Eine neue Lektüre der Arbeiten des einflußreichen Wiener Architekten, Urbanisten und Publizisten Camillo Sitte, befreit von ideologischen Vereinnahmungen. Vor dem Hintergrund der Stadtentwicklung im ausgehenden Liberalismus werden Sittes Einsprüche gegenüber dem Städtebaudiskurs und der Städtebaupraxis seiner Zeit lesbar als Rettungsversuche eines ‚tätigen Lebens'.

354 Seiten, 29 sw-Abbildungen, Broschur
(BF 132) ISBN-13: 978-3-7643-7152-4
Städtebautheorie

**Loïc Wacquant**

**Das Janusgesicht
des Ghettos
und andere Essays**

Die in den Gesellschaften des Westens sich abzeichnenden Formen städtischer Armut, Stigmatisierung und Gewalt diagnostiziert der Sozialwissenschaftler Loïc Wacquant mit unbestechlichem Blick. Sein eindeutiger Befund: Die Macht stellt von der sozialstaatlichen Regulierung auf die soziale und ethnische Ausgrenzung und die bestrafende Verwaltung der von der Marktgesellschaft Ausgeschlossenen um.

207 Seiten, 14 sw-Abbildungen, Broschur
(BF 134) ISBN-13: 978-3-7643-7461-7
Stadtforschung

**Florian Rötzer**

**Vom Wildwerden der Städte**

Noch ist die Stadt mehr oder weniger expliziter Fluchtpunkt unserer Wünsche. Zugleich aber zeichnet sich ab, daß ganze Städte zu „failed cities" werden, mit einem Wort: unregierbar. Florian Rötzers eindringliche Beobachtungen thematisieren Entwicklungen, die von arbeitsteilig tätigen Fachleuten – zumal von Architekten und Städtebauern –, übersehen oder besser: verdrängt werden.

166 Seiten, 8 sw-Abbildungen, Broschur
(BF 135) ISBN-13: 978-3-7643-7462-4
Stadtperspektiven

**Ulrich Conrads**

**Zeit des Labyrinths**

**beobachten
nachdenken
feststellen
1956–2006**

Beobachten, nachdenken, feststellen, so untertitelt Ulrich Conrads seine Texte. Während einer 40jährigen ausgreifenden publizistischen Arbeit forderte er das Mögliche wie das Unmögliche von Architektur und Städtebau zugunsten der Spielräume für Leben. Immer aufs Neue erfaßt, kommentiert, erläutert der Zeitzeuge und vielfach Geehrte mit kritischem Zugriff aktuelle Zusammenhänge.

236 Seiten, 65 sw-Abbildungen, Broschur
(BF 136) ISBN-13: 978-3-7643-7821-9
Architektur / Städtebau / Baupolitik

**Elisabeth Blum**

**Le Corbusiers Wege**

**Wie gut das Zauberwerk
in Gang gesetzt wird**

„Die Götter vielleicht, haben sie mich zu Beginn dieser Aufgabe an der Hand geführt? Entschuldigen Sie, aber nachdem allen meinen Bemühungen seit 1922 unablässig die Entdeckung noch jungfräulichen Territoriums der neuen Zeit zugrunde lag, können Sie sich vorstellen, daß ein solcher Aufwand durch Nützlichkeitsargumente erklären werden kann?" Le Corbusier

162 Seiten, 83 sw-Abbildungen, Broschur
(BF 73) ISBN-13: 978-3-7643-6496-0
Architekturtheorie

Bei Fragen zur Produktsicherheit wenden Sie sich bitte an:
If you have any questions regarding product safety,
please contact:

Birkhäuser Verlag GmbH
Im Westfeld 8
4055 Basel, Schweiz
productsafety@degruyterbrill.com